本书获得国家自然科学基金项目“公共就业规范和结构优化的机理与模型”（71461019）及南昌大学“双一流”博士点建设专项经费资助

政府财政支出与经济高质量发展研究

GOVERNMENT FISCAL EXPENDITURE AND HIGH-QUALITY ECONOMIC DEVELOPMENT

石　俊◎著

经济管理出版社
ECONOMY & MANAGEMENT PUBLISHING HOUSE

图书在版编目（CIP）数据

政府财政支出与经济高质量发展研究/石俊著．—北京：经济管理出版社，2020.8
ISBN 978－7－5096－7445－1

Ⅰ.①政…　Ⅱ.①石…　Ⅲ.①地方财政—财政支出—关系—区域经济发展—研究—中国　Ⅳ.①F812.7 ②F127

中国版本图书馆 CIP 数据核字(2020)第 158503 号

组稿编辑：杜　菲
责任编辑：杜　菲
责任印制：黄章平
责任校对：陈　颖

出版发行：经济管理出版社
（北京市海淀区北蜂窝 8 号中雅大厦 A 座 11 层　100038）
网　　址：www. E－mp. com. cn
电　　话：(010) 51915602
印　　刷：北京晨旭印刷厂
经　　销：新华书店
开　　本：720mm×1000mm/16
印　　张：17
字　　数：271 千字
版　　次：2020 年 10 月第 1 版　　2020 年 10 月第 1 次印刷
书　　号：ISBN 978－7－5096－7445－1
定　　价：88.00 元

总 序

南昌大学是国家“双一流”计划世界一流学科建设高校，是江西省唯一的国家“211 工程”重点建设高校，是教育部与江西省部省合建高校，是江西省高水平大学整体建设高校。2014 年 5 月，南昌大学管理学院成立，学院由管理科学与工程、图书情报与档案管理、信息管理与信息系统三个老牌学科组成。管理科学与工程学科，具有从本科专业、一级学科硕士学位授权点到一级学科博士学位授权点、博士后流动站的完整体系，是江西省“十二五”重点学科。因此，在学科建设方面，管理学院在设立之初就奠定了雄厚基础。

南昌大学管理学院第一任领导班子中，彭维霞书记雷厉风行，涂国平院长沉着稳重。在他们的带领下，管理学院迈入了发展新征程，在教学、科研、社会服务、人才培养等方面均取得了显著成效。2019 年，感谢组织信任、领导推荐和同事支持，本人有幸成为了管理学院的第二任院长。感恩于前辈打下的基础，我辈少了筚路蓝缕的艰辛，却多了任重道远的压力；得益于前辈创设的体制，我辈继承了艰苦奋斗与稳健发展的精神，却也感受到了更多对于创新发展的期盼。

当前，管理学院存在规模小、底子薄、知名度不高的问题，南昌大学管理科学与工程学科在学科排名中落后于诸多“985”高校的相关学科。为此，本人时常思考如何推动学院奋起直追、实现跨越式发展，颇有心得。

学科建设是学院发展之本。2017 年，我国开始统筹推进世界一流大学和一流学科建设，南昌大学仅有1个学科入列。管理科学与工程学科，离“世界一流”这一目标还有遥远距离。但是，“双一流”建设为管理学院管理科学与工程学科的发展，指明了方向，也带来了机遇。管理学院的追赶式发展，需要以学科建设为抓手，在学科带头人与学科团队建设、科研平台与教学基地建设、高质量和有特色的学科品牌建设等方面做文章、争成效。

学术研究是学院发展之基。学术研究能力是学科发展的硬实力。在学校排名、学科评估、学术资源配置等方面，学术研究成果一直都是关键业绩指标。全面提升学院教师的学术研究能力、专心打造具有国际和国内影响力的高水平科研成果，是管理学院突破话语权壁垒、实现跨越式发展的战略要点。在学院内培养学术意识、推广研究型文化、引导和激励卓越研究成果的诞生，应该始终作为学院科研管理工作的重心。

人才培养是学院发展之魂。高校，是高级人才培养的重要基地。人才培养，包括学生的培养，也包括学者的培养。大学之魂，不在“大”，而在“学”——学生、学者与学术，共同构成了大学。因此，管理学院的未来发展，既寄托在优秀在校生的培养以及优秀毕业生的回馈之上，也寄托在培育大师、培养国家级与省级拔尖人才、引进具有学术追求和研究能力的青年学者之上。学院是全体师生的学院，需要全体师生的共同努力，也希望能够成为全体师生共同成长的沃土。

思想宣传是学院发展之路。南昌大学管理学院，一直都在“默默无闻”地发展。然而，作为哲学社会科学的一员，管理学科也理应承担反映民族思维、发扬精神品格、宣传思想文化、服务国家智库、繁荣社会发展的使命。很多高校的经济与管理学院之所以能在学校发展中举足轻重，也正是因为占领了思想宣传和服务社会的高地。南昌大学管理学院，需要领会习近平主席在哲学社会科学工作座谈会上的讲话精神，加强和改进宣传思想文化工作，全心培养“文化名家”、“四个一批”人才和“宣传思想文化青年英才”，在思想宣传和社会服务方面勇创佳绩。

品牌塑造是学院发展之志。高校之间的竞争，不亚于企业竞争，品牌塑造同样是高校之间竞争制胜的重要法宝。南昌大学管理学院，急需在人才培养、学术研究、社会服务等各方面提升能力、培育优势、凝练特色、塑造品牌，走差异化发展道路，才有可能“变道超车”，实现跨越。加强品牌塑造，既需要高水平学术研究成果和大师级学者等硬实力作为支撑，也需要特色、文化、制度改革等方面的软实力提供支持。

正是基于上述考虑，本人在担任管理学院院长之后，开始着手规划和布局，而这套“南昌大学管理科学与工程博士点学术研究丛书”的组织出版，正是学院围绕学科建设、学术研究、人才培养、思想宣传和品牌塑造等目标而实施的一项集体行动。希望能通过丛书出版，加强南昌大学管理学院的学术传播与品牌推广，激励管理学院全体教师的学术研究与成果发表，为南昌大学管理科学与工程学科的建设做出贡献。

在此，感谢南昌大学对管理学院发展的重视，并将管理科学与工程博士点列入学校学科建设的支持项目，学校的经费支持资助了本套丛书的出版；感谢管理科学与工程系师生的辛勤工作与创造性努力，本套丛书所发表的研究成果都是他们学术探索的劳动结晶，是他们的工作促成了本套丛书的顺利出版。

本套丛书包括 15 本学术专著。它们可以归纳为科技创新与知识管理、农业经济与生态管理、系统动力学、物流与供应链管理、政府政策与社会管理 5 个方向。

科技创新与知识管理方向，包括喻登科教授的《科技成果转化知识管理绩效评价研究》、《知性管理：逻辑与理论》，陈华教授的《生态学视角下高科技企业技术知识管理研究》，薄秋实副教授的《协同创新的组织模块化过程和创新模式研究》以及余伟副教授的《企业开放式创新的形成机理》。

农业经济与生态管理方向，包括徐兵教授的《城乡协调发展下中部地区农村经济系统重构》，傅春教授的《绿色发展蓝皮书》，毛燕玲教授的《非营利性农村基础设施融资机制》以及邓群钊教授的《基于承载力的排污权组合分配研究》。

系统动力学方向，包括刘静华教授的《农业系统动力学》和祝琴副教授的《系统动力学建模与反馈环分析研究》。

物流与供应链管理方面，包括徐兵教授的《农产品供应链运作与决策——基于PYO模式的研究》以及谢江林副教授的《资金约束供应链系统分析与决策》。

政府政策与社会管理方向，包括石俊博士的《政府财政支出与经济高质量发展》和曹开颖副教授的《再制造背景下政府政策与企业以旧换新策略研究》。

这5个方向基本囊括了南昌大学管理学院管理科学与工程学科的主要研究领域。我们在硕士与博士的招生与培养、学术团队与学科建设等方面，都主要是从这几个研究方向加以推进。其中，系统工程与系统动力学是南昌大学管理科学与工程学科的特色方向。

欢迎对这些研究方向感兴趣的学者与同行来南昌大学管理学院交流，欢迎对相关领域有需求的企业提供合作机会，欢迎在这些研究方向有发展潜力的青年博士能加入我们的研究队伍，欢迎有志于从事这些方向研究的同学能够报考南昌大学管理科学与工程专业的硕士与博士。南昌大学管理学院将始终秉承开放创新的理念，欢迎你们的交流与指导，也接受你们的批评与指正。

正因为有你们的支持，我相信，南昌大学管理学院会越办越好。

南昌大学管理学院院长 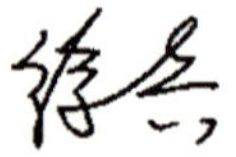

2020年4月20日

前 言

党的十九大报告指出："我国经济已由高速增长阶段转向高质量发展阶段，"高质量发展是未来中国经济发展的主旋律。近年来，中央经济工作会议连续强调推动高质量发展。在中国特色社会主义市场经济体制之下，政府作为经济政策的制定者和公共服务的提供者，其财政职能一直是解决我国经济发展阶段性问题的重要手段，40 多年来政府财政对我国经济社会发展产生了重大影响，财政支出规模与结构的合理性直接关系着中国经济发展的质量。面对经济发展的转型需求，地方政府作为政策执行者，其行为将对经济发展产生怎样的影响？具体的影响路径是什么？

基于此，本书以国家治理体系为背景以及从政府支出行为角度考察了财政支出行为对我国经济高质量发展的影响，由此延伸出的科学问题：在当前的政治、经济、社会环境下，政府财政支出以及效率如何？财政支出与经济高质量发展水平的关系如何？市场化进程、公共服务满意度和社会资本在其中分别起怎样的调节效应？采用理论及定量方法综合分析我国财政支出规模和结构优化的机理问题。具体如下：

基于制度经济学理论，从政府行为视角对中国经济增长进行解释，分析了财政分权、干部考核和地方政府竞争对经济发展的影响及其作用机理。尤其是对于中国经济发展过程中的难题以及取得了怎样的成效进行了深入的剖析。

基于五大发展理念，建立了经济高质量发展指标体系并计算发展得分。研究发现，各省级政府在创新、绿色、开放与共享维度发展呈现提高趋势，而协调发展维度得分呈下滑趋势，经济发展不平衡现象较为显著。

运用 DEA 方法和 Malmquist 指数方法对省级地方政府支出结构相对效率进行了测算和时空特征分析。研究发现，我国政府支出结构的相对效率时空差异均很明显。在时间趋势上，呈现出波动变化特征；在空间分布上，发达地区的效率相对更高。

基于政府与市场关系理论及政府职能理论，对政府财政支出规模及结构与高质量发展水平在市场化进程中的关系进行理论和实证分析。研究发现，政府财政支出规模与高质量发展水平呈倒 U 形关系。建设性支出、维持性支出、社会性支出与经济发展水平的关系分别为不显著、负相关与正相关关系。市场化水平有利于扩大财政支出对经济发展的正效应。

基于合法性理论，对政府财政支出规模及结构与高质量发展水平在公共服务满意度下的关系进行了理论和实证分析。公共服务满意度对政府支出规模与经济高质量发展关系不存在显著调节效应，但对支出结构存在显著调节效应。

基于政府与社会关系理论，对政府财政支出规模及结构与高质量发展水平在社会资本水平下的关系进行了理论和实证分析。结果表明，政府财政支出规模、社会性支出与社会资本对经济高质量发展都有显著的正向促进作用，社会资本对支出与发展关系存在正向交互效应。

基于社会信任来源理论，从公众感知满意度视角系统分析了地方政府财政支出行为对公众社会信任的影响及其机理。研究发现，公共服务性与社会管理性支出的增加提高公共信任水平，环境保护性支出对信任影响不显著。人均 GDP 增长率、公共服务满意度、社会管理满意度、公平感知对政府财政支出与社会信任关系起到中介传导作用。因此，通过加强公共服务职能带来更多归属感，加强社会管理职能带来更多安全感，成为提升信任的主要来源。

基于社会资本理论，我国形成了原市民、新市民、流动人口和农村留守人口的独特人口结构，基于社会资本理论，以及不同户籍身份群体拥有的结构型社会资本与认知型社会资本的逐步变迁。研究表明，政府财政支出、社会资本其他结构变量都显著扩大了城乡收入差距。随着常住人口城镇化水平的提高，结构型社会资本对收入差距的扩大作用将会明显缓解，而认知型社会资本则相反；户籍人口城镇化水平的提高，将会缓解认知型社会资本对收入差距的扩大。因此，不能一味地提高常住人口城镇化水平而忽视户籍人口城镇化，还要让农业转移人口享受和市民一样的教育、就业、医疗、养老等社会保障基本公共服务，让他们更好地融入城镇社会，进一步刺激人口流动。

通过以上研究，进一步明确政府财政在经济高质量发展中的定位和实施重点，优化政府财政支出规模与结构，早日实现中国经济高质量发展转型。

目 录

第一章
绪　论

一、研究背景

（一）实践背景

回顾中国发展历程，自1978年改革开放以来，中国经济取得了举世瞩目的成就，成为世界第二大经济体。其间，我国的经济系统、产业结构、社会形态和治理体系发生了重大变革。变革与转型过程中，中国面临来自国内与国际前所未有复杂的局面。在这种境况下，党的十八届三中全会和十九届四中全会提出，中国经济发展必须摆脱既定思维模式的束缚，推动系统性、整体性、协同性的国家治理体系改革，从政府—市场—社会宏观治理框架研究政府财政职能范围、规模与结构。

（二）学术背景

财政支出与经济社会发展的关系一直是公共经济学领域的重点研究问题。学者们运用不同的理论，得出了不同甚至矛盾的结论。仅从经济增长这一个角度，关于规模与发展就有四种不同的观点：正相关（Rati，1986）、负相关（Bergh & Henrekson，2011）、非线性相关（Barro，1991）和不相关（Paul，1997）。随着经济与社会的发展，单一的经济增长视角已不满足发展的需要，一些学者开始从社会福利、包容发展等视角进行研究，得到的结论仍存在分歧。一种观点认为，政府支出规模与社会福利水平成正比，要满足我国不断增加的公共服务需求，就应该增加政府支出规模（刘长生等，2008；诸大建和徐萍，2010）。另一种观点与之相反，认为要提高社会福利，必须削减政府规模（Bjørnskov et al.，2007；文雁兵，2014）。关于财政支出与其他方面发展的研究，主要集中在分析支出结构对居民消费的挤入或挤出效应（贺俊等，2016；王玉凤和刘树林，2015；武晓利和晁江锋，2014）、探讨对收入分配与差距的影响（贾俊雪等，2011；张义博和刘文忻，2012；朱德云和董迎迎，2015），以及考察对产业结构（刘叔申和吕凯波，2011；汪德华等，2007）、宏观经济波动（邓翔和祝梓翔，2014；郭月梅，2008）、就业（郭新强和胡永刚，2012）、主观幸福感（谢舜等，2012）、信任（游宇和张光，2015）等的影响。通过这些研究发现，我国财政支出规模与结构配置尚不够合理，但支出与发展究竟是正相关还是负相关，或者说支出规模与结构究竟该如何调整，却是众说纷纭，未能达成一致结论。

根据对现有文献的系统研究发现，财政支出与发展的关系错综复杂的原因可能是以下几方面：第一，对财政支出规模的测量指标及支出结构的分类不一致；第二，发展的内涵不同，从经济增长、经济发展、社会发展、可持续发展、包容性发展到“创新、协调、绿色、开放、共享”五大发展，发展的内涵得到不断的丰富与完善；第三，研究地区与时期不同。本质上讲，也就是学者们进行财政支出与发展关系研究的政治、经济与社会环境不同，受到了不同的调节效应。

综上所述，研究当前中国的财政支出规模与结构，必须从政府的多重施政目标出发，综合考虑国家所处的政治、社会和经济环境，结合政府力量、市场力量与社会力量，进行系统思考。

二、问题界定、研究目的和研究意义

（一）问题界定

如何评价政府财政支出效率？在现阶段的经济、政治、社会环境下，构建国家现代化治理体系的过程中，政府财政支出规模与结构对经济高质量发展水平有着怎样的影响？政府、市场与社会三者对中国社会主要矛盾之一的城乡发展不平衡影响和影响机理分别如何？

（二）研究目的

在政府—市场—社会现代化治理框架下，探索政府财政支出规模、结构与经济高质量发展水平之间的关系，并据此给出支出规模与结构调整的相关建议。

（三）研究意义

1. 学术价值

从构建经济高质量发展指标出发，测量和评价政府财政支出效率有助于超越经济主义的视角，为全面综合地研究财政支出规模与结构打下基础；在政府—市场—社会宏观框架下探索财政支出规模、结构与经济高质量发展水平之间的关系有助于系统思考政府职能的边界以及政府财政支出规模与结构动态优化机理，更深入地理解政府、市场与社会三个治理主体之间的逻辑关系。

2. 实践价值

通过财政支出规模与结构对经济高质量发展水平影响的研究，可以为政府财政支出规模与结构的优化提供理论支持，进一步明确政府财政在高质量发展中的定位和施政重点，优化政府财政支出规模与结构，早日实现中国经济高质量发展转型。

三、研究思路与研究内容

（一）研究思路

首先，基于对高质量发展深刻内涵的理解，从创新发展高质量、协调发展高质量、绿色发展高质量、开放发展高质量和共享发展高质量五个维度构建中国30个省级地方政府的高质量发展指标体系，运用全局主成分分析法对2004～2016年的经济高质量发展水平进行测评。

其次，分别从效率和因果关系角度对政府财政支出与经济高质量发展研究水平的关系进行分析。从效率角度，以政府财政各项目支出作为投入，以经济高质量发展维度得分作为产出，对政府财政支出效率进行评估；从因果关系角度，以经济高质量发展水平作为因变量，以政府财政支出规模或结构以及它们分别与市场化进程指数、公共服务满意度、社会资本的交叉项作为自变量，建立计量经济模型，对政府财政支出规模、结构与经济高质量发展水平关系以及政治、市场、社会的调节效应进行实证分析。并在此过程中，提出对财政支出规模与结构调整优化的建议。

再次，基于政府职能理论，以提升社会治理力量（社会资本）为目的，对财政支出对社会信任的影响机理进行了探讨。

最后，在政府—市场—社会现代化治理框架下探讨政府财政支出、市场化进程与社会资本对当前社会主要矛盾中的发展不平衡问题之一（城乡收入差距）的影响。

（二）研究内容

1. 经济高质量发展指标体系构建与地方政府财政支出效率评估

基于对高质量发展深刻内涵的理解，从创新发展高质量、协调发展高质量、绿色发展高质量、开放发展高质量和共享发展高质量五个维度构建中国30个省级地方政府的高质量发展指标体系，运用全局主成分分析法对2004～2016年的经济高质量发展水平进行测评。

以财政各项支出作为投入，以创新、协调、绿色、开放、共享五大高质量发展水平作为产出，应用DEA与Malmquist指数方法对中国地方政府支出结构配置效率及时空演化特征进行研究。

2. 财政支出规模与结构对经济高质量发展影响的实证分析

基于国家治理理论，在政府—市场—社会的宏观框架下分别基于市场化进程指数、公共服务满意度、社会资本的调节效应，探讨政府财政支出规模与结构对经济高质量发展的影响。

运用政府职能理论，理论分析政府财政支出规模、结构对高质量发展的影响机理以及市场化水平对其影响的调节效应。基于省级面板数据，构建政府财政支出与高质量发展水平的固定效应模型并对二者关系进行实证分析。引入市场化进程与政府财政支出的交叉项，考察市场化水平对政府财政支出与经济高质量发展研究的调节效应。

运用政治性理论解释公共服务满意度对政府财政支出与经济高质量发展研究的调节效应，并结合省级宏观数据与中国综合社会调查微观数据对其进行实证。

以政府财政支出规模与结构表征政府力量，以社会资本表征社会力量，结合2004～2016年中国各省年鉴数据与2013年中国综合社会调查数据检验二者在驱动经济高质量发展过程中的交互作用。

3. 政府财政支出对社会信任影响机理分析

基于政府职能理论，以提升社会信任水平为目的，探讨政府财政支出对社会信任的影响机理。

针对学术界一直存在的争议——福利国家（政府规模与结构）与社会资本（信任）之间是否存在相关关系和因果关系以及因果关系的方向问题，运用中国综合社会调查的定义与数据建立有序Probit计量模型，对财政支出规模、结构与信任关系进行实证，并运用工具变量法对因果分析方向进行判断。

4. 政府、市场与社会对城乡收入差距影响机理分析

我国人口及对应的社会资本呈现出独特的结构特征。将城乡居民划分为原市民、新市民、流动人口和农村留守人口四类，基于中国综合社会调查（CGSS2015）数据描述不同户籍身份群体所拥有的结构型和认知型社会资本特征和差异，实证户籍改革过程中政府财政支出、市场化水平、社会资本结构对城乡居民收入差距的影响。

四、研究方法

本书主要通过文献计量与知识图谱、全局主成分分析、DEA模型与Malmquinst指数、面板数据模型、有序Probit模型等方法，定性分析和定量分析有机结合，对宏观统计数据与微观调查数据进行综合应用。

1. 文献计量法与科学知识图谱

文献计量法（邱均平，1986）是以文献体系和文献计量特征为研究对象，采用数学、统计学等的计量方法，研究文献情报的分布结构、数量关系、变化规律和定量管理，并进而探讨科学技术的某些结构、特征和规律的一种方法。通过该评价方法可以确定某一作家的影响，或者研究两个及两个以上作家研究成果之间的区别，同时也可作为同行评价的有力的支撑工具。

科学知识图谱（Mapping Knowledge Domains）以知识域为对象，采用

词频分析、共词分析、共被引分析等分析方法，是显示科学知识发展进程与结构关系的一种图形（Chen，2006；陈悦和刘则渊，2005）。美国德雷塞尔大学陈超美教授研发的 CiteSpace 软件，是计量分析和知识图谱的有效工具，在信息分析中极具特色和影响力。CiteSpace 通过对某研究领域的海量数据进行分析，探寻学科领域知识结构与演化路径，找出关键作者与核心文献，分析学科领域演化的潜在动力机制，把握研究领域的研究热点与发展趋势，为科研工作者快速有效地了解即将或正在进行的研究领域提供有力支撑。

本书采用文献计量和知识图谱可视化方法，以图形和表格相结合的方式对数据进行分析和整理。首先，通过对文献信息计量分析研究领域文献数量、文献分布、高影响力作者、高产机构、核心期刊等概况；其次，采用 CiteSpace 软件绘制政府规模研究领域的关键词网络、共被引聚类分析图谱与演化路径图谱，探讨政府规模领域研究的知识结构、热点与前沿；最后，通过对高中心性文献与代表性聚类的进一步详细讨论，深入考察与科学评价国际政府财政支出规模领域研究的结构特征与发展动态。通过以上过程，以期对政府财政支出规模研究领域有大致的了解和把握，对本书研究问题在整个研究领域中的重要性有更清晰的认识。

2. 全局主成分分析

时序全局主成分分析法基本原理是将同一样本不同时间点的截面数据表，整合成统一的指标、空间以及时间三维立体时序数据表，并将各时刻的子数据表分别赋予时间权重后再纵向展开，然后进行经典主成分分析，从而得到统一的主成分。全局主成分分析法克服了经典主成分分析法只能分别使用横截面数据和时间序列数据，却无法测度由两者结合的面板数据，导致由于不同数据表处于不同的主平面，同一研究对象在同一年度的测度结果在两种情况下出现不一致。全局主成分分析法不仅能够快速提取三维立体时序数据表的主要信息，而且能够实现动态分析。

时序全局主成分分析法的具体步骤主要包括建立立体时序数据表、数据同向化和标准化处理、数据的有效性检验、提取主成分、计算综合得分。在选取特征根$\lambda_i>1$的主成分后，由主成分计算综合评价值。按照累计方差贡献率大于等于85%的原则选择得到K个主成分y_k：

$$y_k=\mu_{k1}X_1+\mu_{k2}X_2+\cdots+\mu_{kn}X_n \qquad k=1,\ 2,\ \cdots,\ K$$

以各主成分的方差贡献率$\mu_k=\dfrac{\lambda_k}{\sum_{i=1}^{n}\lambda_i(k=1,2,\cdots,K)}$为权重，将$K$个主成分$y_1$，$y_2$，…，$y_k$的线性加权求和，即得综合评价值$F$：

$$F=\frac{\lambda_1y_1+\lambda_2y_2+\cdots+\lambda_ky_{nk}}{\sum_{i=1}^{n}\lambda_i}$$

本书利用全局主成分分析方法对创新发展高质量、协调发展高质量、绿色发展高质量、开放发展高质量、共享发展高质量五大高质量发展维度为基础的经济高质量发展指标得分进行构建。

3. DEA 模型 + Malmquist 指数方法

数据包络分析法（DEA）是一个用非参数的前沿生产函数来评价效率，而这个前沿生产函数是样本内相对有效样本数据的线性组合，与参数估计中的平均生产函数不同，对于前沿生产函数而言，所有实际产出量都只能在其下方或在生产前沿面上，而不可能在其上方，那么，在特定技术水平下，实际生产状态与生产前沿面状态总是存在差距，这种差距反映的是生产有效性程度。

但是，基本的DEA模型是基于技术效率的内涵，仅针对某一时间的生产技术而言。而生产是一个长期且连续的过程，其生产技术会随着时间的推移发生变化。当被评价决策单元的数据为面板数据时，就可以通过Malmquist全要素生产率（Total Factor Productivity，TFP）指数进行分析。Malmquist生产率指数名称最早源于Malmquist（1953），Färe等（1992）采用DEA方法计算Malmquist指数，并将其分解为两个方面的变化：一方面为被评价决策单元在两个时期内的技术效率的变化（Technical Efficiency Change，TEC），另一方面为生产技术的变化（Technological Change，TC），反映了生产前沿的变动情况。Malmquist指数的基本原理是通过两个时期距离函数之比来刻画生产率的变化。设 $M(x^{t+1}, y^{t+1}, x^t, y^t)$ 为从 t 期到 $t+1$ 期的 Malmquist 指数，则：

$$M(x^{t+1}, y^{t+1}, x^t, y^t) = \left[\frac{D^t(x^{t+1}, y^{t+1})}{D^t(x^t, y^t)} \times \frac{D^{t+1}(x^{t+1}, y^{t+1})}{D^{t+1}(x^t, y^t)}\right]^{\frac{1}{2}}$$

式中，x^t、y^t分别表示 t 期的投入与产出，x^{t+1}、y^{t+1}分别表示 $t+1$ 时期的投入与产出；$D^t(x^t, y^t)$、$D^t(x^{t+1}, y^{t+1})$ 表示以 t 时刻为前沿面的 t 期和 $t+1$ 期的距离函数；$D^{t+1}(x^t, y^t)$、$D^{t+1}(x^{t+1}, y^{t+1})$ 则表示以 $t+1$ 时刻为前沿面的 t 期和 $t+1$ 期的距离函数。当 $M(x^{t+1}, y^{t+1}, x^t, y^t) > 1$ 时，则表示从 t 期到 $t+1$ 期生产率提高；小于 1 则表示生产率降低。

公式可进一步分解为：

$$M(x^{t+1}, y^{t+1}, x^t, y^t) = \frac{D^{t+1}(x^{t+1}, y^{t+1})}{D^t(x^t, y^t)} \times \left(\left(\frac{D^t(x^t, y^t)}{D^{t+1}(x^t, y^t)}\right) \times \left(\frac{D^t(x^{t+1}, y^{t+1})}{D^{t+1}(x^{t+1}, y^{t+1})}\right)\right)^{\frac{1}{2}}$$

式中，Malmquist 指数分解为两部分，前半部分表示技术效率变化，若大于 1 则表示技术效率提高；后半部分则表示技术变化，若大于 1 则表示 t 期到 $t+1$ 期前沿前移即技术进步，小于 1 则表示前沿后退。

上述是基于规模报酬不变的技术效率进行衡量的，而在规模报酬可变的情况下，技术效率变化可进一步分解为纯技术效率变动和规模效率变动。

本书应用 DEA 方法，测算地方政府财政支出相对效率，又因为地方政府财政支出效率在不同时期会发生动态变化，但其发生动态的原因无从得知。而 Malmquist 指数方法在弥补静态 DEA 模型缺点的基础上，测算决策单元在各个时期的动态变化，同时还将该变化进一步分解为技术进步、纯技术效率变动和规模效率变动。一方面描述了各决策单元对现有的技术知识的吸收能力，另一方面分析了是否具备潜在的技术创新能力。

4. 面板数据模型

面板数据含有横截面、时间和指标三维信息，利用 Panel Data 模型有以下几点优势：首先，面板数据可弥补时间序列或截面数据带来的样本容量不大的问题，能够提供更多的信息；其次，很多变量之间存在内生性，若采用时间序列模型或者截面模型研究的结果是有偏的和非一致的。变量之间可能也是非平稳的，数据的非平稳性又可能会导致伪回归，那么其经济含义也将不可靠。但在面板模型设定前，必须检查因为面板数据时间序列的非平稳性导致伪回归的情况，所以，有必要做单位根检验和协整检验。协整关系反映了经济变量间存在的长期均衡关系。这种关系的存在表现为系统中某一变量的变化会影响其他变量的变化，每一次冲击只能使协整系统短时间内偏离均衡位置，在长期中它会自动恢复到均衡位置。

本书首先采用面板协整检验，识别出对经济高质量发展具有长期、持久影响的因素，用这些因素描述不同区域的差异性。因为，在短期内由于国际形势、国家政策等随机干扰，这些随机的、短期因素对经济高质量发展的影响有可能偏离均值，如果这种偏离是持久的，对经济高质量发展的影响没有规律可循，就更加不能说这些短期因素对经济高质量发展具有某种影响。在识别出长期影响因素的基础上，采用面板模型研究政府财政支出对经济高质量发展的影响机制。

5. 有序 Probit 模型

如果被解释变量属于多分类有序变量，通常使用分析离散选择问题中常用的概率模型进行分析，有序 Probit 模型就是其中一种。有序 Probit 的主要形式为：

$$Y^* = \alpha + X\beta + \varepsilon$$

其中，Y^* 为无法观测的潜在变量，X 为解释变量，$\varepsilon \sim N$（0，1），X 与 ε 相互独立。设 Y 为有 m 个分类的有序变量，这里我们将这 m 个分类记为 R_1，R_2，…，R_m。对于有序部分的处理，我们还需要假设存在一个序列 μ_1，μ_2，…，μ_{m-1}，其中 $-\infty = \mu_0 < \mu_1 < \cdots < \mu_{m-1} < \mu_m = +\infty$，满足 $Y \in R_i$ 等价于 $\mu_{i-1} < Y^* \leq \mu_i$，$i = 1, 2, \cdots, m$。不失一般性地，我们可以假设 $\mu_1 = 0$，那么，有序 Probit 模型就可以写为：

$$\begin{aligned} P_r(Y \in R_i \mid X) &= P_r(\mu_{i-1} < Y^* \leq \mu_i) \\ &= \phi(\mu_i - \alpha - X'\beta) - \phi(\mu_{i-1} - \alpha - X'\beta) \quad i = 1, 2, \cdots, m \end{aligned}$$

其中，$\phi(\cdot)$ 表示正态分布的函数。这就是有序 Probit 模型。

后文研究使用的被解释变量为中国综合社会调查（CGSS）问卷测量，分别由 1～5 进行赋值，因此被解释变量属于多分类有序变量，故选择使用有序 Probit 模型进行回归分析。

五、创新点

本书的可能创新之处有五个方面：

第一，基于创新、协调、绿色、开放、共享五大发展理念构建经济高质量发展综合指标体系，运用全局主成分分析方法，计算出各省的经济高质量发展指数得分，在此基础上分析政府财政支出规模、结构与经济高质量发展水平的关系，从而使政府财政支出规模与结构的优化更加全面和科学。

第二，以政府各项财政支出作为投入，以经济高质量发展各维度得分作为产出，运用 DEA 和 Malmquist 指数方法综合全面地评估了政府财政支出效率以及时空演化特征。

第三，基于国家治理理论，在政府—市场—社会的宏观框架下，分别从市场化进程指数、公共服务满意度、社会资本的调节效应出发，探讨财政支出规模与结构对经济高质量发展的影响，丰富和拓展了原有财政支出与经济增长的理论体系。

第四，基于政府职能理论与政府绩效感知，探讨了政府财政支出对社会信任的影响，为从政府财政支出角度来提升社会信任感提供了有益的思路。

第五，在政府—市场—社会现代化治理框架下探讨政府财政支出、市场化进程与社会资本对城乡收入差距的影响，为缓解城乡发展不平衡提出了相关政策建议。

第二章

国内外研究现状

财政支出规模与结构一直是国外学术界关注的热点问题。本章从财政支出规模与结构如何提升经济社会发展水平的核心问题出发，首先对前人研究文献进行计量分析；其次在文献计量、可视化分析和文献判读的基础上，对政府财政支出有关的研究进展进行了梳理。

一、相关研究文献的计量分析

我们对 Web of Science 与 CSSCI 数据库中政府财政支出的论文发表情况进行统计及分析，了解政府财政支出的发展历程，客观反映当前该领域的研究现状，同时借助知识可视化工具 Citespace 对数据进行文献共被引与关键词共现分析，以探讨政府财政支出的理论基础和研究热点。

（一）相关文献的增长态势

国外文献选取 Web of Science 数据库核心合集下的 Social Scienced Citation Index（SSCI）作为来源数据库，通过两次检索，第一次以“fiscal expenditure” or “financial expenditure” or “pubilc expenditure” or “government expenditure" or "government size" or "government scale" 为主题，以 2002～2014 年为时限进行检索（检索时间为 2017 年 6 月 23 日），共得到 868 条文献记录，然后以一次检索的数据为"种子"进行引文的二次检索（陈悦等，2015），得到相应的施引文献 5613 条。本章选取两者中的研究论文（Article）、综述（Review）与会议论文（Meeting）共 5168 条文献，并经 CiteSpace 内置 MYSQL 数据库初步处理后，作为分析数据。

国内文献选取 CSSCI 中国社会科学引文索引数据库，通过以"财政支出"或"公共支出"或"政府规模"为篇名，以 2009～2018 年为时限进行检索（检索时间为 2019 年 1 月 1 日），共得到 856 条文献记录，作为分析数据。

图 2－1（a）是以单一年份为统计单位得到的 2002～2014 年财政支出研究领域 Web of Science 数据库核心合集下的 SSCI 收录的文献数量，图 2－1（b）是 CSSCI 数据库收录的文献数量，在一定程度上直观、明了地呈现出财政支出领域的研究进展情况。由图 2－1（a）可知，政府规模的国外发文量从 2002 年的 7 篇到 2014 年的 1087 篇，整体上呈现稳步上升的趋势，年均增长率约为 78%。图 2－1（b）则呈现出国内发文量的波动增长趋势，从 2004 年到 2010 年也有稳步上升的过程，后面几年变化幅度不大，年均增长率约为 69%。

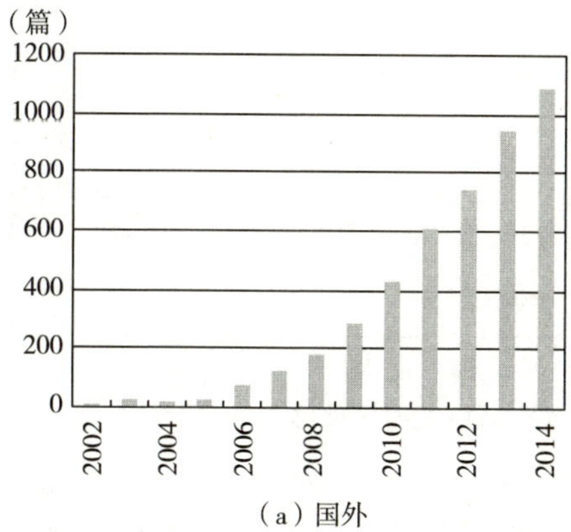

（a）国外

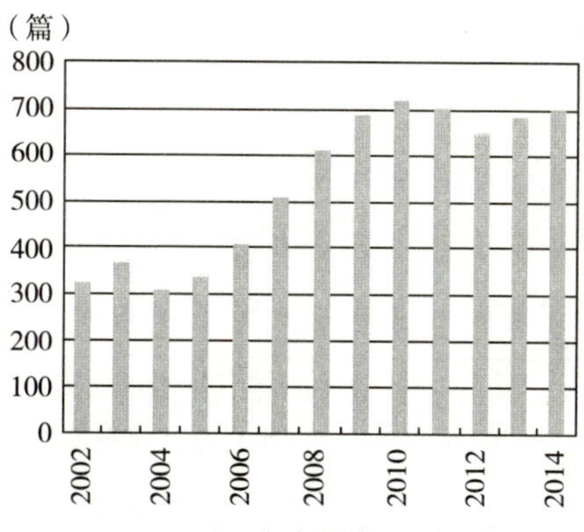

（b）国内

图 2－1　财政支出研究每年出版文献数量

（二）国内外财政支出的研究热点分析

1. 对 Web of Science 数据加以分析

采用 CiteSpace Ⅲ软件对财政支出研究领域绘制知识图谱。以“关键词”（Keyword）为网络节点，以每年为一个时间切片，每个切片上选取前 50 个高频出现节点，选用最小生成树（Minimum Spanning Tree，MST）剪枝算法生成共词网络知识图谱（见图 2－2），共有 516 个网络节点，231 条连线。通过综合分析与归纳出现频次、中心性排名各前 20 位关键词，总结得到国外财政支出研究的 4 个研究热点：经济增长、财政政策、政治制度与社会福利（见表 2－1）。

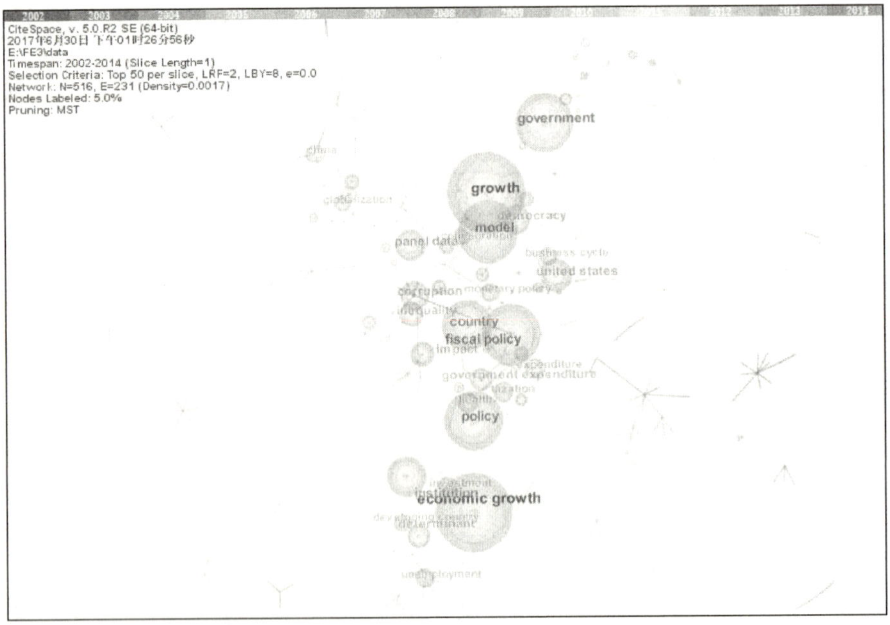

图 2－2　国外政府财政支出研究关键词网络

除此之外，排名前 20 的关键词中还有不平等（收入、种族、性别等）、经济开放程度、经济自由、经济波动、国际援助、信任以及宗教、文化的异质性等，这些都是当前财政支出研究中被关注的问题。

表 2-1 国外政府财政支出研究热点

研究热点	代表关键词	主要研究内容	代表文献
经济增长	economicgrowth（406，0.12） performance（55，0.16） productivity（30，0.00）	经济增长与财政支出之间的关系	Afonso 和 Furceri，2010；Barro，1990，1991；Bergh 和 Henrekson，2011
财政政策	fiscalpolicy（244，0.25） taxation（57，0.11） decentralization（43，0.04） redistribution（38，0.06）	财政政策（分权、税收等）与财政支出的关系以及财政政策对实现政府职能的影响机制	Afonso 等，2010；Goel 和 Nelson，2011；Kneller 等，1999；Persson 和 Tabellini，2000
政治制度	institutions（146，0.12） corruption（123，0.15） democracy（78，0.09） competition（52，0.14）	政治制度、政党制度、法律制度等与财政支出的关系以及制度对实现政府职能的支持机理	Alonso，2011；Berggren 等，2015；Lizzeri 和 Persico，2001；Mueller，2003
社会福利	lifesatisfaction（32，0.09） happiness（30，0.02） health（30，0.00）	财政支出对社会福利的影响	Bjørnskov，2003；Bjørnskov 等，2007

注：括号内数字分别表示关键词出现频次和中心性。

2. 对 CSSCI 数据进行分析

同样，以“Keyword”为网络节点，以每年为一个时间切片，每个切片上选取前 50 个高频出现节点，选用 MST 剪枝算法生成共词网络知识图谱（见图 2-3），共有 167 个网络节点，421 条连线。其中最大的网络节点是财政支出，与它共现频次最多的节点是经济增长与财政分权，分别共现 204 次和 167 次。第二大网络节点是经济增长，与它共现频次最多的节点是财政支出与财政支出结构，分别共现 167 次和 88 次。除了公共支出、政府规模、政府支出等表达相近意思的节点外，其他较大节点有城乡收入差距、地方财政支出效率、居民消费等。由此可见，在国内财政支出研究领域，财政分权、经济增长、城乡收入差距、支出效率、居民消费等是研究热点。

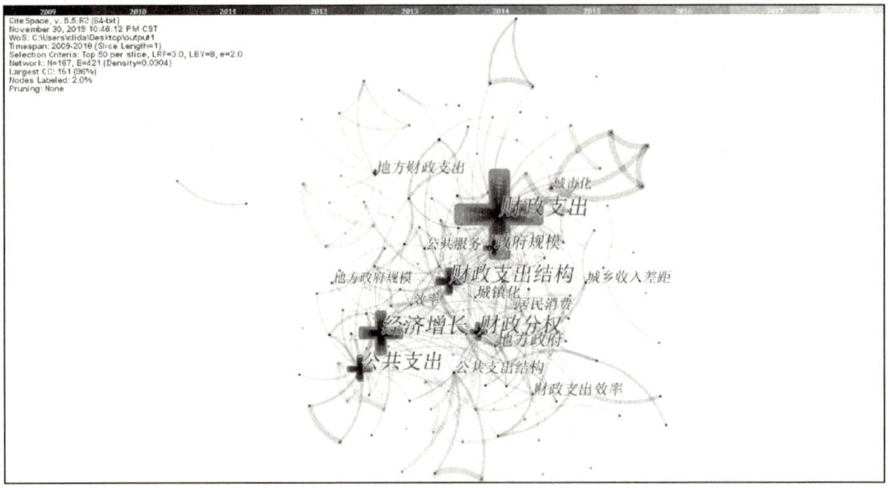

图 2－3　国内政府财政支出研究关键词网络

（三）国内外财政支出的理论基础分析

每篇研究论文都会引用一定数量的参考文献，这些文献就是共被引网络中的节点。引用频次的高低反映出了文献的价值和经典程度，而中心性的高低则反映出了节点文献对于研究的枢纽作用和转折性意义。本节通过对高被引与高中心性文献的略读，对财政支出领域的理论基础进行分析。

1. 对 Web of Science 数据进行分析

以“被引文献”（Cited Reference）为网络节点，以一年为一个时间切片，每个切片上选取前 50 个高频出现节点，用 MST 算法剪枝，运行 CiteSpace 软件得到财政支出共被引网络图谱，共有 412 个网络节点及 1187 条连线。黑色标签标示出了政府规模研究的基础性文献，用节点大小区别被引文献频次高低，而光圈大小则标示出了节点的中心性大小。在此基础上再对网络图谱进行聚类，得到 15 个聚类，用关键词（LLR 算法）作为聚类标签，得到政府规模研究共被引聚类分析网络图谱（见图 2－4）。从图中可以看到聚类 Q 值 0.798、S 均值 0.4705，因此聚类被认为是合理的（陈悦等，2015）。通过观察分析，聚类 0 腐败、聚类 1 民主、聚类 6 政治均衡，都和政治制度相关；聚类 2 冲击和聚类 7 经济增长是关于宏观经济的稳定与增长；聚类 3 联邦主义、聚类 14 政策波动是关于财政政策主题的研究；聚类 5 就业和聚类 8 幸福感是关于社会福利方面的研究。聚类的结果进一步验证了前文发现的研究热点。

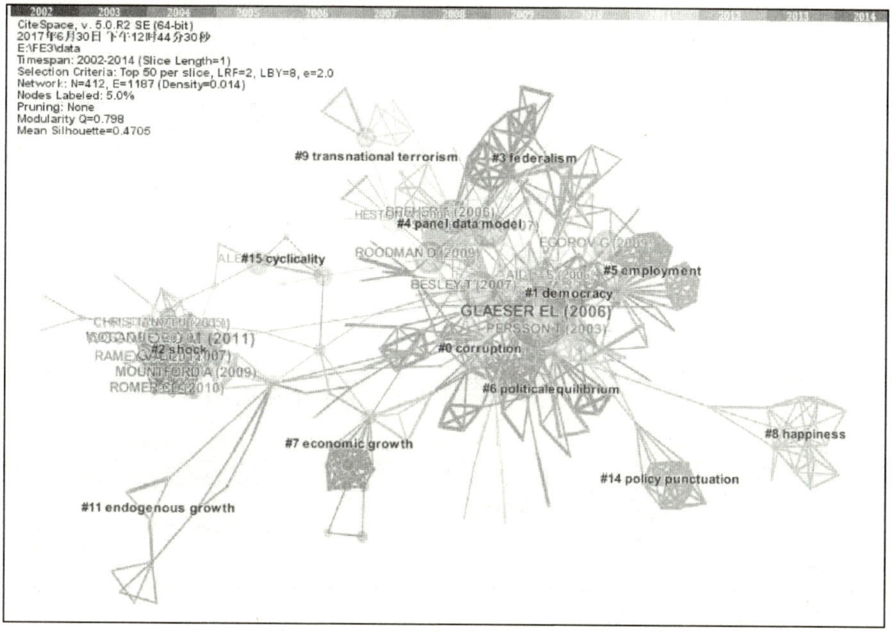

图 2－4　国外政府财政支出研究共被引聚类分析图谱

（1）代表性聚类分析。每个聚类都包含了相应的被引与施引文献，为了更深入地了解政府规模研究的内部结构，以腐败、经济增长与财政政策三大聚类为例，分别列出了前五位被引频次最高的被引文献和前五位覆盖率最高的施引文献。

聚类#0“corruption”（见表2-2）中共包含23篇被引文献，左边被引的几位作者Glaeser、Mauro、La Porter、Shleifer和Egorov都长期致力于腐败与规模关系的研究，关于腐败对政府规模、经济增长的影响做出了重大贡献。右边施引作者中的Goel（2010，2011）在这些研究的基础上，从不同的理论角度及在不同的国家范围内研究了腐败与支出的关系。

表2-2 聚类#0腐败（corruption）的被引与施引文献

被引文献		施引文献	
频次	作者（年）期刊	覆盖率	作者（年）标题
72	Glaeser（2006），J PUBLIC ECON，V90，P1053	0.23	Goel（2010），Causes of corruption：History，geography and government
62	Mauro（1995），Q J ECON，V110，P681	0.18	Goel（2011），Exports and cross-national corruption：A disaggregated examination
60	La Porter（1999），J LAW ECON REV，V15，P222	0.14	Alonsoa（2011），Colonisation，Institutions and Development：New Evidence
45	Shleifer（1993），Q J ECON，V108，P599	0.14	Andersen（2011），Does the Internet Reduce Corruption? Evidence from U.S. States and across Countries
39	Egorov（2009），AM POLIT SCI REV，V25，P872	0.09	Goel（2011），Government fragmentation versus fiscal decentralization and corruption

聚类#1、4“economic growth”（见表2-3）中共包含40篇被引文献，左边的Barro从宏观经济学视角对经济增长影响机制进行分析，认为政府规模是影响经济增长的一个关键因素。右边五个主要的施引文献发表于2010年和2011年，在Barro等研究基础上引入了新的中介、调节变量，建立了计量经济模型，得到了与前人相似或矛盾的结论。

表 2 – 3　聚类#1、4 经济增长（economic growth）的被引与施引文献

被引文献		施引文献	
频次	作者（年）期刊	覆盖率	作者（年）标题
53	Barro（1991），Q J ECON，V110，P1127	0. 23	Wu（2010），The impact of government expenditure on economic growth：How sensitive to the level of development?
45	Im（2003），J POLIT ECON，V100，P223	0. 18	Bergh（2011），Government size and growth：A survey and interpretation of the evidence
43	Kneller（1999），J ECONOMETRICS，V115，P53	0. 18	Bos（2010），Technology clubs，R&D and growth patterns：Evidence from EU manufacturing
38	Levine（1992），Q J ECON，V70，P65	0. 18	Cravo（2010），SMEs and economic growth in the Brazilian micro – regions
38	Barro（1990），J ECON SURV，V25，P872	0. 14	Afonso（2010），Government size，composition，volatility and economic growth

聚类#6、8 “fiscal policy”（见表 2 – 4）中共包含 37 篇被引文献，左边 Persson、Besley 都长时间致力于财政政策、金融政策、经济政策与政府规模的相互影响问题的研究。右边的施引文献在左边被引文献的基础上通过细分变量，使用不同的测量方法与数据得到了更细致的结论。

表 2 – 4　聚类#6、8 财政政策（fiscal policy）的被引与施引文献

被引文献		施引文献	
频次	作者（年）期刊	覆盖率	作者（年）标题
67	Persson（2000），POLITICAL EC EXPLAIN	0. 25	Carmignani（2010），Cyclical fiscal policy in Africa
66	Meltzer（2006），J POLIT ECON，V89，P914	0. 17	Antonio（2010），Fiscal policy responsiveness，persistence and discretion

续表

被引文献		施引文献	
频次	作者（年）期刊	覆盖率	作者（年）标题
56	Persson（2000），MUNICH LECT ECON	0.17	Furceri（2010），Stabilization effects of social spending：Empirical evidence from a panel of OECD countries
47	Besley（2007），J PUBLIC ECON，V91，P755	0.17	Persson（2003），Do political institutions shape economic policy?
42	Beck（1995），AM POLIT SCI REV，V89，P634	0.12	Brzozowski（2010），The impact of fiscal rules on fiscal policy volatility

（2）高中心性文献分析。表2-5列出了政府规模研究前10位高中心性被引文献，这些文献对整个网络结构中的节点与聚类都起着重要的连接作用。

表2-5　国外政府财政支出研究高中心性被引文献

序号	中心性	被引文献	聚类
1	1.15	Meltzer（1981），J POLIT ECON，V89，P914	8
2	0.96	Hettich（1999），DEMOCRATIC CHOICE AND TA×ATION	12
3	0.93	Mueller（2003），PUBLIC CHOICE	13
4	0.91	Treisman（2000），J PUBLIC ECON，V76，P399	6
5	0.90	Aten（2002），PENN WORLD TABLES VE	11
6	0.88	Hamilton（1994），TIME SERIES ANAL	12
7	0.86	Persson（2000），POLITICAL EC EXPLAIN	8
8	0.82	Lizzeri（2001），AM ECON REV，V91，P225	8
9	0.79	Persson（1997），Q J ECON，V112，P310	8
10	0.78	Persson（2001），IN PRESS EUROPEAN EC	8

具体来看，Meltzer和Richard（1981）用收入再分配份额衡量政府支出，认为在多数通过规则下，税收与转移支付政策的选择依赖中位选民的

偏好，政府规模的扩大是因为中位选民的收入水平降低与收入不平等使得政府加大再分配规模。通过施引文献分析发现，在 Meltzer 研究的基础上，Adserà 等（2002）对贸易、民主与公共部门支出之间的关系进行了研究；Alesina 等（2004）进行了收入不公平、财政支出与幸福感之间关系的研究；Alesina 等（2005）还进行了选民偏好对再分配总量影响的研究；Erik 等（2010）研究了政治极化与政府支出的关系；Andreas 等（2014）研究了信任、政府支出与收入不平等之间的关系。

Hettich 和 Winer（1999）建立选举行为模型，根据选举通过的财政政策，多角度检验了民主国家的税收体系以及对政府支出产生的影响。通过施引文献分析发现，在其研究的基础上，Gould 等（2002）研究了选举、政党、宪法、立法与行政规则对政策选择，进而对政府支出规模的产生影响；Allers 和 Elhorst（2005）利用空间计量分析了地方政府的税收模仿与标杆竞争对地方政府支出规模的影响；Aidt 等（2009）对税收结构、政府支出与选举权的扩张之间的关系进行了研究；Aidt 等（2013）进行了民主化与公共支出关系的研究。

Mueller（2003）运用公共选择理论——政府作为公共物品的提供者与外部性的消除者、收入与财富的再分配者、利益集团、官僚等深入剖析了政府规模增长的原因。通过施引文献分析发现，在 Mueller 研究的基础上，Alesina 等（2005）对腐败、不平等与政府支出规模关系进行了研究；Potrafke（2009）研究了全球化环境下政党政治对政府社会支出规模的影响；Getzner（2015）对文化支出规模的决定因素进行了研究。

Treisman（2000）通过理论综述与实证分析国家法律体系、经济发展水平、财政支出、政治稳定、经济开放、宗教、民主等因素对腐败的影响，得出经济自由化政策是少量可行的降低腐败程度与控制政府规模，继而提高经济发展率的经济杠杆。通过施引文献分析发现，在 Treisman 研究的基础上，Adserà 等（2003）进一步讨论了政治责任与政府质量、政府支出规模之间的关系；Arikan（2004）研究了财政分权对腐败水平、政府规模的作用机制；Olken（2006）讨论了腐败与再分配关系问题；Treisman

(2007)对民主体制、贸易开放、商业规则等对腐败、政府支出规模的影响机制进行了进一步研究。

Persson 和 Tabellini(2000)结合了宏观经济政策理论、公共选择理论以及政治学中的理性选择学说三种学术精华,提出了一种统一的方法,分析了货币政策对经济发展与政府支出规模的影响。通过施引文献分析发现,在 Persson 研究的基础上,Ferretti 等(2002)进一步探讨了选举制度与公共支出之间的关系;Lee(2004)研究了选民与选举政策的关系及对公共支出产生的影响;Borck(2007)研究了选举、不平等与再分配总量之间的关系;Campante(2011)从不同角度重新讨论了不平等与再分配的关系。

Lizzeri 和 Persico(2001)对比了两种不同的选举制度下政府公共物品的供应情况。在赢者通吃(利益全部被赢者占有)情况下,政府提供的公共物品比例制度(利益根据选票比例分配)下数量更少。通过施引文献分析发现,在 Lizzeri 研究的基础上,Milesi – Ferretti 等(2002)进一步讨论了选举制度与公共支出之间的关系;Gerring(2004)探讨了政治制度对腐败与政府支出规模的影响;Persson(2007)研究了在议会民主制度下,选举制度对政府支出规模的影响机制;Enikolopov(2014)则讨论了政客、官僚与再分配的关系。

Hamilton(1994)对计量经济时间序列模型的分析方法被广泛应用于财政支出的相关研究,而 Penn World Tables(佩恩表)数据库是关于国家的购买力平价计算的 GDP 等数据,因为其高可信度与国家间的可比性受到研究者们的青睐。

Arrow 和 Kurz(1970)构建了第一个包含财政支出的外生经济增长模型,但在其模型中,长期经济增长仅依赖于传统的内生增长因素,而与财政政策无关。

Barro(1990)沿着阿罗—库尔兹模型的思路,提出了一个包含公共支出的内生经济增长模型,假定公共支出以一种生产外部性的方式进入企业的生产函数,成为经济内生增长的主要动力。Barro 的模型为分析政府如何通过公共支出来影响经济增长提供了一个标准的分析框架，从而引发了这一领域的研究热潮。在这一标准模型的基础上，大量后续文献从不同理论视角对 Barro 的模型进行了修正和发展。

Bailey（1971）最早对政府支出与居民消费关系进行了研究，他在《国民收入与价格水平》一书中，通过构造有效消费函数，实证检验了政府消费会部分替代居民消费。之后，国内外众多学者纷纷从不同的理论视角采用不同的方法求证这个命题的正确与否。

Amano 和 Wirjanto（1998）在永久收入假说的理论框架下，巧妙地构建了一个嵌套了固定替代弹性效用函数的相对风险效用函数，使得整个效用函数中只涉及居民实际消费支出和政府支出，并推导出居民消费与政府支出之间是替代、互补还是不相关关系。

（3）高被引文献分析。表 2 -6 列出了政府规模研究的前 10 篇高被引文献，有 6 篇来自美国。高被引文献被称为经典文献或奠基性文献，它们开创性的贡献共同构成了一个研究领域的知识基础。主要涉及经济开放程度、再分配政策、经济政策、腐败与政府规模、经济增长的关系以及政府绩效的影响因素等。其中 La Porta 等（1999）、Montinola 和 Jackman（2002）与 Treisman（2000）探讨了腐败与规模问题；Meltzer 和 Richard（1981）、Persson 和 Tabellini（2000），Lane（2003）对财政政策对规模的影响进行了研究；Rodrik（1998）研究经济开放程度对规模的影响；而 Arellano 和 Bond（1991）与 Blundell 和 Bond（1998）讨论的是关于计量面板模型设定与检验问题。

表 2 -6　国外政府财政支出研究高被引文献

序号	作者及年份	国家	高被引文献	期刊	被引频次
1	Rodrik（1998）	美国	Why Do More Open Economies Have Bigger Governments?	J POLIT ECON	143
2	Arellano 等（1991）	英国	Some Tests of Specification for panel data	REV ECON STUD	122

续表

序号	作者及年份	国家	高被引文献	期刊	被引频次
3	Blundell 等（1998）	英国	Initial conditions and moment restrictions in dynamic panel data models	J ECONOMETRICS	102
4	Meltzer 等（1981）	美国	A Rational Theory of the Size of Government	J POLIT ECON	85
5	La Porta 等（1999）	美国	The Quality of Government	J LAW ECON ORGAN	83
6	Persson 等（2000）	瑞典	Political Economics：Explaining Economic Policy	POLITICAL EC EXPLAIN	81
7	Montinola 等（2002）	美国	Sources of corruption：A cross – country study	BRIT J POLIT SCI	80
8	Mauro（1995）	美国	Corruption and Growth	Q J ECON	76
9	Lane（2003）	爱尔兰	The cyclical behaviour of fiscal policy：Evidence from the OECD	J PUBLIC ECON	74
10	Treisman（2000）	美国	The causes of corruption：A cross – national study	J PUBLIC ECON	72

（4）高突现性文献分析。科学文献可分为持续高被引的经典文献（Classic Articles）和在短暂时间内达到被引峰值的过渡文献（Transient Articles），第二种更普遍（Chen，2006）。利用 Kleinberg 设计的突变检测算法（Burst Detection Algorithm）识别代表着研究前沿的突现词。表 2 – 7 列出了突现值最大并且突现持续时间在 2010 ~ 2014 年的 8 个文献。其中突现值最高的 Beck 和 Katz（1995）与突现值第三的 Roodman（2009）都是关于计量经济方法的讨论，它们引发了计量方法在政府财政支出领域中应用的热潮。其他的论文分别讨论了财政政策、财政分权、健康卫生支出等问题，可见这些问题依旧活跃在政府财政支出研究的前沿。

表 2－7 国外政府财政支出研究高突现文献

突现值	文献	聚类#
3.88	Beck（1995），AM POLIT SCI REV，V89，P634	14
3.14	Ravishankar（2009），LANCET，V373，P2113	14
2.80	Roodman（2009），STATA J，V9，P86	14
2.55	Heston（2006），PENN WORLD TABLE VER	1
2.38	Tornell（1999），AM ECON REV，V89，P22	11
2.13	Afonso（2010），PUBLIC CHOICE，V145，P503	8
2.03	Baskaran（2010），PUBLIC CHOICE，V145，P351	10
1.97	Gwartney（2008），EC FREEDOM WORLD 200	10

2. 对 CSSCI 数据进行分析

以“Cited Reference”为网络节点，以一年为一个时间切片，每个切片上选取前 50 个高频出现节点，用 MST 算法剪枝，运行 CiteSpace 软件得到财政支出共被引网络图谱，共有 455 个网络节点及 642 条连线。在此基础上再对网络图谱进行聚类，得到 16 个聚类，用关键词（LLR 算法）作为聚类标签，得到政府规模研究共被引聚类分析网络图谱（见图 2－5）。

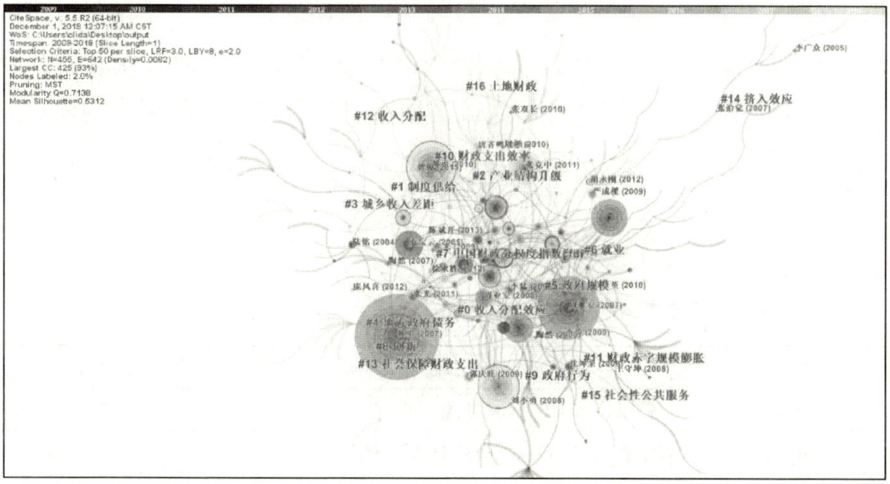

图 2－5 国内政府财政支出研究共被引聚类分析图谱

从图中可以看到，聚类Q值0.7138、S均值0.5312，因此聚类被认为是合理的。通过观察分析，聚类0收入分配、聚类1制度供给、聚类3城乡收入差距、聚类4地方政府债务、聚类6就业、聚类7财政分权、聚类8创新、聚类9政府行为、聚类10财政支出效率、聚类11财政赤字；聚类5就业和聚类8幸福感是关于社会福利方面的研究。

关键文献分析（见表2-8至表2-10）。陆铭和陈钊（2004）通过对1987~2001年省级面板数据的分析，考虑了城市化指标的内生性问题后发现，城市化缩小城乡收入差距的作用显著。当从数据中剔除三大直辖市后，结果仍然显示城市化具有显著地缩小城乡收入差距的作用。此外，外来人口比重、经济的开放、就业的所有制结构调整、政府参与经济活动的程度以及财政支出结构的调整的确是扩大城乡收入差距的重要因素。而缩小城乡收入差距的支持农业财政支出比重和农业贷款比重在各地均呈现不同程度的下降趋势，因此，城乡收入差距的扩大趋势没有得到有效的控制。由于经济开放和非国有化是大势所趋，地方政府有必要通过降低对于经济活动的参与，调整政府支出的结构和方向来缩小城乡收入差距，特别是应该将财政支出更多地用于支持农村地区的农业生产和文教科学卫生事业的发展，并且加大金融体系对农村的生产活动的扶持。在中国的大多数地方仍然实行着城乡分割的户籍政策和管理政策，一些地方实行的户籍“准入政策”实际上是让富有的人成为城市居民，却没有使更多的农村居民享受到城市化的好处，这就使城市化对于缩小城乡收入差距的作用受到了限制。

表2-8　国内政府财政支出研究高中心性文献

中心性	高中心性文献	聚类#
0.27	郭庆旺，2010，经济研究，0，11	7
0.24	陈诗一，2008，中国社会科学，0，4	1
0.22	龚锋，2010，统计研究，0，10	7
0.17	傅勇，2010，经济研究，0，8	1

续表

中心性	高中心性文献	聚类#
0.17	胡永刚，2012，经济研究，0，9	6
0.16	陈硕，2010，经济学（季刊），0，4	1
0.15	韩华为，2010，财经研究，0，5	1
0.14	张曙霄，2012，金融研究，0，1	7
0.13	龚锋，2009，管理世界，0，1	0
0.13	李涛，2008，世界经济，0，11	7

表 2-9　国内政府财政支出研究高被引文献

引用频次	高被引文献	聚类#
111	傅勇，2007，管理世界，0，3	0
83	周黎安，2007，经济研究，0，7	0
65	傅勇，2010，经济研究，0，8	1
56	陈硕，2012，管理世界，0，6	0
50	张军，2007，经济研究，0，3	0
47	张克中，2011，中国工业经济，0，10	2
42	王永钦，2007，经济研究，0，1	0
38	乔宝云，2005，中国社会科学，0，6	1
31	尹恒，2011，中国社会科学，0，1	5
30	陈诗一，2008，中国社会科学，0，4	1

表 2-10　国内政府财政支出研究高突现文献

突现值	高突现文献	聚类#
14.87	傅勇，2007，管理世界，0，3	0
12.53	周黎安，2007，经济研究，0，7	0
12.25	乔宝云，2005，中国社会科学，0，6	1
9.16	张军，2007，经济研究，0，3	0
8.33	张晏，2005，经济学（季刊），0，4	0
7.74	周黎安，2004，经济研究，0，6	0

续表

突现值	高突现文献	聚类#
5.22	陆铭，2004，经济研究，0，6	3
5.12	平新乔，2006，财贸经济，0，2	0
4.99	周业安，2008，管理世界，0，3	7
4.38	周亚虹，2013，经济研究，0，11	1

张晏和龚六堂（2005）通过构造四类财政分权指标，从不同的角度分析了中国分税制改革前后的财政分权与经济增长之间的关系。分税制改革显著地改善了财政分权对经济增长的影响。改革前我国财政分权与经济增长之间存在显著的负相关关系，而1994年后财政分权与经济增长的系数显著正相关。在包括了分税制改革前后时期的全样本中，总量和人均财政分权指标的系数都不再显著为负。我国经济发展程度较高地区的财政分权的积极作用可能要大于经济发展程度较低的地区，东部各省的财政分权优势要高于中西部地区，目前的财政分权形势不利于缩小地区差距。

乔宝云等（2005）通过对1978年以来的财政分权改革与中国小学义务教育案例的分析，发现财政分权并没有增加小学义务教育的有效供给。出现这一结果的可能原因是，西方通行的财政分权促进社会福利水平提高的两种机制在中国并不发挥作用，尤其是人口流动障碍及其地区性差异导致地方政府行为向追求资本投资与经济增长率的方向转变，导致各地区激烈的财政竞争并相应挤占了义务教育等外部性较强的准公共产品性质的财政支出。作者还发现，财政分权对富裕地区与贫困地区经济增长的影响是不一样的，它推动了富裕地区的经济增长而抑制了后者。

周黎安（2007）从晋升锦标赛治理模式的视角，揭示这种中国地方官员的特定治理模式与中国高速经济增长及其各种特有问题的内在关联。晋升锦标赛作为中国政府官员的激励模式，它是中国经济奇迹的重要根源，但由于晋升锦标赛自身的一些缺陷，尤其是其激励官员的目标与政府职能的合理设计之间存在严重冲突，它目前正面临着转型。

傅勇和张晏（2007）在经济分权同垂直的政治管理体制紧密结合的中国式分权背景下讨论地方政府支出结构偏向的激励根源，并通过构造财政分权指标和政府竞争指标、利用1994～2004年的省级面板数据对其推断进行实证检验。主要结论是：中国的财政分权以及基于政绩考核下的政府竞争，造就了地方政府公共支出结构“重基本建设、轻人力资本投资和公共服务”的明显扭曲；并且，政府竞争会加剧财政分权对政府支出结构的扭曲，竞争对支出结构的最终影响则取决于分权程度，而1994年后包括科教兴国、西部大开发在内的现行重大政策并没有缓解这种状况。这意味着，中国式分权在推动市场化和激发地方政府“为增长而竞争”的同时，与之伴随的成本可能正在上升。

王永钦等（2007）从分权式改革的视角提供了一个自洽的逻辑框架，全面地分析了中国的发展道路。这个逻辑框架不仅能够分析中国前期改革的成功，也能够解释目前出现的诸多社会经济问题。政治集权下的经济分权给地方政府提供了发展经济的动力，尤其是完成了地方层面的市场化和竞争性领域的民营化。但是，内生于这种激励结构的相对绩效评估又造成了城乡和地区间收入差距的持续扩大、地区之间的市场分割和公共事业的公平缺失等问题。由于中国的渐进式分权改革在很大程度上可以看作一个中央政府主导和控制下的机制设计问题，所以，在认清中国分权式改革得失的基础上，正确地设计合理的改革方略，对于下一阶段改革的成功是至关重要的。如此，中国就可能走出一条独特的大国发展道路。

张军等（2007）在中国的政治经济体制的框架内解释了改革以来，尤其是20世纪90年代以来中国在建设和改善物质基础设施上所取得的显著成就。其文章依据现有的文献和省级面板数据，不仅度量了改革以来中国的基础设施的存量变化和地区差距，而且运用GMM方法检验了可解释基础设施投资支出变动模式的重要变量。作者发现，在控制了经济发展水平、金融深化改革以及其他因素之后，地方政府之间在招商引资上的标尺竞争和政府治理的转型是解释中国基础设施投资决定的重要因素，这意味着分权、Tiebout竞争、向发展式政府的转型对改进政府基础设施的投资激励是至关重要的。

李涛和周业安（2008）利用1994～2005年中国省级面板数据，研究了政府竞争、公共支出与经济增长三者之间的关系。主要研究发现其他地区的总体财政支出或文教科学卫生事业财政支出水平的增加能够显著地促进本地区的经济增长，而其他地区的基本建设财政支出或行政管理财政支出的水平或比重的增加的作用截然相反；本地区更低的预算外财政支出水平、更多的人力资本积累或更高的贸易开放度都对本地区的经济增长有着显著的积极作用；地区财政分权程度的空间策略性互动以及地区财政分权本身对本地区的经济增长没有显著且稳定的影响。

陈诗一和张军（2008）利用DEA非参数技术和受限Tobit模型，核算财政分权改革后中国省级地方政府财政支出的相对效率，结果显示，中国大部分省级政府的支出都非效率，但比较而言，东中部地区的政府支出效率相对较高且相差不大，西部地区与之相比则低很多。具体来看，20世纪80年代地方财政包干时期，东中部地区的支出效率呈现共同的下降趋势，西部地区变化不大，但在1994年分税制改革后，地方政府的支出效率总体上得到了显著改善，这主要是由东部和西部地区效率的较大提高所引起，而中部地区支出效率相对于此前几乎没有改善。

郭庆旺和贾俊雪（2009）运用空间计量模型考察我国省级政府在财政支出政策方面的策略互动行为、形成机制及其对经济增长的影响。1986～2006年，我国地方政府在财政总支出（包括预算内和预算外支出）、各类支出项目（包括经济性、社会性和维持性支出）方面存在显著的策略互动行为，财政竞争机制在其中发挥了重要作用。地方政府预算内支出、经济性和维持性支出竞争不利于地区经济增长，其中经济性支出竞争的抑制作用并不显著，社会性支出竞争对地区经济增长具有显著的促进作用，预算外支出竞争的影响则比较模糊。1994年分税制改革明显改变了地方政府间策略互动行为模式，有效遏制了地区间过度竞争态势，对地区经济增长产生积极促进作用，但同时也过度削弱了地方政府在经济性支出方面的竞争性行为，加剧了经济性支出对地区经济增长的不利影响。

龚锋和卢洪友（2009）利用1999～2005年中国28个省（区、市）的面板数据，联立估计了教育支出等7类公共支出的需求函数，并据此构建7类公共支出的供需匹配指数；进而运用多选项Logit模型，实证检验财政分权程度与公共支出供需匹配指数的相互关系。结果显示：财政分权程度与教育支出以及抚恤与社会福利救济费供给不足指数正相关。随着财政分权程度的提高，政府供给的消费型公共服务低于居民实际偏好的需求水平的可能性将增大。财政分权程度与行政管理费以及基本建设支出过度供给指数正相关。随着政府公共资源配置权力的扩大，地方政府具有不顾居民实际需求偏好而膨胀行政成本和扩张基建支出的双重倾向。该文的政策含义是，中国尚不具备使财政分权正向激励效应得以有效发挥的制度基础，应在保持适度财政分权的同时，加大力度推动基层民主建设，同时改革现有的政府绩效考评机制，引导地方政府有效配置公共资源，更好地满足民众对公共服务的需求。

傅勇（2010）研究了分权背景下的财政体制和政府治理对非经济性公共物品供给的影响。实证研究发现，财政分权显著且可观地降低了基础教育的质量，也减少了城市公用设施的供给。作者还发现，分权下的地方政府未能发挥规模灵活调整的优势；反腐败力度的增强改善了基础教育的质量，却减少了城市公用设施的供给，显示出公共部门存在明显的寻租空间。此外，中央政府的向下转移支付促进了非经济性公共物品的供给，并且基础教育存在明显的规模经济效应，这支持了中央财政在公共部门具有发挥更大作用的必要性的结论。

郭庆旺和贾俊雪（2010）构建了一个最优地方政府支出规模的理论模型，探寻财政分权和政府组织结构对地方政府支出规模的影响机理，并据此构建计量模型，利用1997～2005年我国县级面板数据进行实证分析。研究表明，纵向政府级次减少和辖区政府数量增加对县级地方政府支出规模均具有显著的负效应，“撤乡并镇”改革对县级地方政府支出规模具有显著的滞后负效应。财政支出分权对县级地方政府支出规模具有显著的正效应，财政收入分权则具有显著的负效应。财政收支分权对县级地方政府支出规模的非对称性影响自2002年所得税分享改革以来以及在东部地区均相对较弱。进一步的研究还表明，财政分权特别是财政收入分权对县级地方政府支出规模的影响在一定程度上取决于政府组织结构特点。

韩华为和苗艳青（2010）利用1997~2007年中国31个省份的面板数据，在DEA-Tobit两阶段分析框架下研究了中国地方政府的卫生支出效率。研究结果表明：中国地方政府的卫生支出效率存在显著的地区差异，而人口密度、居民受教育水平、人均GDP、财政分权和医疗体制改革等社会、经济和政策变量则是造成这种效率差异的重要原因。

陈硕（2010）应用分省面板数据，特别利用了1994年分税制改革导致的地方财政自主权的跨时和跨区变化，为上述假设提供了实证证据。作者认为，中国在财政分权化过程中面临的一系列既有制度设置可以作为上述因果关系的解释机制。一系列测量偏误和模型选择的检验显示其实证结论是稳健的。基于中国的研究支持了那些认为财政分权而不是集权将改善地方公共品供给水平的观点。

龚锋和雷欣（2010）以1997~2007年中国的省级数据为样本，选取财政收入自治率、财政收入占比、财政支出自决率、财政支出占比、税收管理分权度、行政管理分权度6个指标，对中国式财政分权进行全景式评估；进而运用基于Bootstrap的Shannon-Spearman测度方法，选择信息损失最小的组合指标作为中国式财政分权的有效衡量指标；最后，应用财政分权衡量指标，检验财政分权与中国经济增长的关系。实证结果显示：中国省级财政分权程度在样本期间呈逐步降低的趋势；中国式财政分权整体上不利于地方经济增长，但不同维度的分权指标对经济增长的影响并不相同。

张克中等（2011）从碳排放的角度，利用1998~2008年省级面板数据分析了财政分权与环境污染的关系。研究发现，财政分权与碳排放存在正相关关系，分权度的提高不利于碳排放量的减少，这说明财政分权可能会降低地方政府对碳排放管制的努力。提高产业研发强度有利于碳排放的降低，但贸易开放度的提高不利于碳排放量的减少。作者还发现，财政分权对碳排放的影响在不同能源消费结构、不同地理区位、不同环境政策的省份之间存在显著差异。此外，财政分权导致碳排放增加的影响途径主要是第二、第三产业。

胡永刚和郭新强（2012）构建了包含存量和流量两部分政府生产性支出的内生增长模型，研究表明，政府支出增加在提高税负、挤出居民消费的同时，也通过其生产性增加收入、挤入居民消费；政府支出增加究竟挤入还是挤出居民消费取决于两种效应的比较以及政府的生产性支出比重和税负水平。政府生产性支出的最优结构等于其相对生产性之比，政府支出的最优规模等于政府支出的生产性。

以上研究主要从财政收支结构、财政分权、政府治理、政府竞争以及政府财政支出政策方面的策略互动行为等视角，对中国发展道路、中国经济增长奇迹、基本设施建设、居民消费、生态治理以及公共产品供给等方面进行了科学合理的解释，为政府行为相关研究打下了坚实的基础。

（四）国内外财政支出的演化路径分析

对“Web of Science”数据的分析。图2-4的layout方式选择“时区图”（Timezone），政府规模发展脉络清晰地展示在图2-6上。通过前文对热点问题、高中心性文献、高被引文献与代表性聚类的详细分析，结合图2-6不难发现，政府规模始终以经济增长、财政规模、政治制度、社会福利为研究主线而逐步演进。其中财政政策是实现政府资源配置、收入再分配、维护宏观经济稳定各职能的工具，政治制度是实现政府职能的保证，而经济增长与社会福利则是政府行为的最终落脚点。后继研究都是在已有文献的基础上，通过理论视角、研究方法、研究范围、概念测量、模型设计、使用数据等的改变以及引入新的中介变量、调节变量改变问题边界等方式，不断对政府规模领域研究进行拓展。在和平与发展的全球大背景下，政府的基本职能与目标不会发生大的改变，因此对应有关政府规模的研究主题也不会发生大的改变，将继续遵循目前的研究主线逐步演进。

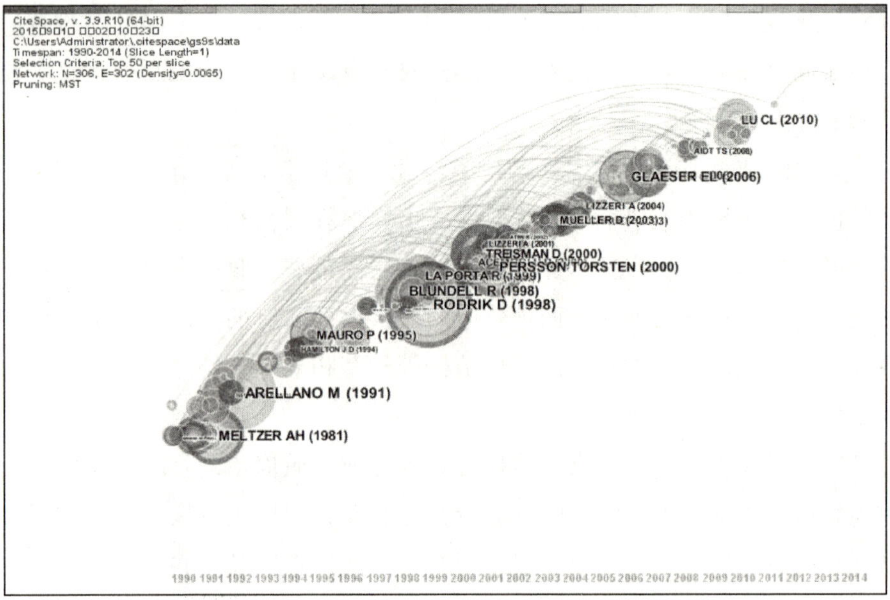

图 2－6　国外政府财政支出研究演化路径图谱（时区图）

对 CSSCI 数据的分析。图 2－5 的 layout 方式选择“时间线图”（timeline），政府规模发展脉络清晰地展示在图 2－7 上。通过前文对热点问题、高中心性文献、高被引文献与代表性聚类的详细分析，结合图 2－7 不难发现，政府财政支出相关研究始终以政治制度、收入分配、经济增长、民生为研究主线而逐步演进的。通过对政治制度和财政政策的不断调整，实现收入分配公平，经济稳定增长，就业、教育、医疗、社保等民生问题进一步完善等政府职能。

（五）研究启示

本节给出的信息使我们对财政支出的研究现状进行了梳理，对其中一些关键文献与作者得以识别，对研究热点进行了分析，对知识结构进行了清晰演示，为系统了解财政支出研究领域提供了可靠依据，避免了传统方法归纳文献的主观性，为进一步的研究提供参考，也为中国财政支出领域国际化研究成果的产出提供一定借鉴和启示。

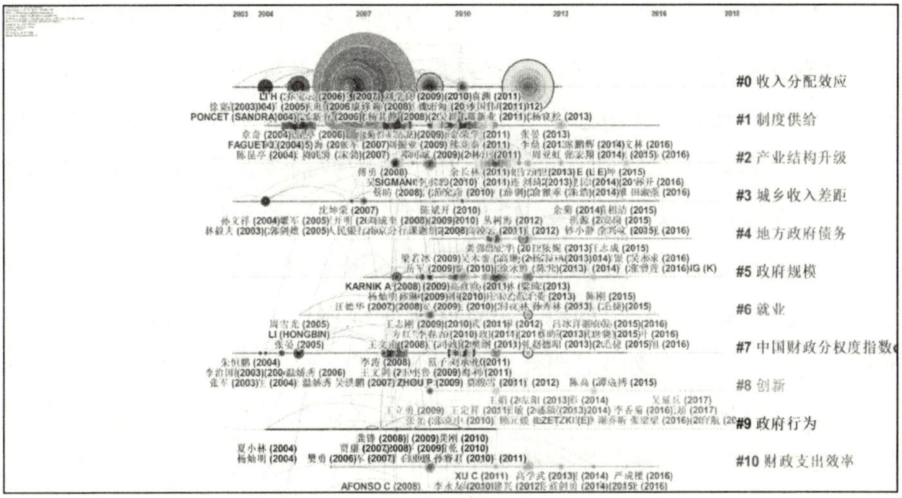

图 2-7 国内政府财政支出研究演化路径图谱（时间线图）

根据上述分析，我们认为中国未来的财政支出研究可以朝以下两个方面努力：其一，追踪关键作者、核心期刊的相关研究，将国外的研究理论、视角、方法本土化，在中国具体国情下对相关变量间的因果关系进行细致探讨，使得财政支出研究更加有效地服务于中国经济与民生，推动财政支出领域研究的纵深化和国际化发展。其二，要强调科学研究方法的使用，简单的描述研究并不能够满足财政支出研究的需求，应提倡使用实证方法，更加细致地探究财政支出研究中的因果关系。

二、政府财政支出规模与结构的概念和测量

（一）政府财政支出规模的概念和测量

政府财政支出规模通常表现为政府在一定时期内财政支出的总量。财

政支出与公共支出、广义的政府支出、政府财政规模（有时候称为政府规模）等概念意义基本上相同，在中文文献中常常交换使用，本章对这些概念也不加以区分，在文中通用。通过在 CNKI 中国学术期刊全文数据库使用主题词“财政支出”或“公共支出”或“政府支出”或“政府规模”的检索结果发现，以“财政支出”、“公共支出”、“政府支出”、“政府规模”为关键词的文献数分别为 2157 篇、469 篇、263 篇和 289 篇。而在国外文献中，财政支出规模的概念经常等同于政府规模，并且政府规模的使用频率远远高于财政支出。当然，政府规模的定义并未达到统一，在部分研究中，政府规模被认为是财政收入规模或者是政府消费支出以及转移支付等。而财政支出规模的概念基本上不存在争议，因此本章主要使用财政支出规模这一概念。

现有文献对财政支出规模的测量指标也是多样的。Brown 和 Jackson（1978）认为从支出的外在规模来看，有两方面的量化指标，即绝对规模和相对规模。绝对规模是用绝对数，即以政府的公共支出的总量来衡量财政支出规模；相对规模是用相对数，如财政支出增长率、财政支出占 GDP 的比重、财政支出弹性系数、边际财政支出倾向等。Gates（1985）认为，财政支出的绝对规模不能用来反映政府所支配的资源占社会资源总量的比例，同时，由于各个地区的通胀和经济发展水平不同，而绝对数表示某个时点某个地区的数额，对于不同时点和地区的财政支出规模之间的比较，绝对规模就不能很好地衡量，因此，在理论研究中相对规模会比绝对规模更有意义。Oates 采用的是政府公共支出总额占该地区经济总量的比例来衡量政府规模，很多学者都使用这个指标来测量财政支出规模或是政府规模。例如，Ram（1986）、Barro（1991）、Rodrik（1998）、Bergh 和 Henrekson（2011）、Bjørnskov 和 Potrafke（2013）等均采用政府的支出占 GDP 的比重来衡量政府财政支出规模。

根据研究的需要，本章也采用政府财政支出占 GDP 的比率衡量财政支出规模。而财政支出包括两部分，即预算内财政支出和预算外财政支出，但是由于数据的可获得性，本章的财政支出规模是指地方政府的预算内财政支出与 GDP 的比值。

（二）政府财政支出结构的概念与测量

财政支出结构一般是指支出项目间的横向配置，是政府财政支出按功能、项目或类别等各种不同的组合状态及其数量分配的总称（郭庆旺等，2006）。我国对政府财政支出的分类方法主要包括：按照支出用途项目也就是国家职能进行划分、按功能性质划分、按经济性质划分以及按公共服务领域进行划分（贾俊雪，2012）。学者们从不同角度进行了大量政府支出结构的相关研究。傅勇和张晏（2007）、孙琳（2013）将支出划分为经济建设支出、科教文卫投入与国防支出。刘长生等（2008）将政府支出划分为投资性支出、行政管理支出与公共服务性支出。高培勇（2014）对照 OECD 的分类方法对我国的政府支出重新分类，划分为基本政府职能支出（一般公共服务、国防、公共安全、环境保护）、经济建设性支出（经济事务、住房和社区设施）、社会福利性支出（医疗卫生、文化体育传媒、教育、社会保障就业）。武晓利和晁江锋（2014）将支出结构划分为政府投资性支出、政府服务性支出和政府消费性支出。其中政府投资性支出包括经济建设、基础设施以及能源的投资和开发等；政府服务性支出包括科教文卫、社会保障以及公共安全、国防等；政府消费性支出包括行政管理费以及政府工作人员的薪酬等。孔卫拿（2015）借鉴 Peterson（1996）在探讨美国联邦各级财政问题时提出的二分法，将政府支出划分为发展性支出与再分配支出。再分配支出主要包括社会保障和就业支出和医疗卫生支出，政权运转支出则主要指一般公共服务支出，再分配与政权运转支出之外的所有其他支出项目汇总为发展性支出。贺俊等（2016）根据国际货币基金组织（IMF）政府财政统计（GFS）的分类，按政府公共支出的功能将其分成经济性支出、社会性支出和维持性支出三大类。其中经济性支出主要包括基本建设支出、农林水事务支出、城市维护费、环境保护支出、地质勘探费、交通运输费、企业挖潜改造资金、国家物质储备支出等；维持性支出主要包括外交、国防、公共安全以及行政管理支出等；社会性支出主要包括科学技术、教育、文化、医疗卫生、体育以及社会保障支出等。

学者们根据不同的分类视角对财政支出进行了分类。由于2007年政府收支分类发生了重大调整，为了使2007年前后的政府支出结构具有可比较性，本章参照财政部《2007年政府收支分类科目》对一般预算收支分类的重大变动，结合采用郭庆旺和贾俊雪（2009）对财政支出的分类标准。

三、政府财政支出效率评价指标体系

要探究最优的财政支出规模与结构，必须以明确的政府施政目标为标尺，明确财政支出与政府目标的实现程度二者之间的关系。因此，本节将梳理政府确立施政目标的理论和评价目标实现程度所采用的指标体系。

（一）政府支出效率评价的国外理论与相应的指标体系

1. 科学管理理论及相应的指标体系

20世纪20年代以来，企业的“科学管理”所带来的高效率，使得不少科学管理原则被引入政府机构，如何最大限度地通过组织效率成为当时行政的重要价值。英国雷纳爵士负责的效率小组提出了3E评估模型，即建议在财务管理改革中设立包括“经济”（Economy）、“效率”（Efficiency）和“效益”（Effectiveness）在内的3E评估指标体系。该模型逐渐发展成为西方国家实施公共部门绩效评估的基本模型，它大大提高了政府工作效率，控制了政府财政支出，节约了行政成本。在该理论的指导下，GDP及GDP增长率等经济指标成为衡量政府财政支出效率的主要甚至是唯一的刚性指标。GDP指标简单直观，但不全面，其结果是在经济获得前所未有发展的同时，还普遍存在着失业、贫穷、疾病和无知，因此受到了众多学者和公民的质疑。

2. 新公共行政理论及相应的指标体系

20世纪60年代末70年代初，新公共行政理论诞生，它力图摈弃传统的以权威主义和效率为中心的取向，而试图建立以公平为中心的民主行政。新公共行政理论认为，应当研究与公众的日常生活相关的议题。它强调将道德价值概念注入行政过程，将社会公平注入政府财政支出效率管理目标。在随后的政府财政支出效率评价体系中，加入了公平（Equity）指标，发展为4E绩效评估法。新公共行政学扩大了公共行政学研究的视野，对西方国家政府改革实践产生了广泛的影响；特别是顾客导向的理论观点奠定了当代公共管理基本理念的雏形和绩效评估的理论基础。在该理论思想的指导下，政府更多关注社会公平、回应性、公民参与和社会责任等。

3. 新公共管理理论及相应的指标体系

自新公共管理运动以来，西方政府财政支出效率评估主要体现为公共责任、顾客至上、质量为本与投入产出的价值。在公共管理理论与新公共管理理论所倡导的公共企业家精神导向下，大量研究者开展了有关政府绩效的研究。Van de Walle 和 Bouckaert（2003）从卫生、教育、水电、邮政、通信等公共服务的质量来测量政府财政支出效率。范柏乃和朱华（2005）曾设计具有代表性的地方政府财政支出效率评估指标，包括对行政管理、经济发展、社会稳定、教育科技、生活质量和生态环境6个领域的评估。倪星和李晓庆（2004）建议从政府业绩、政府效率、政府效能、政府行为成本等方面加以描述政府财政支出效率水平。Baker（2008）用美国雪域大学政府财政支出效率项目对财务管理、人力资源、信息技术的客观评分测量政府财政支出效率，其中财务管理标准包括税收预测与长期规划的准确性、预算结构均衡、公共财务进程与报告的透明度与准确性、采购管理的有效性等。吴建南等（2009）从人口、社会、经济与环境四个关键方面构建出一套适合战略性管理的省级政府财政支出效率核心指标体系。Whiteley 等（2010）基于个人的调查数据，通过政策的认知评估与主观评价、对经济的认知评估与主观评价、个人经济评估、个人政策经验、政治效能几个方面测量政府财政支出效率。

4. 新公共服务理论及相应的指标体系

新公共服务理论则认为政府工作的重点应该是建立一些具有完善整合力和回应力的公共机构，以人为本。服务型政府是为社会公众提供公共服务，并体现其自身公共性的一种政府模式安排，是一种把民主因素全面引入公共管理领域的新型政府治理模式。大量学者进行了基于服务型政府视角的绩效研究，盛明科（2009）把绩效维度、层级特征和服务职能三维作为设计政府财政支出效率评估指标体系的逻辑框架。彭向刚和程波辉（2012）对服务型政府财政支出效率评估概念体系、基本功能、核心要义、评估主体、评估指标体系及实践探索六个方面对服务型政府财政支出效率评估的理论研究和实践进展进行了梳理。基尔等（2012）用了四种不同的测量方法来把握民众对政府财政支出效率的看法：用密歇根消费者信心指数（ICS）来测量经济绩效，即公众对经济繁荣程度的看法的调查项；用总统和国会支持率来测量政府机构绩效；用认为犯罪是最重要的问题的受访者所占的百分比测量公众对犯罪率的看法；用国会和总统的丑闻测量政府治理失败。孟天广和杨明（2012）分别从政府治理的主观和客观维度，政府在经济增长、民生福利和纯公共产品供给三大领域的政府财政支出效率，以及回顾性和前瞻性评价两个方面来测量政府财政支出效率。

5. 新公共价值理论及相应的指标体系

在新公共管理理论式微与新公共服务理论发展的背景下，1995 年 Moor 提出公共价值理论，引起众多中外学者对此的进一步探讨（Janine，2007；Lew & McElwee，2014；包国宪和王学军，2012；包国宪等，2012；包国宪和周云飞，2010，2013；樊胜岳，2013）。通过比较新公共管理与公共价值管理范式与管理内涵的变化，指出以单一的效率标准进行政府财政支出效率评价的弊端，提出以公共价值理论为基础的政府财政支出效率治理。王冰和樊梅（2014）在此基础上构建了包含政治、经济、生态、社会及文化四个价值维度在内的指标体系。摩根等（2013）通过政府财政支出效率信任范式和效率范式的比较，认为政府应采取信任范式的绩效。

总体而言，政府财政支出效率评估的价值取向体现了由注重经济与效率、追求投入产出比最大化的单一价值向兼顾效率与公平、注重顾客满意度以及服务质量等多元价值的发展轨迹；而指标体系则随着价值取向的发展，由3E指标体系发展到了4E指标体系，再到基于各种先进模型建构的包含4E、质量、公平、责任、回应等多元均衡价值在内的综合性指标体系。这些丰富的理论为我国政府制定政府施政目标提供了有益的借鉴。

（二）我国历史各阶段发展理念及相应的效率评价指标体系

我国政府吸收国外理论之精华，结合中国具体国情，在各个不同的历史时期，因时制宜地提出了符合中国政治、经济与社会形势的发展理念。研究者们则在这些发展理念的基础上构建了相应的政府财政支出效率指标体系。

1. 经济增长理念

经济增长是指一个国家在一定时期产出的产品和劳务的增加。我国在党的十一届三中全会后，确立了以经济建设为中心的战略，经济目标责任制逐渐成为推动各级政府发展经济的主要手段。在地方利益和官员追求政绩的共同驱使下，GDP及GDP增长率等经济指标实际上成为衡量地方政府财政支出效率的主要甚至是唯一的刚性指标。实践表明，以GDP衡量政府财政支出效率的办法对我国经济的快速增长起到了巨大的推动作用，但随着发展的深入，各种社会矛盾也逐渐凸显出来。

2. 经济发展理念

经济发展有着不同于经济增长的深刻内涵，它在经济增长的同时还要有内在结构的改善和社会经济的协调发展、资源的优化配置及生态环境的改善。我国在党的十四届五中全会建议中提出，要把积极推进经济增长方式的转变，提高经济效益作为经济工作的中心，实现由经济增长到经济发展的转变。基于对经济发展内涵的不同理解，相关研究者们采用了不同的指标体系对经济发展水平进行测量。郑方辉和李燕（2013）采用经济增长、质量结构、人民生活和发展潜力四个一级指标 13 个二级指标对我国经济发展水平进行测量。贺光烨和吴晓刚（2015）则采用第三产业就业比重、私有部门就业比重、工业总产值、人均 GDP、教育支出、地方财政预算收入占 GDP 的份额等来衡量经济发展水平。

3. 可持续发展理念

可持续发展是在严格控制人口、提高人口素质和保护环境、资源永续利用的前提下进行经济和社会的发展。党的十五大把可持续发展战略确定为我国“现代化建设中必须实施”的战略，编制了《中国 21 世纪人口、资源、环境与发展白皮书》，首次把可持续发展战略纳入我国经济和社会发展的长远规划。可持续发展指标体系的建立也得到了专家学者和政府机构的高度重视。刘健（2004）从绿色 GDP 和压力指标两方面构建了可持续发展指标系统，其中压力指标包括消费形态、生产结构、能源与环境使用三个指标和 24 个子指标。张婧等（2013）从可持续发展水平和可持续发展能力两方面进行评价，分别从经济发展、社会发展和资源环境三个方面进行了指标构建。

4. 科学发展观

科学发展观是以人为本、全面、协调、可持续的发展理念。中国共产党第十六届三中全会通过了《中共中央关于完善社会主义市场经济体制若干问题的决定》，首次提出了“以人为本，统筹兼顾，促进经济社会和人的全面发展”的科学发展观。那么，基于科学发展观构建政府绩效评估体系成为一个重点研究的问题。罗忠恒（2008）从政府能力、投入与努力过程、产出结果、公众满意度四个方面设计了一套包括 18 项二级指标、108 项代表性三级指标的指标体系。

5. 包容性发展理念

包容性发展是不单纯追求 GDP 的增长，而是使经济的增长和社会的进步以及人民生活的改善同步进行，并且追求经济增长与资源环境的协调发展。胡锦涛在2010年第五届亚太经合组织人力资源开发部长级会议上正式倡导包容性发展这一概念，并写入我国“十二五”规划。包容性增长跟科学发展观相比，有更多的量化指标，也更具体了。包容性增长惠及更多的贫困人口，惠及社会的大多数，在收入分配等方面要往弱势群体方面倾斜，缩小贫富差距。亚洲发展银行建立了包容性发展的行业体系和国家体系，周小亮和刘万里（2012）在此基础上，构建了包括经济发展水平、社会和谐、可行能力、社会保障四个方面在内的指标体系。

6. 五大发展理念

五大发展理念是指创新、协调、绿色、开放、共享，党的十八届五中全会首次提出五大发展理念，是我国今后全面建成小康社会、实现中华民族伟大复兴的科学指南与思想精髓。创新是引领发展的第一动力，协调是持续健康发展的内在要求，绿色是永续发展的必要条件，开放是国家繁荣发展的必由之路，共享是中国特色社会主义的本质要求。

党的十九大报告指出，中国社会的主要矛盾已经从“人民日益增长的物质文化需要同落后的社会生产之间的矛盾”，转化为“人民日益增长的美好生活的需要和不平衡不充分的发展之间的矛盾”，因此，缓解经济社会发展不平衡不充分的高质量发展成为政府当前的主要施政目标。五大发展理念是运用唯物辩证法和系统论等科学思想方法，进行战略思维、创新思维、全球思维、统筹思维，创造性提出的发展哲学新理念，融合了前面所有发展理念的先进思想，具有丰富的理论内涵。以五大发展作为经济高质量发展的依据，建立高质量发展指标体系，对高质量发展水平进行测量，并以此来评估政府财政支出效率，为政府职能转变以及财政支出规模与结构的研究打下基础。

四、政府财政支出与经济社会发展的关系

（一）政府财政支出规模与结构对经济发展的影响

国内外关于财政支出规模与结构的经济绩效研究，主要是关于对经济增长、居民消费、宏观经济波动与稳定、收入分配、产业结构、房价、减贫等的影响。

关于财政支出规模与结构对经济增长的影响，学者们从不同的理论视角出发建立了不同的模型，得出了不同甚至矛盾的结论，包括正相关（Ram，1986；Lin，1994）、负相关（Barro，1991；Folster & Henrekson，1991）、非线性相关（Vedder & Gallaway，1998；Armey，1995）和不相关（Engen & Skinner，1992；Evans，1997）。他们的研究指出，政府活动因为积极的外部性，法律、行政和基础设施的发展，弥补市场失灵的干预措施，都可能对经济增长产生积极的影响。同时，扩张的政府活动会导致政府效率低下，对私人投资的挤出效应，产生过重的税收负担，对激励制度造成扭曲以及对自由市场的过分干预。Ram（1986）、Kormendi 和 Meguire（1986）、Lin（1994）支持政府规模扩张促进经济增长的观点，他们发现扩张的政府规模将会对私有财产提供保险功能，扩张的公共支出将会改善投资环境，有关通信、交通等基础设施建设投资以及有关于民生的教育、医疗卫生等社会基础设施投资有助于外部经济发展，并激励私人投资从而促进经济增长。Barro（1990）、Armey（1995）等则发现政府规模与经济增长之间是非线性关系，两者呈 Armey 曲线，当政府规模较小时将会对保护私有财产和更好地提供公共产品发挥作用。反过来，过度扩张的政府规模将会产生过度的投资，对私人投资产生挤出效应，同时将会产生过重的

赋税和债务利息，对经济产生一定的破坏作用。

在拉动我国经济增长的投资、消费、出口的“三驾马车”中，公共投资及财政支出是经济增长的关键因素，居民消费不足是其中的短板，严重削减了我国经济持续增长的潜力。因此，支出对经济增长的拉动作用不仅取决于公共投资对经济的影响，还取决于支出是否有利于居民消费需求的扩大。那么，二者之间究竟是互补还是替代，或者说公共投资（也可以理解为政府消费）究竟是挤入还是挤出居民消费呢？Barro（1985）研究发现，暂时性的政府支出比持久性的政府支出会产生更大挤出效应。而 Karras（1994）通过对 30 个国家 1950～1987 年的数据进行分析，得出政府支出与居民消费成互补关系的结论。更多的新近研究表明，二者之间并不是简单的完全的互补或替代关系，政府支出在提高税负而挤出居民消费的同时，也通过其生产性增加收入，从而挤入居民消费，因此，政府支出增加究竟挤入还是挤出居民消费取决于政府的生产性支出比重和税负水平（胡永刚和郭新强，2012）。或者根据支出结构分类，不同的支出项目对居民消费产生不同的影响，总效应取决于各类财政支出冲击作用的相对大小（王玉凤和刘树林，2015）。

政府财政支出作为社会财富再分配的工具，其结构和流向必定影响居民收入，实际上至少有一些类型的政府支出降低了许多国家和地区的收入不平等（Martinez，2012；Lustig，2015；Anderson，2016）。但同时也有很多证据表明，财政支出与收入分配之间的关系是复杂的，许多人怀疑政府支出作为一种再分配政策工具的有效性（贾俊雪和宁静，2011）。例如，人们经常认为，政府在社会转移方面的支出倾向有利于减少收入不平等，但这种影响的大小常常取决于对低收入群体转移的比例。如果大多数转移的支出都被中产阶级所获取，显然对不平等的影响将会很小（Rhee，2014）。人们还认为，政府在医疗、教育、社会保障和支农上的支出产生了更公平的人力资本分配，从而缩小了收入差距。然而，这种影响的规模再次取决于这种支出的目标。有证据表明，在发展中国家，政府健康和教育支出的受益人群大都来自城市地区的中等收入群体（Davoodi，

2003）。我国的很多研究也表明，科教文卫等支出的城市倾向，不仅不能缓解城乡收入差距，反而使差距进一步扩大（雷根强和蔡翔，2012）。同样，对于减贫效应，李永友和沈坤荣（2007）研究发现，偏向低收入群体的财政支出结构有利于降低社会的相对贫困水平，尤其是农业科技费用、农村教育和农村基础设施等支出，极大地缓解了农村贫困发生率。另外，通过加大教育支出，强化贫困人口的人力资本建设，提升就业意愿、自力更生能力等，达到可持续脱贫的目的（徐爱燕和沈坤荣，2017）。

地方财政支出作为政府宏观调控的基本工具和产业结构变迁的重要驱动力，在总量层面上能够弥补市场机制在产业结构升级方面的不足（Lucas，2011；Zhang，2017；严成樑等，2016）。但也有研究表明，随着时间的推移，地方财政支出对产业结构优化逐渐显现出一定的阻碍作用（杨晓锋，2016）。从结构层面视角，农业部门生产性财政支出、非农业部门生产性财政支出以及福利性财政支出通过提高农业部门生产率、非农业部门生产率以及扩大非农产品需求的渠道促进农业部门劳动力向非农业部门流动（石奇和孔群喜，2012）；生产性财政支出和福利性财政支出也使得农业部门劳动力份额下降。但在政绩追求驱动下，地方政府将财政支出集中于短平快项目，加大经济建设性支出，对市场配置产生干扰和扭曲，破坏了产业结构优化路径，不利于产业结构升级（Lichtenberg，2008；宋凌云等，2013）。

（二）政府财政支出规模与结构对社会发展的影响

国内外关于财政支出规模与结构的社会绩效研究主要是关于对社会福利、幸福感、生活满意度、就业、社会信任等的影响。

财政支出规模与社会福利的倒U形关系基本已达成一致。一方面，财政支出可以为市场正常运行提供各种必要条件，解决各种市场失灵问题；另一方面，财政支出能够提供大量具有正外部性的公共物品与服务，有助于社会福利水平的提高。因此，在社会福利视角下，财政支出规模不是越大越好，也不是越小越好，存在一个适度支出规模。但学界就适度规模大小以及现有规模是否已经超出适度规模尚存争议。刘长生等（2008）借鉴阿马蒂亚·森和美国社会保健协会对社会福利的测量，提出了包括实际人均 GDP 增长率、收入分配、环境污染程度、资源消费度、就业率、识字率、平均预期寿命增长率、人口出生率、婴儿死亡率九个项目在内的社会福利指标体系，通过计量模型测算出我国最优政府支出规模为 39.21%，而实际支出规模与之有较大差距，还有较大上升空间。文雁兵（2014）借鉴人类发展指数方法，从经济发展、民生改善、社会发展、生态建设、科技创新和公众评价六个维度测量了社会福利，并据此测算出我国适度政府支出规模为 20% 左右，因而实际规模偏离了适度水平，需要控制支出规模。从支出结构与社会福利层面分析，结论普遍认为，要提高社会福利，必须减少投资性支出和行政管理支出，增加以教育、公共卫生、公共安全、社会保障为主体的公共服务性支出（刘长生等，2008；Hohbergera Krausa，2016；诸大建和徐萍，2011）。

财政支出规模与生活满意度（或主观幸福感）的争论由来已久。新古典经济理论认为财政支出规模对个人生活满意度存在积极作用，而公共选择理论认为财政支出规模对个人生活满意度存在负影响。Bjørnskov 等（2007）利用 74 个国家的跨国数据得出，幸福感随着政府消费的增加而减小；陈工等（2016）发现政府规模过大显著降低了居民幸福感，且对中西部、农村和低收入居民的损害更大，但政府质量能够削弱过大的规模对于幸福感的不利影响。而 Flavin 等（2014）发现政府干预越多，人们生活满意度越高，并且极低收入与极高收入者更加偏好政府干预；谢舜等（2012）利用 CGSS 数据实证检验得出，政府公共支出在整体上增进了居民的主观幸福感。更多关于支出结构与主观幸福感关系的研究发现，地方政府建设性投资对居民的主观幸福感有显著负效应，而政府用于科教文卫、公共安全和社会保障的支出对居民的主观幸福感有显著正效应（Wassmer，2009；谢舜等，2012；宣烨和余泳泽，2016）。

关于财政支出规模对就业影响的研究主要有三类观点：一是财政支出

对就业有促进作用（Follette，2008）；二是财政支出对就业有抑制作用（Kung，2007）；三是财政支出对就业影响不确定（Srinivasan，2010）。财政支出结构与就业的关系研究主要考察了投资性支出、教育支出、社会保障支出、就业专项支出等对就业的影响。

财政支出与社会信任的因果关系一直存在争议。一种观点认为信任是因（Bergh Christian，2011；Bjørnskov Svendsen，2013），另一种观点认为财政支出是因。Aghion 等（2010）指出，政府对宏观与微观经济的监管能够影响社会资本的积累速度，从而影响人们的信任水平；Yamamura（2012）运用日本综合社会调查数据得出：对于在岗人员，财政支出规模对一般信任具有显著负影响，但对于非在岗人员来说，作用不显著；史宇鹏等（2011）使用中国综合社会调查数据进行实证，结果表明：政府通过预期机制和示范机制这两种方式对社会信任发挥显著的影响作用，政府对经济干预（在该文中指财政支出）越多，人们之间的社会信任水平越低。

（三）政府财政支出与经济社会发展关系的中介调节效应

针对政府规模与发展水平之间存在的争议，大量研究者从中介和调节视角进行了深入探究。基于调节视角的相关研究主要有：吴一平（2010）发现用腐败测量的政府质量对政府规模与政府绩效存在调节效应，高的政府质量能够降低政府规模对经济增长的负面影响。贾俊雪和宁静（2011）发现财政分权对政府规模、结构与收入分配的关系存在调节效应，支出分权加剧了支出规模与结构对收入分配的不利影响，收入分权则遏制了支出规模对收入差距的负面效应。Bergh 和 Henrekson（2011）认为高的信任水平和实施市场友好政策对政府规模与经济增长有调节效应，使部分高税收国家保持大的政府规模的同时，却有着高的增长率。Oto - Peralías 和 Romero - ávila（2013）认为制度环境对政府规模与经济增长存在调节效应，当公共部门质量低时，政府规模对经济增长存在显著负影响，而当公共部门质量高时，政府规模对经济增长没有显著影响。Flavin 等（2014）发现经济景气程度对政府干预与生活满意度存在调节效应，经济下滑时期，更强的政府干预让人们感到更多的幸福。Berggren 等（2015）认为合法性对政府规模与经济增长存在调节效应，合法性加剧了政府规模对经济增长的负效应。陈工等（2016）发现以政府效率、公共品供给和财产权利保护衡量的政府质量对政府规模与居民幸福感关系存在调节效应，高的政府质量能够削弱过大的规模对于幸福感的不利影响。

基于中介视角的相关研究主要有：严成樑和龚六堂（2009）认为居民选择偏好对财政支出与长期经济增长存在中介效应，支出结构与税收结构通过影响家庭的劳动—休闲选择、储蓄—消费选择以及生产性公共支出占总产出的比例，从而影响经济增长。诸大建和徐萍（2011）发现人力资本、社会资本对政府规模与社会福利存在中介效应，通过加大人力资本与社会资本投资，能够以较小的政府规模获得较大的福利效果。孙正（2014）发现收入分配对政府支出规模、结构与经济增长存在中介效应，非生产性支出对收入分配有正面影响，缩小收入分配差距，生产性支出对收入分配有负面影响，会扩大地方城乡居民收入差距，而收入差距扩大对经济增长具有负向作用。除此之外，腐败、搭便车、逃税、寻租等对政府规模与绩效存在中介效应，政府规模的扩张引起了更多的腐败、搭便车、逃税、寻租等行为，影响了人们对公共政策的偏好，从而对绩效产生影响（孔刘柳和谢乔昕，2010；张军和高远，2007；周黎安，2007）。

从既有文献来看，尽管已有研究对财政支出规模、结构与经济社会发展之间的关系进行了积极探索并得出了大量有益的结论，但是现有文献未能解决财政支出与发展水平关系的矛盾结论问题，而且缺乏对政府财政支出与社会整体综合发展之间关系的考察，更缺乏结合整个宏观政治、经济、社会环境的研究。随着社会经济的发展，中国经济由高速增长阶段转向高质量发展阶段，社会经济发展的内涵也在不断丰富，因此从新的发展阶段以及新的理论视角进行政府财政行为的探讨，寻找财政支出规模与结构的优化方向具有重要的理论与现实意义。

第三章

理论基础及启示

一、国家治理理论及启示

自从1989年世界银行在其报告中提出“治理危机”的概念，“治理”一词便逐渐风靡全球，但治理的定义一向都比较模糊，不同的学者对此有不同的理解。许多学者参与推动了近年对治理的研究，他们把治理界定为公平而有效的惯例和组织制度，强调效率、效益、参与民主、法制、开放、透明、回应、问责、公众舆论支持、公平公正、有战略目标。

国家治理概念的产生，是国家理论与治理理论融合发展的直接结果。国家治理包括以下内涵：

（1）解决公共问题、管理公共事务、提供公共服务是国家治理的逻辑起点。

（2）如何重构并实现政府、市场、社会之间的合理分工与有效协作，最大限度地增进公共利益是国家治理的根本目标。

（3）国家与社会的合作、政府与非政府的合作、公共部门与私人部门的合作、强制力与主动性的合作、正式制度与非正式机制的合作是国家治理的实现途径。

(4) 改革公共部门，建设更有效率性、责任性和回应性的理性政府是国家治理的首要任务。

在国家治理改革进程中，调整和理顺政府、市场与社会的关系成为建构国家治理体系的主轴，逐步形成三大主体在公共事项和相关政策安排上的相互依赖、相互协商和合作。

围绕市场配置资源决定地位、重塑政府与市场关系。政府和市场会在各自不同的领域发挥决定作用，并依据不同的轨道行事。对于政府来说，它必须在公共事务治理和运用公共资源的领域中发挥主导作用，依照法律允许的行动轨道行事。对于市场来说，它在配置资源的领域起决定作用，它也需要依据法律去行动，但它所依照的却是法无禁止则可为的轨道去行事。政府会关照市场，给市场立法，保证市场有良好的秩序，在宏观上控制市场的供求平衡，避免市场失败。市场会为政府生产一些由政府生产效率不高，而由市场来生产则会有效率的公共产品。同时，市场也会给政府依法缴纳更多赋税。

围绕政府多元治理结构处理政府与社会的关系。依据市场在资源配置领域起决定性作用的定位来重塑政府和市场关系，就为政府和社会关系的处理提供了条件。一方面，政府不再把手伸向本属于市场的领域，政府也不再通过投资驱动 GDP 的增长，这样政府就会有更多的精力、人力和财力加大民生建设的力度，提供更多更好的公共服务，以提高公众的生活水平。另一方面，当市场能够自己决定资源的配置时，就能够生产出更好的商品和提供更满意的服务让公众去消费。当政府有更多的精力去监控企业的产品质量和安全，企业也有更多的决策权去主动承担必要的社会责任时，由公众个体和社会组织构成的社会与政府的关系就容易变得协调。要实现国家治理现代化的总目标，就需要坚持政府和社会关系的准确定位，实现两个方面的良性互动。一方面是在公共权力的运行上，实现社会监督与政府自律的良性互动。要渐进有序的扩大公众民主参与，强化社会对政府权力运行的监督，构建一个透明、公开的政府。同时，要强化政府的各项制度建设。另一方面是在社会治理上，实现政府治理和社会自我调节、居民自治的良性互动。按照国家治理现代化的要求，必须坚持对社会实施系统治理，让治理主体从政府包揽向政府主导、社会共同治理的方向转变。

政治学家和管理学家之所以提出治理概念，主张用治理替代统治，是他们在社会资源配置中既看到了市场的失灵，又看到了国家的失灵。单纯的市场手段不可能实现社会资源的最佳配置。同样，仅仅依靠国家的计划和命令等手段也无法达到资源配置的最优化。因此，越来越多的人热衷于以治理机制对付市场和（或）国家协调的失败。国家—市场—社会之间的关系需要发生根本性的改变。而政府作为公共权力的行为代理人，既是制度体系的安排者，也是公共服务的主要供给者，更是推动国家治理现代化的行动者。因此，国家治理体系的构建与治理能力的提升有赖于政府职能转变与能力提升。地方政府职能与支出是由地方整个社会、政治、经济因素宏观决定的，即体现在地方政府、市场和社会之间的整合与博弈中。通过这种组织之间的往复整合与博弈，地方政府、市场与社会间相互对话与妥协，从而最终形成一个较为合理的政府—市场—社会之间的网络合作模式，地方政府的规模也由此界定。

二、财政支出理论及启示

西方关于财政支出的理论经历了长时间的发展，取得了众多的理论成果。本节根据各种财政支出理论的发展脉络，对各主要经济学派的财政支出观点进行概述。

（一）古典学派的财政支出理论

亚当·斯密（1723～1790年）在1776年《国富论》的第五篇系统论

述了财政理论，包括公共支出、公共收入和公债，为其后相关理论的发展奠定了基础。斯密的经济学核心思想体现为经济自由主义，政府应充当“守夜人”角色，提出政府的三种职责——国防、司法行政、公共工程和公共机关。关于财政支出，他认为除了政府必须要负担的支出项目，财政支出规模应适当削减，并且他明确规定了政府财政支出的领域，认为财政支出应主要用于保护国家的稳定与发展，建设相关公共设施，并保护社会成员不受侵害等方面。

法国经济学家萨伊（1767～1832 年）在 1803 年的《政治经济学概论》中，把社会产品分为有形与无形，且认为只有有形产品才能带来社会财富的增加，而无形产品恰恰相反，会消耗社会财富，不利于财富积累，由此他主张政府要降低无形产品的生产。萨伊还以国民财富最大化为目标，对公共支出的结构进行了探讨。他根据亚当·斯密提出的政府三大职能，提出了与这三项政府职能相应的公共支出项目——国防费、司法费和公共土木事业费。

古典政治经济学集大成者大卫·李嘉图（1772～1823 年）在其 1817 年的著作《政治经济学及赋税原理》中，体现了亚当·斯密关于经济自由放任的财政支出思想。他将国家经费几乎全部都看作是非生产性的消费，而他认为一个国家资本的增加是依靠生产的增加或消耗的减少，如果过多增加非生产性开支则将导致国家资源衰竭。为了增加一个国家的资本，从而增加总产出，就应限制政府方面的非生产性开支。

（二）新古典经济学派的财政支出理论

新古典经济学派以“边际革命”为标志而创立，从理论上论证了政府的活动为生产性活动，为解释政府干预奠定了理论基础。

英国经济学家庇古（1877～1959 年）在继承和发展马歇尔理论的基础上，于 1920 年出版了《福利经济学》，首次提出外部性的概念，为政府干预经济提供了理论基础。庇古将财政支出分为转移性支出和消耗性支出，并对政府的财政支出持肯定的观点，认为政府并不具有决定适当的财政支出规模的自动机能，在预算规模一定的条件下，各项财政支出应按照每一项目的边际效益相等的原则进行配置。

英国的道尔顿（1887～1962年）在1922年的《财政学原理》中指出，判断财政活动的生产与非生产性，要以财政支出有没有带来生产性的经济福利为依据，他主张限制财政支出总额，并且财政支出应使生产尽可能地增加。

（三）凯恩斯学派的财政支出理论

凯恩斯（1883～1946年）针对20世纪30年代西方国家的经济大萧条，于1936年发表了《就业、利息和货币通论》，开创了西方现代宏观调控理论，标志着凯恩斯主义的诞生。他在该书中指出，当由于有效需求而导致经济危机时，政府有必要增加财政支出特别是增加投资性支出，以带动社会有效需求增长，促进就业，从而促进经济增长。由于投资的乘数效应，增加的财政支出能够带来就业和收入的倍数增长。并且在财政支出的资金来源方面，凯恩斯赞成通过举债而不赞成用增加税收的办法来筹集财政资金。因为税收增加会减少私人消费和投资，对政府投资产生挤出效应，妨碍有效需求扩大。而采用政府举债的方式，一方面举债若用于兴办投资项目则会增加投资需求，另一方面举债若用于弥补预算赤字则会提高消费需求，能够从两方面增加国民收入和就业。

汉森（1887～1975年）根据长期停滞理论，将财政支出分为三种：创造效用的支出、创造效率的支出和创造所得到支出。他认为公共投资不仅使消费支出增加，还可以诱发民间新投资。前者是凯恩斯论证的乘数原理，后者被他称为加速原理，即在现代化生产的条件下，公共投资支出的增加会引起产量的增加，而产量的增加又会进一步引发固定资产投资的热潮。汉森将两者统称为杠杆率系数，用来衡量乘数原理和加速原理的合成效果。但是，汉森并不主张完全以公共投资支出来代替民间投资。

（四）新古典综合学派的财政支出理论

以萨缪尔森（1915～2009年）为代表的新古典综合学派继承和发展

了凯恩斯主义的经济理论。他们认为，宏观经济学的目标是产出、就业、价格水平的稳定，并保持国际收支平衡，实现这些目标的工具是财政政策、货币政策、收入政策与贸易和汇率干预政策等，其中政府财政支出政策是一项主要手段。政府开支对产出有着和投资一样的影响，乘数效应和加速效应同时存在。因此，政府支出对产出和经济增长具有积极的影响，是决定实际国民生产总值短期变动的关键性因素。

萨缪尔森等新古典经济学家还做了大量规范和实证研究，在提供公共产品、解决资源配置问题以及解决货币收入分配问题等多重政策目标下，将公共产品严密地纳入帕累托效率条件，用一种相互依存的形式获得解决。萨缪尔森模型为政府的公共产品配置提供了一个比较完善效率的标准。

（五）新自由主义学派的财政支出理论

当20世纪60年代末至70年代末西方资本主义国家陷入了滞胀困境时，凯恩斯主义及其追随者的理论不再适用，在此背景下，新自由主义经济学应运而生。新自由主义经济学流派众多，但他们都以反对凯恩斯主义的国家干预为主，认为市场的自动调节机制能够有效利用资源，实现充分就业。新自由主义学者并不主张国家完全不干预经济，他们认为政府的宏观调控政策对于自由经济和市场能够起到有效监督和约束的作用，强调应建立一种有序的市场制度，以此来克服市场缺陷，在经济运行中，市场和政府都有各自不可替代的功能。这一观点与早期的自由放任主义不同。

最早的新自由主义是以弗里德曼（1912～2006年）为代表的货币主义学派。货币学派产生于20世纪五六十年代，在20世纪70年代蓬勃发展，成为最有影响的新自由主义学派。货币主义学派认为凯恩斯主义相机抉择的财政政策会造成经济的不稳定，一方面财政政策由于其滞后性和周期性的限制以及政府支出的挤出效应，对于经济危机的缓解收效甚微，甚至使经济危机加剧；另一方面如果货币供给不变，那么积极的财政政策将会导致通胀产生，而在提高就业方面也仅能在短期有效，长期可能会造成更大的失业率。但货币学派并非要完全抛弃国家对经济的干预，只不过从强调使用财政政策转到强调使用货币政策上来。

供给学派认为，一切政府支出都具有挤出私人生产性支出的效应，因此应减少政府开支。并且由于减税政策的效果存在着滞后性，在这种情况下，政府如果削减财政支出，能够减轻财政赤字的压力。

（六）公共选择学派的财政支出理论

公共选择学派主要代表学者是詹姆斯·布坎南（1919～2013年）、戈登·塔洛克（1922～2014年）和丹尼斯·缪勒（1940～）等，他们从如下5个方面解释了政府规模扩张的决定性因素。

1. 政府是公共物品的提供者和外部不经济的消除者

公共选择理论认为，政府就是为了提供公共物品并消除或减轻外部不经济而存在的，一方面，公共物品的各种特性决定了其只有政府提供才最为经济，因此，诸如教育、交通、卫生保健等与社会经济的发展密切相关的社会公共基础设施以及社会公共服务项目的建设均被纳入了政府职能的范围。另一方面，经营一些外部不经济行业产品的收益和成本的不对称性，使得这类产品的供给也只能够由政府来完成，因此，诸如环保、国防等公共安全和战略性产品的提供也理所应当地成为了政府的职能。随着社会的发展，社会对公共物品或服务的需求随之增加，外部不经济的问题也愈发严重，这就对政府干预经济及直接从事经营生产的需求不断增大，引起了政府支出的增加和政府活动范围的扩大。

2. 政府是收入再分配的调节者

该理论认为公共支出增长是由于低收入者个人应用其政治权力使收入向他们自己再分配的结果。一方面，随着西方国家经济的不断发展，社会收入分配不公平的问题日益严重；另一方面，由于民主化进程不断加强，国民选举权也日益扩大，在多数投票原则下，政府为了在选举中获胜，往往许诺扩大向收入处于中位数投票者及以下的人实行收入再分配的力度，改善这种不公平。这种做法是以牺牲收入在中位数投票者以上投票者的利益为代价的。但只要社会的平均收入超过中位数投票者的收入，这种多数投票的机制就会刺激政府扩大再分配的范围。

3. 官僚制度

公共选择理论认为，不论是官僚个体还是整个官僚机构都是理性的“经济人”，在决策的过程中，都要追求自身效用的最大化。这一追求的过程导致了地方政府规模的扩张。具体来说，主要体现在以下三个方面：第一，地方政府会通过隐藏其真实成本来实现预算的最大化。第二，官僚本性会追求权力的扩张，让权力延伸到所能达到的每一个角落。在这一过程中，官僚机构会竭尽全力地去寻找政治体制和政治制度的空缺，并利用权力去弥补，这样的动机使得政府的权力规模不断扩大。第三，帕金森定律揭示了政府机构不断膨胀的两大动力。著名的帕金森第一定律指出官员数量增加与工作量并无关系，而是由两个动因造成的。其一，每一个官员都希望增加下属而不是对手（如投票）；其二，官员们彼此为对方制造工作（如行政审批，工商、税务、审计、公安、既得利益驱使等）。这两种动因的出现，一是引起了机构人员的冗余，二是影响了政务的处理效率，相对增大了政府规模。

4. 利益集团

该理论认为在实行多数投票原则的情况下，利益集团的大量存在直接促使了政府预算规模的扩张。在没有讨价还价和互投赞成票的情况下，多数投票原则下对政府预算规模的投票反映了中位数选民的偏好。但考虑到利益集团的存在，尤其是当利益集团、官僚和被选出的代表所组成的关系存在时，政府的预算规模就会必然庞大。根据塔洛克和罗森进行的分析，利益集团的存在和发展加速了政府规模膨胀的进程。

5. 财政幻觉

在西方财政学中，首先引入“财政幻觉”这一词汇，用以说明选民主观认识到的财政支出规模与真实状况的差别。公共选择理论学者在此基础上进一步提出了“财政幻觉”的存在掩盖了政府规模扩大的真相，从而引起了政府规模的持续扩张。最初提出“财政幻觉”的意大利经济学家普维亚尼认为，个人进行财政选择时，不得不依赖的财政制度会有制造幻觉的作用，进而改变个人的行为。只要公民没有意识到他们正在承受着大的税收负担，他们就会对选举的对象形成不完全的概念，产生了一种幻觉即政府比其实际的规模小。作为立法行政机构来说，他们希望尽可能地减少纳税人对于任何给定税收水平的反抗，因而会尽力依靠组织财政制度制造财政幻觉，使纳税人觉得所承担的税收比实际轻或者使受益人觉得提供给他们的公共物品或服务的性价比高。这样通过税收负担掩盖或信息隐藏的方式，政府规模实际上却超出了公民意愿的水平。

（七）其他财政支出理论

1. 财政支出的梯度渐进增长理论

英国经济学家皮科克和怀斯曼提出该理论，认为外在因素在解释政府支出的演进方面所占地位相当重要。在正常年份，财政支出呈现一种渐进的上升趋势，只有当社会经历“激变”时，这一激变可以是战争、经济大危机或其他灾害等，政府财政支出才会急剧上升，而过了这个“激变”期，支出水平就会下降，但一般不会再回到原来的水平。因此，在政府支出的统计曲线上，呈现出一种梯度渐进增长的特征。

2. 经济发展的财政支出增长理论

马斯格雷夫在对不同国家不同发展阶段的支出状况进行大量比较研究后，从财政支出作用变化的角度对财政支出增长进行了深入的分析。认为财政支出的增长变化随着财政支出作用的变化而变化，而财政支出的作用又随着经济发展阶段的不同而不同。从经济方面来看，财政支出的作用主要体现在它的资源配置作用和收入分配作用上。随着人均收入的增加，公共产品在总产品中所占比例的变化取决于私人对公共消费品需求的收入弹性，取决于随着总资本积累增加，资本在私人投资和公共投资中的分配比例。

各经济学流派的财政支出理论大体可以分为两大类：一是对财政支出规模的增长趋势给出解释，如公共选择理论、梯度渐进增长理论和马斯格雷夫的财政支出增长理论等；二是论证财政支出对经济、社会产生的积极和消极影响，其中古典经济学派主张一国政府应尽可能少地使用宏观财政政策去干预经济的发展，而应该让经济保持自由放任的状态，政府对经济的发展应该采用无为而治的态度，尽可能地不要干预经济的增长；新古典经济学派、凯恩斯主义学派及新古典综合学派等却主张政府有必要通过使用财政政策积极地干预经济发展，促使经济健康、稳定地增长；新自由主义认为市场应该起主导作用，但同时政府也要起到宏观调控、监督约束市场的作用。

尽管不同的财政支出理论的主张大为迥异，但我们也应该注意到，财政支出理论是以经济发展不同阶段和不同地域为研究背景，为解决当时的社会经济问题而产生的。因此，对于中国政府财政支出理论的进一步探索也应该从经济发展阶段和政府施政目标出发，结合中国国情和社会经济建设实践，系统思考。

三、政府与市场关系理论及启示

在西方经济学的发展史上，政府与市场之间的关系始终是争论的核心问题。对这一问题的不同回答，形成了不同的政府理论。每个国家因市场发育程度各异及政府进入市场的选择性，其政府与市场关系而有所不同。不论是重商主义的自由市场思想，还是重农主义的政府干预，斯密提倡自由竞争、政府充当“守夜人”角色，马克思主义经济学主张国家计划代替市场，凯恩斯主义提倡以国家干预主义来消除市场失灵，新自由主义提倡重回市场、主张有限政府论，以及综合主义认为用宏观政策调控经济、运用公私机构共同控制经济。政府对经济进行干预主要源于市场失灵：外部性和公共物品、报酬递增、市场信息不完全、分配上的不平等。政府主要通过立法、行政管理和直接参与经济活动等形式使具有特定职能的政府机构生产特殊的产品来纠正市场的缺陷。但是，政府像其他人类社会中的制度安排一样，并不是解决一切问题的灵丹妙药，它同样存在着失灵的危险，而且政府失灵的成本可能远远大于市场失灵的成本。从政治学和行政学的角度来看，政府的存在是必要和必需的，尤其是地方政府，它有着中央政府不可比拟的效率优势，能更快更有效地对本地居民的需求做出回应。尽管也存在着失灵的危险，但我们不能因为这一点就倒退到无政府的状态中去。市场手段同样也是有风险的，它的盲目性、滞后性会给地方社会发展造成巨大的损失。政府干预理论起源于对市场失败的深刻认识，市场机制理论则源于对市场功能的洞察。人类实践证明："看不见的手"不是万能的，而政府干预同样会失败，似乎逻辑的必然是需要二者形成一定的分工并彼此纠正各自的缺陷。因为，市场逻辑与政府干预并非水火不容，以市场逻辑为核心并不是无政府主义。厘清二者的关系，实际上就是要界定政府的职能范围。

政府职能是"国家行政机关承担的国家职能，是相关政治权力主体按照一定的规则，经由一定的过程，通过多种表达形式实现彼此价值观念和利益关系的契合，从而赋予国家行政机关在广泛的国家政治生活、社会生活中的各种任务的总称"（张国庆，2000）。它回答政府在公共事务中"应该做什么，不应该做什么"，反映国家活动的基本方向、根本任务和主要作用。

政府通过财政支出实现自己的职能，因此财政职能在很大程度上体现政府的政治意图和政策安排，也体现政府管理社会、配置资源的特点。根据不同的分析视角，学者们对政府职能进行了不同的分类，其中最经典的是理查德·马斯格雷夫和佩吉·马斯格雷夫（2003）将政府的主要财政职能划分为配置职能、分配职能和稳定职能。配置职能是"公共产品的供应，亦即总资源利用在私人产品与公共产品之间的划分和公共产品内部构成的过程"；分配职能是"调节收入与财富的分配，使之符合社会上认为'公平'或'公正'的分配状态"；稳定功能是"利用预算政策为手段，以保持高就业率，合意的稳定物价水平，适当的经济增长率，还有国际贸易和国际收支平衡的目标”。

政府职能不是僵化、一成不变的，而是随着所处历史时期的不同做出动态调整，并且根据不同的国家性质、历史传统与现实国情，做出不同的选择，不能简单模仿与照搬其他国家的理论与发展途径。因此，我国学术界进行了大量经济与社会双重体制改革下的政府职能转变的研究。厉以宁（1992）提出了二次调节说，即“市场调节经济，政府管理市场”，前者发挥第一次调节的作用，尊重市场的力量；后者发挥第二次调节的作用，强调政府对调节经济的市场的管理与再调节。凡是市场能够做到的，政府就不必代劳，政府只做好市场做不到的事情，尤其是制定游戏规则，对市场进行管理。胡鞍钢和王绍光（2014）对此作了深入的探讨和具体的总结。他们认为，当前中国政府应当具备三类政府职能，一是一般市场经济国家政府的五项职能，它们是维护主权和领土完整；制定和实施法律，维持社会基本秩序；界定产权，保护产权；监督合同的执行；维系本国货币的价值。二是对市场失灵领域干预的六项职能，它们是：提供公共物品；保持宏观经济稳定；使经济外部性内在化；限制垄断；调节收入和财富分配。三是中国国情条件下，还需要八项特殊职能，它们是：促进市场发育，建立公平竞争的统一市场；注重公共投资，促进基础设施建设；实施产业政策，促进产业结构高度化，充分发挥比较优势；解决地区发展不平衡问题，促进少数民族地区发展；控制人口增长，开发人力资源；保护自然资源，从事生态环境建设，进行大江、大河、大湖、沿海治理，防灾、减灾和救灾；管理国有资产和监督国有资产经营；实行反贫困行动计划，逐步消除中国的收入贫困、人类贫困和知识贫困。

政府职能是政府资源配置的基础与依据，正确处理政府与市场关系的本质就是厘清政府职能。从我国的现实社会经济背景与现有研究来看，中国政府应当基本具备政治、经济、社会、环保等职能。而且，政府需要根据地区市场化发展水平不断调整自己的职能以适应经济社会发展的需要，如各种职能重心的调整、职能权限与履行方式的变化等。

四、政府与社会关系理论及启示

地方政府在对社会进行管理的过程中，由于刚性的管理成本约束与委托—代理关系的存在，都不可能对社会领域的所有层面实现全控式的管理，管理真空或空隙的存在与微观组织的自组织状态紧密相连。并且政府由于受行政能力或政治社会功能边界的影响，一定程度的社会自主或公民社会的形成有其现实基础。地方政府治理过程本身就是一种社会资源的配置组织和运作过程，治理过程中社会自组织能力越强，地方政府治理成本就会越小，地方政府规模越适当。一般来讲，和谐社会构建地方政府治理成本与社会治理自组织程度成反比，与社会治理自组织程度成反比。首先，地方社会自组织能力的提升有利于地方政府职能转变与精简机构的顺利实现。随着政府对微观经济和社会事务管理的放开，使得政府不必再设置许多微观经济管理部门，而是集中力量进行宏观调控和管理。其次，培育地方社会自组织能力有助于弱化以权威为主导的整合机制，增强整合中的竞争与合作因素，可以适当抑制地方政府权力本位的行政定式以及对社会资源的无端浪费，从而减少政府内部的交易成本，控制地方政府的规模。再次，地方社会自组织功能的培育可以抑制地方政府越位缺位及错位的现象，督导地方政府实现管理规范化，增强地方社会治理内聚力，从外部保障地方政府规模的合理化。最后，增强地方社会自组织能力有助于促进地方社会利益与权利的均衡发展，为优化地方政府规模提供良好的制度环境。因此，地方政府要给各种第三部门的成长以充分的空间，完善对其的法律法规，使其规范有序，有效地参与社会活动及公共事务的管理。同时，地方社会自组织也必须完成自身内部结构的调整，健全相关的制度规定，从而削减志愿失灵的发生。地方社会的自组织能力与地方政府职能只有在达成良性互助的情况下，地方政府规模才有可能进一步优化。

随着市场经济的发展和成熟，社会力量将不断壮大，社会质量将不断提高，应把地方政府的部分职能和权力让渡给社会，从而尽可能地缩小地方政府规模。从政府发展的归宿看，最终要把权力归还给社会，但这只是最终趋势而已。关于政府规模的合理选择，不能简单地以“大政府”或“小政府”来定位，而应依据不同时期、不同地区的社会、经济、政治发展状况特别是生产力发展水平和社会发展质量来确定。

五、社会资本理论及启示

社会资本作为社会科学领域的一种新理论范式，逐渐被运用到社会学、经济学和政治学等学术领域。1916 年，社区改革倡导者利达·汉尼范在《美国政治社会科学学术年鉴》上发表了题为《乡村学校社区中心》的文章，他首次用“社会资本”这一概念来分析社区参与和社会纽带的重要性。后经布迪厄、科尔曼、普特南等社会学家的发展，社会资本的概念逐渐受到关注并流行起来，国内外相关研究文献呈现出指数级增长。尽管有关社会资本的研究文献非常丰富，但是学者们对于社会资本的确切定义至今仍未达成共识，从而无论是理论研究还是实证分析都遭到了众多的批评。

（一）社会资本的概念

法国社会学家皮埃尔·布迪厄定义社会资本为实际或潜在的资源集合，这些资源与拥有相互熟识和认可的、或多或少制度化的关系的持久网络相联系。美国社会学家詹弗斯·科尔曼从功能角度给出了社会资本的定义，即社会结构资源作为个人拥有的资本财产。社会资本不是某些单独的实体，而是具有各种形式的不同实体。他通过大量实证研究来检验社会资本理论由微观层面到宏观层面的超越。科尔曼第一次明确和系统地将社会资本从以个人为中心的概念转向了社会为中心的分析中。普特南认为社会资本是指社会组织的一些诸如信任、规范以及网络等特征，它们能够通过促进合作来提高社会的效率。

（二）社会资本的影响

大量实证文献对社会资本的经济、社会与政治影响进行了计量检验，结果表明，社会资本对经济、社会与政治具有潜在影响，包括促进经济增长和降低收入分配的不平等，降低犯罪率，改善教育、健康状况，减少腐败、提高社会民主水平等。具体来说主要有以下观点：

纳克等对社会资本与经济和社会发展的关系进行了经验研究，结果发现：一个国家的国民对他人的信任程度越高，国家的国民规范越明确，则该国的经济（社会）发展水平就越高，三者之间存在着显著的关联。

人们对社会关系网络在个人求职中作用的研究结果表明，人们在就业和求职过程中更多会依靠自己的社会网络关系，求职者可通过自己的社会关系网络来获得信息与帮助，从而容易找到理想的工作。

社会资本是企业发展的条件，员工之间、企业之间的信任可以提高参与合作的企业内部与企业之间的相互关系的质量，影响合作的结构。也就是说，信任的程度能影响企业的规模，信任也能降低企业的交易费用，提高企业的经济效益和社会效益。

社会资本与腐败水平之间存在负相关关系。一个国家社会资本水平越高，其发生腐败的可能性就越低；反之则越高。提高社会资本还可以促进一个国家的民主水平。

社会资本是社会力量的一个重要表征。随着国家现代化治理体系的提出，社会作为一个治理主体站上中国历史舞台，社会资本对经济社会发展的巨大作用也越来越受到重视。无论是作为宏观社会资本主体的社会自组织，还是作为微观社会资本主体的社会信任水平，都受到政府职能和支出的影响。政府财政支出对社会信任水平影响如何？影响机理是什么？在中国社会资本不断提升的过程中，社会资本对政府财政支出与经济高质量发展研究的关系起到怎样的调节效应？

第四章

对中国经济增长的解释

——政府行为视角

自1978年实行改革开放政策以来，中国独立自主地走出了一条完全不同于西方国家的发展道路，实现了比包括西方国家在内的任何国家都更快、更长时期的高速增长，取得了举世瞩目的经济发展成就。大量学者从不同的理论角度对中国发展奇迹进行了研究。

一、中国经济增长的特征事实

（一）中国经济发展取得的成就

1. 经济持续高速增长

根据世界银行估算，1978年中国国内生产总值为3678.7亿元，世界排名第15位，占世界经济的比重不到2%。2017年中国国内生产总值为82.7万亿元，经济规模增长了近35倍，世界排名第2位，占世界经济的比重达到15%左右。中国创造了第二次世界大战之后一国GDP增长持续时间最长、增长率最高的世界纪录。中国国内生产总值年均增速在全球主要经济体中排名第一，国内生产总值、人均国内生产总值、居民消费水平都提高了20～30倍（按1978年不变价估算）。1978～2017年中国国民生产总值年均增长率为9.3%（按1978年不变价计算），明显高于韩国、新加坡等亚洲国家及其他发达国家。经济增长率尽管出现波动，但是总体上保持高速增长的态势。伴随着经济增长，产业结构不断演变，因此，可以将GDP、人均GDP、经济增长率、第一产业增加值、第二产业增加值和第三产业增加值作为衡量经济持续高速增长的统计指标。从表4－1可以看出，自改革开放以来，中国逐渐摆脱了传统计划经济体制，市场经济体制不断趋于完善，不但提高了资源配置效率，而且形成了良性激励机制，产业结构扭曲得以矫正，对外开放使中国经济与世界经济紧密联系，非公有经济的大力发展以及居民消费水平的提高造成对社会总需求的拉动，促使中国GDP的总量和人均GDP不断增加。

表4－1　1978～2017年中国经济总量的增长情况

年份	GDP（万亿元）	第一产业（万亿元）	第二产业（万亿元）	第三产业（万亿元）	人均GDP（万元）	经济增长率（%）
1978	0.3645	0.1018	0.1745	0.8816	0.0381	11.7
1985	0.9016	0.2541	0.3866	0.2607	0.0858	13.5
1995	6.0793	1.2020	2.8679	2.0094	0.5045	10.9
2005	18.7319	2.1807	8.8084	7.7428	1.4360	9.9
2015	67.6708	6.0862	28.2040	34.6150	5.0035	6.9
2017	82.7120	6.5468	33.4622	42.7032	5.7922	6.9

资料来源：根据《中国统计年鉴》整理得到。

2. 人民生活水平持续改善

人民生活水平的提高不仅指人民物质生活丰裕，人均支配收入增加，购买力增强，而且还包含人民享有真实民主，消费结构升级，拥有较为充实的精神食粮。在社会主义市场经济的现阶段，人们更倾向于从客观物质条件方面去理解生活水平。因此，我们利用城乡居民可支配收入、城乡居民恩格尔系数来衡量人民的生活质量。一般来说，居民收入决定于经济增长，居民收入水平越高，其恩格尔系数越小，即居民用于食物消费的支出占总消费支出之比越小。从表 4－2 可以看出，随着经济的不断增长，中国城乡居民人均可支配收入不断上升，特别是城市居民人均可支配收入增长的幅度更大，从 1978 年的 343.4 元增加到 2005 年的 10382.3 元。居民收入是消费水平高低以及消费结构改变的主要影响因素，居民收入水平的增加意味着城乡居民消费水平的提高，食物消费占总消费的比重将不断减少，即恩格尔系数不断下降，1995 年以前我国城镇居民恩格尔系数在 50% 以上、农村居民在 58% 以上，2005 年，城镇居民恩格尔系数下降到 36.7%、农村居民恩格尔系数下降到 45.5%。如果按照国际标准划分，恩格尔系数在 50% ~60% 为温饱型，40% ~50% 为小康型，40% 以下为富裕性。这就意味着，现阶段我国城市居民平均生活水平将达到富裕阶段，农民平均生活水平达到小康阶段。我国居民消费能力不断提高，消费升级步伐加快，服务消费占比不断扩大。国家发展改革委发布的《2017 年中国居民消费发展报告》显示，2017 年，全国居民人均可支配收入为 25974 元，实际增长 73%，高于经济增长速度，其中，农村居民收入增速连续 8 年快于城镇居民，2017 年全国居民恩格尔系数为 29.3%，进入了联合国划分的 20% ~30% 的富足区间。党的十八大以来每年平均减贫 1300 万人，由此可知，1978 ~2017 年，中国农村贫困人口减少了 7.39 亿人，是第一个实现联合国千年发展目标使贫困人口减半的国家，对全球减贫的贡献率超过 70%。根据世界银行 2015 年最新收入分组标准，1978 年中国属于低收入国家，2017 年中国人均国民收入接近世界中等偏上收入国家均值。中国在减贫领域取得了卓越成就。按照当年农村贫困标准，1978 年农村贫困人口为 7.7 亿人，贫困发生率为 97.5%；按照现行国家贫困标准，2017 年农村贫困人口降至 3046 万人，贫困发生率降至 3.1%。改革开放 40 年来，中国贫困标准不断提高，1978 年的贫困标准是“一条低水平的生存标准”，主要保证每人每天的食物支出，2008 年的标准是在 1978 年标准的基础上扩展非食物部分，保证贫困人口“有吃、有穿”，2010 年的标准是结合“两不愁，三保障”原则提出的，用以保证贫困人口基本稳定温饱。中国的减贫对世界减贫作出了巨大贡献，1990～2013年世界贫困人口减少11亿人，其中中国减贫人口7.3亿人，占减贫人口总量的2/3。

表4－2　1978～2017年中国人民生活水平的改善情况

年份	城镇居民人均可支配收入（元）	农村居民人均可支配收入（元）	城镇居民恩格尔系数（%）	农村居民恩格尔系数（%）
1978	343.4	133.6	57.5	67.7
1985	739.1	397.6	53.3	57.8
1995	4283.0	1577.7	50.1	58.6
2005	10382.3	3370.2	36.7	45.5
2015	31194.8	11421.7	29.7	33.0
2017	36396.2	13432.4	28.6	31.2

资料来源：根据《中国统计年鉴》计算整理。

3. 对外开放程度不断加深

在经济全球化背景下，一个国家经济和社会发展与世界各国密切相关。自从中国实行对外开放政策以来，随着我国综合国力的增强，我国积极参与经济全球化进程，对外贸易规模不断扩大，吸收外商投资稳步发展，对外经济合作保持了良好的发展趋势。从表4－3可以看出，1978年以来，我国的进出口贸易额逐年大幅增长，贸易规模不断扩大，2003～2017年我国货物进出口快速增长，年均增长29.8%。贸易总量在世界贸易中所占比重逐年提高，在世界各国的位次不断提升，2002年，我国货物进出口贸易总额为6208亿美元，占世界贸易总额的4.7%。到2006年已达17604亿美元，增长了近2倍，占世界的比重提高到7.2%，在世界的位次从2002年的第6位提升到2017年的第1位。进出口贸易总额占GDP的比重也不断上升，对外开放程度不断加深。我国外商投资总体呈上升趋势，外商直接投资进入一个成熟稳定的全新发展阶段，2003～2006年，外商在中国的直接投资实际使用金额以年均4.6%的速度稳步增长，通过外商直接投资引进了大量的先进适用技术和管理手段，促进了产业技术改造和产品升级换代，加快了中国产业结构的优化升级。

表 4－3　1978～2017 年中国进出口情况

年份	进出口总额（亿美元）	进口总额（亿美元）	出口总额（亿美元）	进出口总额占 GDP 比重（%）	外商投资总额（亿美元）
1978	206.4	108.9	97.5	9.7388	102.69
1985	696.0	422.5	273.5	22.9226	120.86
1995	2808.6	1320.8	1487.8	38.6552	719.76
2005	14219.1	6599.5	7619.5	63.8621	610.58
2015	39530.3	16795.6	22734.7	36.2790	1180.20
2017	41071.6	18437.9	22633.7	33.6228	1440.00

资料来源：根据《中国统计年鉴》计算整理。

（二）中国经济发展存在的问题

1. 经济发展持续性问题

自然资源是社会和经济不断发展的重要基础，中国虽然是能源大国，但是资源的地域不均衡、人均资源拥有量紧缺，重要矿产的人均资源拥有量不到世界平均水平的一半，尤其是中国工业化和城市化急剧扩张对资源的惊人需求，造成了资源过度开发和环境的不断恶化。单位 GDP 综合能耗远高于发达国家，耕地质量逐年下降，资源重复利用率低下，城市环境污染严重，2016 年中国在 180 个国家或地区的全球环境表现指数综合排名中，仅排第 109 位（Hsu et al.，2016），以牺牲生态环境和后代利益换取眼前和局部利益的现象造成了资源紧缺和生态环境恶化的严重危机。

2. 经济发展结构问题

在改革开放后的财政激励与政治激励双重作用下，各级政府对经济发展的追求已经固化为对 GDP 增长率的强大偏好，这种偏好使经济总量不断增长，政府投资收益最大化，进而形成对粗放式经济发展方式的低端锁定。从图4－1可以看到，经济发展出现重投资轻消费的投资消费结构失衡，1990年以后投资率均高于35%，到2012年投资率已逼近50%，明显偏高。而消费率在1990～2017年约下降了12个百分点，平均每年下降0.3个百分点，尤其是2000年以后，消费率更是呈极速下降趋势。重工轻农、产业趋同、优化升级困难的产业结构失衡，以及重城市轻农村、重中心轻偏远的经济发展地区结构失衡，最终导致中国经济发展整体的不均衡。

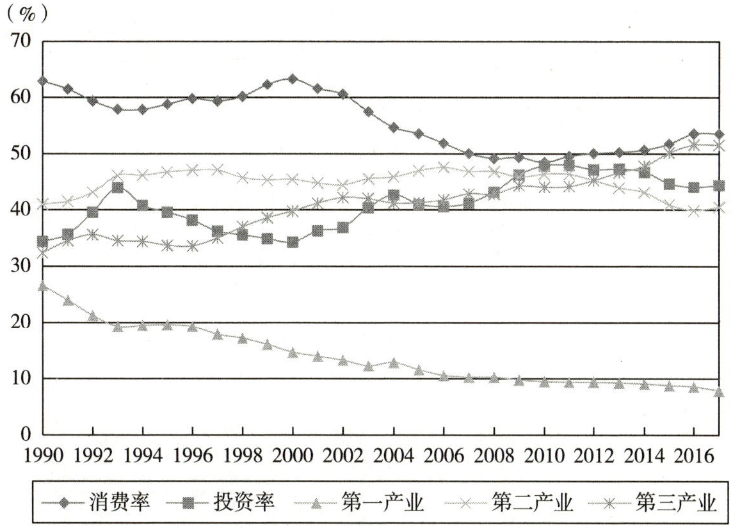

图4－1 1990～2017年中国消费投资与产业结构变化趋势

资料来源：根据《中国统计年鉴》数据计算整理。

3. 经济发展公平性问题

粗放式的经济发展方式使资本边际报酬增加，劳动收入份额下降，收入分配不平等程度持续扩大。根据国家统计局的相关数据，我国1998年基尼系数已经超过0.4的收入分配差距“警戒线”并逐年上升，2010年达到峰值0.48，2017年基尼系数仍为0.46，居全球前列（见图4－2）。另外，政府财政支出结构性扭曲，偏基础设施建设等经济性支出造成公共服务和社会保障支出不足，使财政转移支付对收入分配的调节功能弱化，导致偏远地区和农村地区公共服务供给缺失，最终造成中国城乡、区域和贫富差距进一步加剧，经济增长数量与质量不一致（魏婕等，2016），经济不公平现象突出。

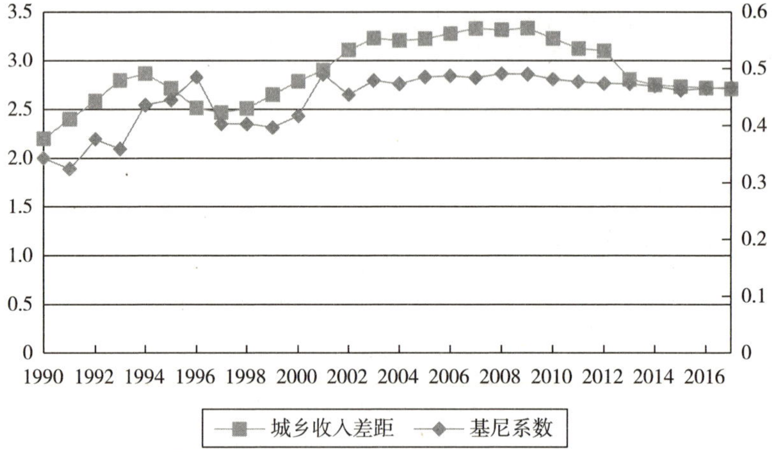

图 4-2 1990~2017 年中国收入基尼系数和城乡收入差距变化趋势

资料来源：根据《中国统计年鉴》数据计算整理。

二、现有文献对中国经济发展的解释

经过了近 40 年的高速增长后，中国经济取得了一系列成就，同时，经济增长与社会和谐面临着一系列的难题。全球越来越多的经济学家都对中国经济的增长给予了极大的关注，并提出了相关解释，经济学界的观点可以大致归为以下三类。

（一）战略视角

这种观点主要以林毅夫为代表，从发展战略的角度分析中国经济的转轨问题，将“中国奇迹”归因于中国采取了能够发挥比较优势的正确的发展战略。这种解释的理论逻辑是“从发展战略选择与资源禀赋之间的矛盾出发，分析中国传统经济体制模式内生形成逻辑，并将这种分析方法及其结构论扩展到所有其他国家和地区，指出发展战略的选择是否和资源禀赋的比较优势一致，是决定经济体制模式进而决定经济发展绩效的根本原因”（林毅夫，1994）。林毅夫等通过比较国内外的发展实践得出结论：改革开放以后，中国经济得以迅速发展的关键就在于中国吸取以往的经验教训选择了与我国的资源禀赋条件相适合的比较优势发展战略，并开始对高度集中和低效率的传统经济体制模式进行改革，积极发展劳动密集型产业，借助市场机制的作用使自身所具有的资源比较优势发挥出来。经过几十年的改革，使国民经济不仅提高了经济效率，调整了经济结构，以中国历史上空前的速度增长，而且在世界总的发展格局中也属一枝独秀。

（二）制度视角

这种观点将中国奇迹归因于中国以双轨制过渡的形式逐步建立了市场经济体制。同时，包括县际竞争等一些作为改革成果的制度设计和制度创制，是中国经济奇迹的原因（张五常，2009）。张五常认为县际竞争制度是中国奇迹的奥秘所在。“中国是县与县之间的竞争……因为县有经济权力，所以它们竞争得最激烈。”经济学一般理论认为，建立在个体所有权上的经济才是可以正常运行的，但张五常（2009）则认为即便个体所有权缺位，经济照样可以运行得很好。

（三）要素与环境视角

这种观点主要以清华大学教授秦晖等为代表，将中国奇迹归因于中国经济现实与环境。例如，廉价而勤勉的劳动力、广阔的市场、低社会保障和低福利的社会环境造成的劳动力比较优势、经济全球化的国际环境造成的后发优势等。中国的这种降低“制度变迁的交易成本”实现了空前快速的原始积累，是“中国奇迹”乃至进一步发展的奥秘所在。美国耶鲁大学金融经济学教授陈志武（2010）认为“中国奇迹”的原因在于后发优势和经济全球化，他指出：“过去30年的经济成功，是中国通过市场化、民营化‘改革’和‘开放’充分利用了后发的‘势’所致。”

三、地方政府行为对中国经济增长的影响及机理

中外学者一致认为，在过去多年间，中国地方政府在推动地区经济增长中扮演了非常重要的角色，关于地方政府与经济增长的研究可谓汗牛充栋，有学者指出中国经济改革成功的关键在于中国式分权（王永钦等，2007；张军和高远，2007）。具体而言，中国在财政上的高度分权与官员治理的激励因素相结合才能更好地解释地方政府在经济“增长奇迹”中的重要作用（张军和高远，2007）。中国的政治体制高度集权，地区经济发展又相当的分权，有学者称之为地方分权的威权政治体制（Regionally Decentralized Authoritarian Regime）。中国的地方官员由中央政府任命，晋升也是由中央政府考核，这种在政治上的高度集权让中国与其他联邦制国家有了本质上的区别（Xu，2011）。这样的差异使得我们无法直接参考国外研究的政策建议，要求我们立足于中国国情与制度背景进行详细且深入的分析。

那么是何种激励机制、何种制度安排在影响和改变中国地方政府的行为，这些激励和制度又是通过哪些途径发挥作用的？

理论界对政府行为，尤其是地方政府行为与经济增长的关系进行了大量的研究。现有的理论研究主要集中在四个方面，一是财政分权理论与地

方经济增长研究（Tiebout，1956；Oates，1972；Zhuravskaya，2000；陈抗，2002；傅勇，2010；陶然等，2009；张军等，2016）。二是干部激励与地方经济增长研究（Blanchard & Shleifer，2000；周黎安，2007；张军和高远，2007；王贤彬和徐现祥，2010；陈刚和李树，2012；耿曙等，2016；刘瑞明，2007；傅勇和张晏，2007；梁平汉和高楠，2014）。三是地方政府竞争与地方经济增长研究（王永钦等，2007；傅勇和张晏，2007；刘瑞明和白永秀，2007；于东山和娄成武，2010；许成钢，2011；黄纯纯和周业安，2011；姚洋和张牧扬，2013；陆铭和钟辉勇，2015）。四是地方政府其他行为与地方经济增长研究（Young，2000，2003；平新乔，2007；杨友才和赖敏晖，2009；陆铭等，2004；张维迎和栗树和，1998；王红领等，2001；朱恒鹏，2004；朱平芳等，2011）。在不断的研究中，学术界也关注到地方政府行为在推动经济快速增长的同时，也造成了经济发展方式的长期扭曲。下面对前三方面的研究进行深入分析。

（一）财政分权对地方经济发展的影响及机理

财政收支是地方政府行为最重要的激励和约束之一，也是现有地方政府行为的研究基础。由分权角度研究地方政府行为并形成体系，是以Tiebout（1956）发表的论文《地方支出的一个纯理论》为标志的。之后，Stigler（1957）、Musgrave（1959）和Oates（1972）等进一步围绕地方分权，从地方政府职能和公共物品提供的角度对地方政府行为进行了研究，之后钱颖一和许成钢（1993）、Mckinnon（1997）和Weingast（1995）等把财政分权思想与地区竞争、政府激励、经济转型和增长联系起来，这就形成了整个财政分权理论的脉络。值得提出的是在财政分权理论对中国发展的研究中，陈抗等（2002）将地方政府行为分为“援助之手”与“攫取之手”，认为中央与地方之间的财政关系会通过影响地方政府的激励机制来影响地方政府行为，财政集权会使地方政府伸出“攫取之手”。傅勇（2010）论证了中国式分权对地方政府的增长型激励，认为地方政府的增长努力是中国经济高速增长的关键。之后学者们的观点趋于一致，即财政分权对地方政府产生了财政激励，促进地方政府为地区经济的增长和发展努力。以陶然等（2009）和张军（2016）为代表，提出了新财政集权理论，指出中国的财政集权激励地方政府为追求财政收入最大化而展开中国式的“蒂伯特竞争”，进而导致工业化和资本积累的加速和预算内收入的增长。作为决定经济利益最终分割的制度安排，财政分权体制始终是理论界关注的焦点。周业安（2008）分析，财政分权是重新构造政府间契约关系的核心。通过分税制，不同层级的政府有了对应的责任和利益。基于这种制度安排，地方政府的激励不仅得到有效改进，而且也部分克服了原先政府间关系市场化的短视和波动倾向。

财政分权是一个有效平衡中央与地方间利益的有效治理结构。对于中央政府来说，将经济的直接管辖权交给地方，使得地方政府能从经济发展中获益，从而激励地方政府大力发展经济。对于地方政府来说，财政分权约束地方政府无法干预银行与市场，使得地方政府无法过度保护落后企业。财政分权有助于政府维护市场经济，但是必须使财政分权政策的实施是可持续的。同时要使财政分权充分发挥其作用必须满足两个条件：一是中央政府有足够的能力去监督下级政府的责任行为；二是地方政府必须可以有效抵制中央政府滥用权力的行为。实际上，关于中国财政分权是否有利于经济发展以及如何发挥作用，相关文献并没有一致的结论。一部分研究认为中国的财政分权的确促进了改革开放以来中国的经济增长和资源的有效配置（史宇鹏和周黎安，2007）。另一部分研究关注的不仅是财政分权带来的收益，还关注了财政分权的代价。一方面，在财政分权体制下，虽然经济发展迅速，但是城乡、地区之间的收入差距持续扩大。城市地区是我国经济增长的主要来源，地方政府在财政分权的激励作用下，会更加倾向投入更多的精力和资源进入城市部门的经济发展。不少文献指出改革开放以来，城乡、地区之间收入差距的扩大，与政府部门倾向投入更多的精力和资源到城市部门的政策密不可分（Yang，1999；陆铭和陈剑，2004；Lu 和 Chen，2006；王永钦等，2007）。地区之间的差异本身就源自地区之间的资源禀赋的差异，财政分权实施后，相对发达的地区更能从财政分权与地区竞争之间获益，从而更加拉大了地区之间的差距（张晏和袭六堂，2005；王永钦等，2007）。同时，转移支付的分配也存在倾向分配给经济发展更好的地区而不是发挥平衡地区之间的财力差距的作用，这样一来，给予较发达地区更多的资金进一步加剧了地区之间的差距（Raiser，1998；马栓友和于红霞，2003）。另一方面，在财政分权的激励下，地方政府大力发展各地区经济，导致地区间的市场分割加剧、产生大量的重复性建设和经济资源配置的效率损失。地方政府为了促进地方增长，会以设置地方市场进入壁垒的方式保护当地企业的发展获得较短时期内的收益。同时，为了提高本地区经济独立发展与竞争的能力，各个地区之间都会大力促进和推动发展一些所谓的“战略性”产业，进而造成全国各个地区大量的一次又一次的重复性基础设施建设（陆铭等，2004；王永钦等，2007）。

从影响机理看，分税制改革为中央政府和地方政府之间提供了一种税收的正和博弈——中央与地方各自税收的增加或者至少一方税收的增加而另一方利益不受损害。这主要体现在中央与地方各自不同的征税体系及征税种类使地方政府扩大税收的努力得到实际的收益，而在共享税种方面，地方政府为税收的努力在使自身受益的基础上同时扩大了中央政府的收入。分税制解决了中国经济发展中一个比较重要的问题——中央政府与地方政府在财政分权中的激励兼容，即在保证中央政府财力的基础上最大可能地发挥了地方政府的积极性。多数学者关注到虽然 1978 年是经济繁荣的开端，但中国经济的高速发展却源于 20 世纪 90 年代，并且这种高速发展与财政分税制改革密不可分（张军等，2016）。分税制为地方政府带来了重要的财政激励，这必然影响地方政府对经济发展方式的选择。一方面，分税制下的财政分权，使地方政府对地区事务控制力增强，地方政府通过对所掌握资源的配置、利用和引导，来影响地方产业结构和收入分配等领域，进而影响地方经济发展的方式，使地方政府财政自给率的提升依赖非国有经济比重的不断提高（朱恒鹏，2004），导致地方政府更积极地采取各种形态的民营化（王红领等，2001）。另一方面，分税制改革中地方政府支出责任并未随收入分权的调整而变化，这种财政收支中财权与事权不匹配的情况，使地方政府控制要素资源并有效将其用于经济干预中的需求强烈，在使地方政府收益最大化的同时造成了地方政府规模的持续扩大。

（二）干部考核体系对地方经济发展的影响及机理

新政治经济学认为要考察地方政府行为，必须关注其背后的行为主体动机。通过其他转型国家的绩效研究发现，虽然同样存在财政分权，但表现结果迥异。周黎安（2004，2007，2008）最早研究了我国政府官员的激励机制，利用博弈论建立了“晋升锦标赛”博弈模型，将地方政府干部的考核与当地经济绩效挂钩，认为政府官员晋升的竞争促进了地方经济的增长。Li 和 Zhou（2005）、周黎安（2007）等运用省级数据系统地验证了地方官员职位的晋升与当地经济绩效之间存在显著正相关关系。这也从实证角度印证了“晋升锦标赛”理论。张军和高远（2007）发现政绩好的政府官员晋升概率相对较高，王贤彬和徐现祥（2010）讨论了地方官员的职位适应、任期波动、晋升可能以及政策滞后等对地方官员发展经济努力程度的影响，陈刚和李树（2012）则提出官员的异地交流制可以有效降低官员流入地的腐败程度。姚洋和张牧扬（2013）以地市级官员样本数据为基础，官员绩效对晋升具有整体显著性。耿曙等（2016）基于政治经济周期理论考察了任期制度对官员的行为激励，由于中国没有明确官员任期制度，使上级对下级，中央对地方得以充分激励调动，中国经济得以不断增长。在注意到政府官员晋升锦标赛对短期经济增长的正效应的同时，经济学家也同时关注到这种锦标赛已经和有可能带来的负效应。周黎安（2004）以晋升博弈模型解释了地方保护主义与重复建设的问题。刘瑞明（2007）认为晋升激励体制下政府官员经济模仿发展战略导致地方保护与市场分割。地方官员职位的晋升与当地经济绩效之间显著正相关（Li 和 Zhou，2005；周黎安，2005；张军和高远，2007；姚洋和张牧扬，2013）。例如，傅勇和张晏（2007）指出财政分权和政府官员的晋升激励导致地方政府将财政收入花在有利于短期经济增长的方面（如基础设施建设）而非有利于长期增长的方面（科教文卫等）。

中央政府对地方政府及其官员实行基于GDP增长率的考核，并且将政绩考核与官员治理挂钩，确保了考核的公平性和数据指标的可比性，更为重要的是保证了地方政府及其官员对本地区经济发展的高度关注。地方政府接受来自中央的管理，其对职位晋升的诉求必须通过中央一级的任命最终实现。这在一定程度上使地区经济得以迅速增长，但也对经济发展方式转变产生深远影响。也因此有学者反思了以往我国地方政府绩效评估体系，认为评估指标价值泛经济化，政府公共服务价值缺失，忽略了公共需求的满足和社会协调发展。未来对地方政府行为绩效的评价机制必将发生变化。

（三）地方政府竞争对地方经济发展的影响及机理

基于委托代理理论和博弈论分析政府间的竞争、合作及博弈。财政激励与政治激励的双重作用使各个地方在争夺稀缺的要素与资源的过程中形成了重要的横向竞争关系。这种横向竞争既表现在扩大财政收入的税收竞争和促进GDP增长的财政支出效率和支出结构的竞争，也表现在地方政府的政策引导、执法力度等多方面的行为表现，这种地方政府的竞争关系被认为是中国经济增长的源泉（张军，2012），同时也对经济发展方式产生深刻的影响。这主要涉及央地政府及地方政府间两个层面。

央地政府之间是一种特殊政治委托代理关系中的利益博弈。大多数学者认为中央政府与地方政府是一种委托代理的关系。张勇等（2007）通过成本收益的比较和现行制度的分析，认为地方政府有意愿、有动力，也有能力与中央政府进行博弈，但是，在中央政府与地方政府的委托代理关系中，由于二者效用函数的区别及信息的不对称，地方政府在与中央政府的博弈中就会产生严重的逆向选择问题和道德风险问题，二者可能出现非合作博弈。国内外关于中央与地方关系的研究中，压力型体制分析有着极大的影响力。确切地讲，压力型体制指的是一级政治组织为了实现经济赶超，完成上级下达的指标而采用数量化任务分解的管理方式和物质化的评价体系。压力型体制在很大意义上就是一种干部考核机制，这种机制直接影响着中央和地方关系的基本形态。

地方政府之间的竞争是指在市场经济环境下各区域经济体中的政府围绕吸引具有流动性的要素展开竞争，以增强各区域经济体自己的竞争优势。汪伟全将地方政府竞争概括为资源模式和制度模式，并认为制度竞争胜于资源竞争。有学者认为，我国地方政府竞争经历了从有限竞争、兄弟竞争到主体竞争的转化。当然，地方政府间除了竞争还有合作，国内许多学者从动因、实践、存在的问题等方面对地方政府合作行为进行了多维度的分析，这些研究拓展了地方政府间关系分析的视域。

从影响机理看，一方面，地方政府为吸纳更多的要素资源，往往通过扶持性的税收政策或税收执法力度的降低来降低企业税负（范子英和田彬彬，2013），以获取长期税基的扩大。税收竞争使地方政府能够将资本要素的引入与当地比较优势和长期规划相结合，对产业结构调整产生正向引导在一定程度上促进了地区专业化（王凤荣和董法民，2013）。同时地方政府会对区域内人力资本投入、城市规划进行不断改善，增加制度创新与技术创新以吸引更多资本和要素流入，这为经济长期发展提供良好的环境和动力。另一方面，从本质上看，地方政府支出是一种公共支出，即通过资源的使用，向当地居民、企业提供各种类型的公共品，尽管所有公共品都存在相应的空间限制，但溢出效应也总是存在的。这样的支出特性导致辖区之间的支出竞争，不仅是支出效率，更体现在支出结构的偏向。在激烈的地区竞争下，地方政府财政支出的扩张倾向更为严重，同时财政支出结构更为扭曲，财政支出更多用于基础设施建设的经济性支出而非用于科教文卫等社会性支出，地区分配更不均衡，地方政府财政支出向省会城市、大中城市倾斜聚集（刘立峰，2012），市场分割更为严重（周业安，2003），地区之间的分工合作以及协调能力严重不足（王凤荣和董法民，2013），这种偏向于基础设施建设的支出结构虽然有利于经济的高速增长，却也伴随环境的持续恶化和能源消耗，而且使中国企业的竞争优势长期依赖于人为扭曲的要素价格的低成本优势上。周业安（2003）将地方政府争夺经济资源采取的策略分为进取型、保护型和掠夺型，并认为地区间贸易壁垒和交易成本的增加在长期内损害经济增长。张军（2007）引入数据检验发现，地方政府招商引资的标尺竞争改善了辖区基础设施状况。傅勇和张晏（2007）指出地方政府竞争产生了财政支出的结构性扭曲，形成“重基础设施建设、轻科教文卫”的财政偏向。就中国的研究现状而言，于东山和娄成武（2010）认为地方政府是经济发展的重要参与主体，其竞争主要存在于资源和生产要素领域。黄纯纯和周业安（2011）则认为国外地方政府竞争的理论范式比较一致，基本围绕税收、公共物品供给以及选民投票权引发的标尺竞争展开，并通过博弈论等进一步将竞争模型化。但这些并不足以说明政府竞争的全部，政治体制和经济体制的巨大差异使转型国家的地方政府竞争与西方国家有很大不同，这就引出政府竞争的另一个层面即政府间的制度竞争。杨瑞龙（1998）提出了地方政府在中国制度演进中的积极作用。杨瑞龙和杨其静（2000）提出中央政府主导的非平衡改革战略下的潜在制度收益引起了地方政府对制度创新进入权的竞争。柯武刚和史漫飞（2000）集中探讨了在制度竞争过程中政治过程与经济过程的互动关系。何梦笔（2001）将国家和空间引入对经济转轨的分析当中，建立了大国体制转型的分析范式。王永钦等（2007）、陆铭等（2008）、许成钢（2011）对中国政治集权加经济分权的制度进行了描述和概括。刘瑞明和白永秀（2007）提出了中央与地方根据比较优势进行制度创新分工，进而促进经济增长。周黎安（2008，2013）认为中国的体制实际上是将中央目标进行行政上的纵向分包，再引入地区之间的横向竞争，这种经验有效地促进了经济增长。陆铭和钟辉勇（2015）则提出尽管当前中国制度安排下维持了经济的高速增长，但地方政府行为短期化的负面影响越来越凸显。

总体来说，财政激励决定了地方政府对经济的干预程度和行为方式，政治激励决定其对待经济的态度、目标和行为取向，而环境竞争激励使地方政府通过财政支出结构的偏向性和扩张性进一步加深了对地区经济发展方式的影响。

第五章

政府财政支出与中国经济发展过程中的难题破解

经过40多年粗放式的高速发展，中国已成为全球第二大经济体。经济高速增长的同时，也有大量发展问题不断涌现。政府财政作为国家治理的主体，对问题的治理起着关键的作用。本章以决胜全面建成小康社会的三大攻坚战中的污染防治和精准脱贫为例，探讨政府行为对突破经济发展中的难题所起的作用及其作用机理。

一、政府财政支出与污染防治

18世纪工业革命以来，随着科技的不断进步，社会生产力得到极大提高，人类创造了前所未有的物质财富。但是，由于人类在经济发展中忽视了对生态环境的保护，对自然资源进行长期掠夺式开发和利用，由此衍生了环境污染、生态破坏、资源过度消耗等问题，生态危机日益凸显，已严重威胁人类的生存和发展。作为世界上最大的发展中国家，中国面临同样的问题，而且更为突出。改革开放40多年来，中国经济保持了持续的高速增长，但自实行改革开放以来，中国走的是一条赶超型或压缩型的工业化道路，伴随经济的高速增长，发达国家上百年工业化过程中分阶段出现的种种环境问题在中国集中显现。中国科学院可持续发展战略研究组首席科学家牛文元认为中国经济增长中至少有依靠资源和生态环境的透支取得的。实践证明，我国在经济高速增长的同时也付出了沉重的环境代价。而且，随着工业化、城市化和现代化进程的不断推进，环境承载力将面临更大的挑战，经济与环境的矛盾更加突出。在此现实背景下，寻求经济与环境的协调发展就成为从政府到学术界乃至整个人类社会所关注和探讨的重大课题。

（一）中国环境污染现状

改革开放 40 多年来，中国经济以年均 9.81% 的速度持续高速增长，成为仅次于美国的世界第二经济大国。但与此同时，中国也是能源消耗和二氧化碳排放大国。2015 年中国能源消费总量达到 429905 万吨标准煤，约是 2000 年（146964 万吨标准煤）的 3 倍。单位 GDP 能耗在 2015 年达 0.71 吨标准煤/万元（GDP 按 2010 年可比价格计算）。《中国环境统计年鉴（2016）》显示，中国二氧化碳排放量在 2011 年达 9019.52 百万吨，高居世界首位（见图 5 -1）。2013 年碳排放总量 9524 百万吨，居全球首位，同时人均碳排放量远高于全球平均排放水平。

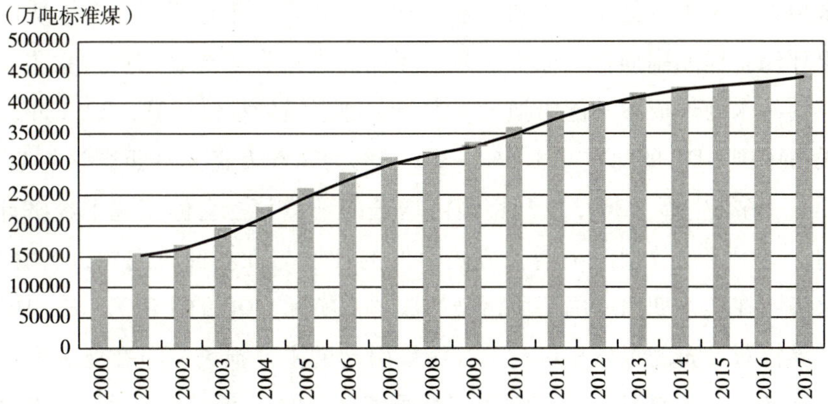

图 5 -1　2000 ~ 2017 年中国能源消耗发展趋势

资料来源：《中国统计年鉴》。

《2016 中国环境状况公报》指出，全国 338 个地级及以上城市中，2016 年城市环境空气质量符合标准的只有 84 个，城市空气质量达标率仅为 24.9%；城市环境空气质量超标的有 254 个，超标城市所占比重为 75.1%。根据 PM2.5 标准，全国 338 个地级及以上城市中，平均空气质量优良天数为 78.8%，超标天数达 21.2%，其中发生重度污染天数为 2464 天次、而严重污染的达 784 天次，以 PM2.5 为主要污染物的天数占重度及以上污染天数的 80.3%。依据全国地表水水质监测报告，Ⅰ、Ⅱ、Ⅲ、Ⅳ、Ⅴ、劣Ⅴ类水质断面分别占 2.4%、37.5%、27.9%、16.8%、6.9%、8.6%；6124 个地下水水质监测点结果显示，水质监测结果为优良级的监测点仅为 10.1%，良好级的监测点为 25.4%，较好级的监测点为 4.4%，而较差级的监测点达到 45.4%，极差级的监测点占比为 14.7%。全国 417 个近岸海域监测点显示，Ⅰ、Ⅱ、Ⅲ、Ⅳ、劣Ⅴ类海水分别占比为 32.4%、41.0%、10.3%、3.1%、13.2%。由此可见，当前中国环境承载能力已经达到或接近极限，经济的转型升级，推动形成绿色低碳循环发展新方式已经成为摆在中国政府面前急需解决的重大现实问题。

中国环保部环境规划院研究结果认为，2010 年，我国环境污染造成的经济损失达 1.1 万亿元，达到当年 GDP 的 3.5%（不包括医疗卫生费用）。国家环保总局原副局长王玉庆认为，环境污染损失主要是财产险损失，如企业的污水处理成本及健康损失两大类，健康损失难以计算，2011 年环境损失占中国 GDP 的比重介于 5% ~6%，约为 2.6 万亿元（折合达 4100 亿美元）。杨继生等（2013）利用经济增长的环境与社会健康成本经济计量模型，对中国粗放型经济增长方式引发的环境与社会健康问题进行分析，结果表明在样本期内中国环境污染的成本占实际 GDP 的比例为 8% ~10%。而世界银行发布的报告显示，空气污染引起的主要损失分布在亚洲发展中国家（地区）经济体上，其中中国是受害最大的国家，环境污染引发过早死亡、相关福利开支增加及劳动时间的损失，空气污染引起的损失达 GDP 的 10%。OECD 与国家环保总局联合发布的《OECD 中国环境绩效评估》

认为，预计2020年中国由环境污染所导致的健康损失将达到GDP的13%。

（二）政府治理环境污染采取的措施

中国的生态保护理念由来已久，1982年中国政府将“环境保护”作为基本国策列入《宪法》，1989年出台了首部《环境保护法》。1992年联合国环境与发展大会召开后，成为首批签署纲领性文件《21世纪议程》的国家之一，编制了《中国21世纪议程——中国21世纪人口、环境与发展白皮书》，率先制定和实施了可持续发展战略。2003年党的十六届三中全会上提出“科学发展观”的概念。在党的十七大报告中确定加快经济发展方式转变的方针，制定了发展循环经济，建设资源节约型、环境友好型“两型社会”的重大战略决策。强调经济发展要以人为本，追求全面协调的可持续发展。2006年党的十六届六中全会审议通过了中共中央《关于构建社会主义和谐社会若干重大问题的决议》，明确提出人与自然和谐相处的理念。2011年中国“十二五”规划纲要将“绿色发展思想”确定为经济发展的主题思想之一。国务院以国发文件印发6项规划，环境领域的规划在我国环保历史上绝无仅有的占了两项。2012年党的十八大报告第一次把生态文明建设置于突出地位。提出生态文明建设，关系人民福祉、民族未来。面临环境污染严重、生态系统退化及资源约束趋紧的严峻局势，把生态文明建设放在首要位置。大力推进生态文明建设，并将其纳入“五位一体”的全面布局中，提出了对自然和谐友好的生态文明理念，并将建设美丽中国作为奋斗目标。2013年的政府工作报告提出，着力改善环境质量，维护人民健康及建立我国生态环境补偿制度的建议。2014年3月8日，中国环境保护部原副部长吴晓青在两会记者会上明确提出“向污染宣战”的口号。2015年中共中央、国务院印发《关于加快推进生态文明建设的意见》，通篇贯穿“绿水青山就是金山银山”的绿色发展理念；随后出台了《生态文明体制改革总体方案》，提出了生态文明先行示范区建设；并在党的十八届五中全会上将“绿色发展”列入五大发展理念，提出设立统一规范的国家生态文明试验区，确定了福建、江西、贵州作为第一批试点省份，逐步开展生态文明体制改革综合试验，为其制度建设提供样本示范。政府工作明确指出，打好节能减排和环境治理攻坚战，坚持铁腕治理环境污染。2016 年，李克强总理在十二届全国人大四次会议的政府工作报告中提出，必须强力推进治理污染、保护环境、事关人民群众健康与可持续发展的方针，致力于经济发展与环境改善的双赢之路。“十三五”规划纲要将绿色发展、生态文明建设同时列为规划期间的重点内容。2017 年党的十九大报告指出中国为全球生态文明建设做出了重大贡献，但生态文明建设仍然任重道远，必须坚持人与自然和谐共生，实行最严格的生态环境保护制度，着力实现人与自然和谐共生，把生态环境与人的生命一样同等看待，为人民酿造一个好的生产生活环境，满足人民群众日益增长的优美生态环境需要。习近平总书记在大会报告中提出“建设美丽中国”的伟大构想。2018 年 3 月 11 日，第十三届全国人代会第一次会议通过的《中华人民共和国宪法修正案》里，“生态文明建设、和谐美丽”首次进入宪法。2018 年 5 月全国生态环境保护大会召开，提出生态文明建设新形势新任务，必须加强生态保护、打好污染防治攻坚战。从中可以看出，政策变迁时刻反映着中国政府对生态保护的重视，并且生态保护理念也在不断完善和升华。生态保护是关系中华民族永续发展的根本大计，是关系文明兴衰的根基所在，是人类历史发展的必然选择。

中国政府作为国家治理的主体，实现生态保护的重要支柱之一就是财政。2013 年党的十八届三中全会通过的《中共中央关于全面深化改革若干重大问题的决定》，明确提出财政是国家治理的基础和重要支柱。其中关于改进预算管理制度和建立事权与支出责任相匹配的内容与生态保护政策的实施密切相关。2017 年党的十九大报告提出了加快建立现代财政制度，提出了改善中央与地方财政关系、建立现代化预算制度、全面实施绩效管理等重要内容。结合现阶段加强生态保护、打好污染防治攻坚战的新任务，如何认识财政政策特别是财政支出政策在生态保护领域发挥了哪些作用，其政策效应程度大小，是否有效推进了生态保护，是否促进了生态文明建设迈向新的台阶。《中华人民共和国环境保护税法》在十二届全国人大常委会第二十五次会议的通过，标志着环境保护税正式面世，该税于2018年1月1日起施行。

综上所述，我国政府对环境污染治理的态度强硬且信心坚定，也从政治高度和科学角度为改善环境质量、实现可持续发展指明了方向。

除了大政方针，财政政策方面也具体出台了以下措施：

一是2007年将环境保护支出作为财政支出单列（2011年以后称为节能环保支出），近十年来环境保护支出不断提高。2007年全国环保财政支出为995.82亿元，人均环保支出约为75.3672元；2016年全国环保财政支出增加到4734.82亿元，人均环保支出约为342.4304元。全国环保财政支出总量和人均环保财政支出10年间增长近5倍（见图5－2）。

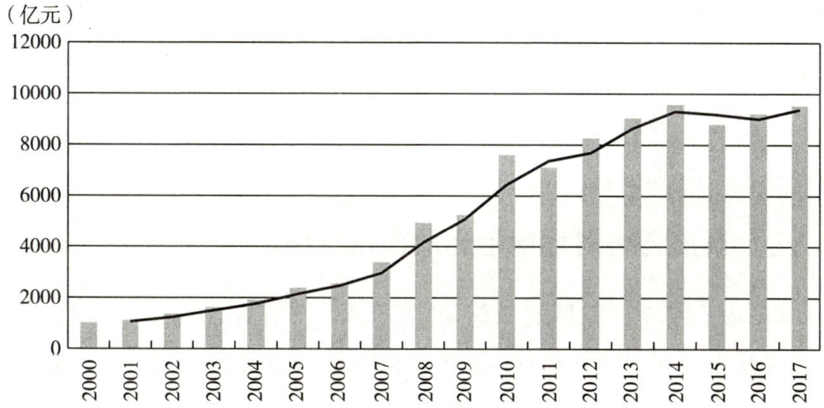

图5－2　2000～2017年中国政府环保财政支出

资料来源：《中国统计年鉴》。

二是政府的绿色采购规模稳步上升。2002年6月，《中华人民共和国政府采购法》正式颁布并实施，该法规定：政府采购应当有助于国家经济和社会发展政策目标的实现，包括节约能源、保护环境等，是中国政府绿色采购法的法律基础。据不完全统计，2007 年政府采购节能、环保两类产品总额达 164 亿元，占同类产品采购的 84.5%。2008～2015 年，中国环境标志产品政府采购总规模达 7154.5 亿元，占政府采购同类产品比重持续提升。

三是我国在环境污染治理方面的投资逐年增加。2003 年全国环境污染治理投资 1627.7 亿元，之后逐步增加，2016 年增长到 9219.8 亿元，平均增速为 14.78%。环境污染治理投资主要用于城市环境基础设施建设、工业污染源治理和建设项目“三同时”环境保护等方面。随着中国民众绿色理念的形成，我国生态保护和环境治理的相关投资会快速增长，有效弥补了环境治理的短板。国家统计局统计数据表明，2016 年生态保护和环境治理业的投资同比增长 39.9%，快于全部投资 31.8 个百分点。

四是环境转移支付稳步增长。中央对地方的转移性补助占很大比重。中国 2007 年环保转移性支付资金为 747.52 亿元，2016 年上升到 1687.58 亿元，平均增速为 9.47%。环境转移支付包括环境保护专项资金与环境财政补贴，这些费用集中在环境污染防治、自然生态保护、退耕还林、环境监测与监察等方面。

（三）政府行为对环境治理的作用及机理

Peterson（1977）较早对水污染的问题进行研究发现，排污费政策能够有效限制企业的排污行为，对生态保护起到积极推动作用。Braulke 和 Endres（1981）却利用较长时期的数据分析发现，排污费的作用是短期的，长期来看排污费并不能有效降低企业的排污行为，甚至存在“缴纳高额排污费”以达到排污目的，最终导致更为严重的污染事件现象。Feinerman 等（2001）进一步指出，污染排放不应该只是通过惩罚性措施来限制，单纯的惩罚可能导致寻租行为，政府与企业的谈判会进一步加剧污染，Kathuria 和 Khan（2002）的研究也指出，应该采用更为科学的财政政策来控制企业排污行为。Hoff 和 Stiglitz（2001）认为污染治理应该重视科技力量，财政支出政策可以重点关注污染处理技术的更新和应用，通过技术创新降低污染排放水平，既可以推进经济发展，又可以加强生态保护。Moretti（2004）认为非经济类公共产品的外部性效应基本为正向，因此针对污染治理的支出水平应该进一步提升，特别是跨区域跨流域的污染治理。Grant（2007）的结论与 Moretti 类似，并指出污染治理的效果还能够促进当地居民消费支出增长，有利于地区经济发展。

Miliman 和 Prince（1983）实证研究了经济手段对环境治理制度改革的影响，认为环境税的实施在改善环境质量基础上还能促进经济发展。Magat 和 Viscusi（1990）运用最小二乘法检验加拿大魁北克省纸浆和纸制品行业的环境规制对生物需氧量、固体悬浮物排放量的影响，结果显示环境规制能促使企业减少 20% 的排放量。Laplante 和 Rilstone（1996）以美国的相关行业为研究对象，研究结果表明环境政策的实施可以减少污染物排放，且这种影响达到 28%。Nadeau（1997）指出环境政策可以有效减少美国纸浆和纸制品行业废弃物排放持续时间，从而改善环境质量。Panayotou（1997）利用 1982～1994 年 30 个发达与发展中国家面板数据实证分析了环境政策与环境退化的关系，实证结果显示环境政策显著减少了由二氧化硫引起的环境退化，并且在高收入水平国家还能加速环境改进。Peterson（1997）通过研究认为政府提高排污收费标准有助于引导企业减少污染物排放。Wang 和 Wheeler（2005）也指出对空气和水污染进行收费可以促使企业减少污染物排放而且效果显著。Hettige（2004）对巴西、印度、美国、中国等 12 个发展中国家和发达国家企业工业废水排放数据的分析表明，严格的环境规制对减少工业废水排放量具有显著影响。Dasgupta 等（2001）的研究指出严格的环境政策相较于没有环境政策时，污染物排放水平显著减少。Conrad 和 Wastl（1995）与 Lombard（2002）的研究结论都认为环境政策与污染密集型产业的全要素生产率水平呈负相关关系，环境政策对限制污染密集产业的发展有积极作用。Bernauer 和 Koubi（2013）探讨了政府规模与公共物品提供（如环境）的关系。他们提出：假设政府以提供公共服务和矫正外部性作为职能定位，那么公众的需求决定政府支出的规模及支出结构的变化，扩大政府支出的规模将使社会福利水平增加，环境质量得到改善；相反，假设政府被某些特殊利益集团俘获或具有自我扩张的偏好，那政府支出规模的扩大会导致腐败，对提升社会福利水平产生负向影响。他们通过实证，在控制住行政效率和腐败等因素后，认为扩大政府财政支出与环境质量表现为负相关。OECD（2004）研究报告指出，补贴与环境税收（或收费）是环境财政最主要的政策工具，补贴与环境税收（或收费）手段具有治理环境污染、保护环境资源和增加政府财政收入三种功能。Goulder 和 Schneider（1999）、Fischer 和 Newell（2008）实证检验欧洲国家与美国的环境政策，得出税收和财政补贴两项环境政策在改善环境质量方面最具有代表性的结论。Lopez 和 Islam（2011）通过建立财政支出与环境治理的一般均衡模型，主要分析了财政支出机构对环境质量的影响，他们仿照 Grossman 等（1995）分析经济增长对环境的各项效应，将财政支出结构对环境质量的影响分解为直接、规模、替代、监管以及预算五个效应。实证研究的结果认为偏重公共服务的财政支出结构有助于减少环境污染。学者 Bjorner 和 Jensen（2002）、Miller 和 Vela（2013）也肯定了环境保护税的积极作用。

从影响机理来看，生态环境破坏所产生的问题想在经济领域得到解决，能够借助的主体无非是政府主体和市场主体。通过相关研究实践我们已经认识到了生态环境是一类具有代表性的公共产品，根据公共产品理论及外部性理论的分析，如果侧重政府主体，那利用政府干预加强生态保护则成为首选，其典型代表是庇古提出的环境税费政策支持手段。庇古所提出的环境税费政策的作用机制是以征税方式达到环境污染治理目的，以提高私人（企业、个人）的边际成本、降低社会（环境保护）的边际成本为主要实施手段。一方面，通过对污染排放行为进行征税（常态化的税收政策和惩罚性税收政策），包括了排污费制度、特定用途收费、污染监测成本的收费、环保税等，通过外部成本内在化的方式，起到了增加私人污染环境的成本、进而降低污染排放水平的作用。另一方面，通过征税筹集财政收入，完善财政功能，促进政府财政支出政策的有效实施，财政支出政策主要通过各类具体支出（环保支出、教育支出等），增加环境保护基础设施建设投入、引导私人行为（增强环保意识）等实现政策效应，促使私人行为与生态规律、可持续发展的经济规律相契合。如果侧重市场主体，其典型代表则是科斯提出的环保市场交易制度。个人让渡一部分的收益，通过市场交易的方式获取生态保护领域的公共产品和服务，这一公共产品和服务的供给可以由市场和政府共同提供。其中碳排放权交易是较为成熟的环保市场交易案例，企业通过购买碳排放权的方式，获取一定程度的排放权，市场或政府则以这一交易所得收益进行植树造林和森林保护工作，为保护全球生态环境提供支持。

由于中国在生态保护领域发挥主要作用的主体仍然是政府，所以庇古的环境税费政策更能阐释中国生态保护相关财政支出政策的作用机制。基于环保税费政策所获得的财政收入，政府通过提供各类公共产品及服务等方式保护生态环境，解决环境污染问题。如前文所述，目前较为突出的财政支出政策运用包含了环保支出、社会保障支出、科学技术支出、教育支出以及转移支付等类型，针对已经出现的和潜在的环境问题，通过财政资金投入来购买生态保护领域的公共产品和服务，加强环境基础设施建设，优化产业结构，转变经济增长方式，推动相关经济主体向着高质量的发展模式转化。在这一作用机制下，政府将优化财政支出政策，进一步加强生态保护，推动可持续发展。

（四）中国污染防治攻坚取得的成效

财税政策实施以后，环境治理效果又如何？工业三废排放量是否有所下降？《中国环境统计年鉴》数据显示：

1. 中国整体工业废水排放与治理

中国工业废水排放总量自 20 世纪 90 年代以来一直较大。从图 5 - 3 可以看出，2000 年中国工业废水排放量从 194.2 亿吨逐步上升到 2005 年小高峰 243.1 亿吨和 2007 年的 246.6 亿吨，之后出现下降趋势，总体走势相对平稳。中国工业废水排放达标率自 90 年代以来逐步上升，2000 年中国

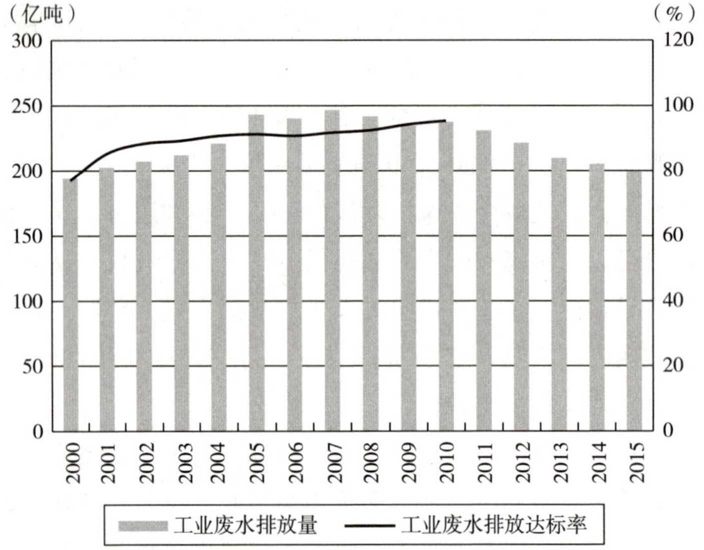

图 5-3　2000～2015 年中国工业废水排放与治理情况

资料来源:《中国环境统计年鉴》。

工业废水排放达标率为 76.9%，2010 年中国工业废水排放达标率为 95.3%（2010 年以后环境统计指标发生变化，没有提供工业废水排放达标率指标）。虽然中国工业废水排放量出现下降趋势且工业废水排放达标率不断上升，但是工业废水排放总量绝对数值仍然较大，中国工业废水污染治理形势依然严峻。

2. 中国整体工业废气排放与治理

自 2000 以来，中国工业废气排放总量呈现增长趋势（见图 5-4），2000 年中国工业废气排放量为 138145 亿标立方米，2015 年增加到 685190 亿标立方米小峰值，平均增长速度为 9.48%。工业二氧化硫排放量从 2000 年的 1292 万吨增加到 2015 年的 1556.7 万吨，平均增幅为 0.85%，工业烟粉尘排放量 2000 年为 1497 万吨，2015 年减少为 1232.6 万吨，平均下降幅度为 0.88%。国家于 1997 年扩大对工业“三废”排放量的统计范围，由原来只对县及县以上有污染物排放的工业企业进行统计，扩大到对乡镇工业企业及以上污染物排放的企业进行统计，因此 1997 年各类工业废气排放量呈现出历史新高，但是增幅不一。与 1997 年相比，除工业烟粉尘排放量出现下降趋势外，工业废气排放总量呈现上升趋势，工业 SO_2 排放量在 2006 年达到最大值，之后缓慢下降，绝对数量仍然较大。但工业 SO_2、工业烟尘、工业粉尘的排放达标率均有稳定提升，分别从 2001 年的 61.3%、67.3%、50.2% 提升到了 2010 年的 97.9%、90.6%、91.4%。所以，中国工业废气排放治理取得了巨大成效，但仍需要从控制排放量方面付出更多努力。

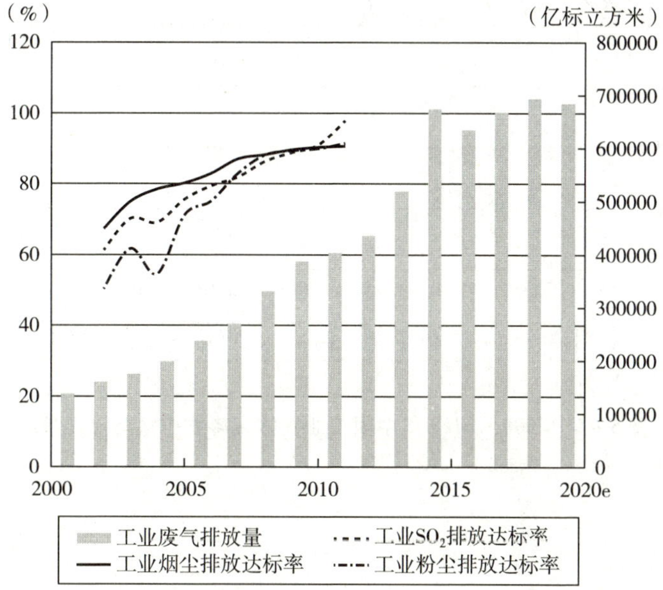

图 5-4　中国工业废气排放与治理情况

资料来源：历年《中国环境统计年鉴》。

3. 中国整体工业固体废弃物排放与治理

图 5-5 报告的是中国 2000～2015 年中国工业固体废弃物排放与治理情况。工业固体废弃物排放量整体呈快速稳定下滑趋势。2000 年工业固体

废弃物排放量为3186万吨。2015年工业固体废弃物排放量仅为56万吨，说明工业固体废弃物排放量得到了较好的控制。工业固体废弃物综合利用率逐年回升，其中2000年中国工业固体废弃物综合利用率只有45.9%，2015年达到60.2%，进一步说明工业固体废弃物治理能力得到了明显提升。

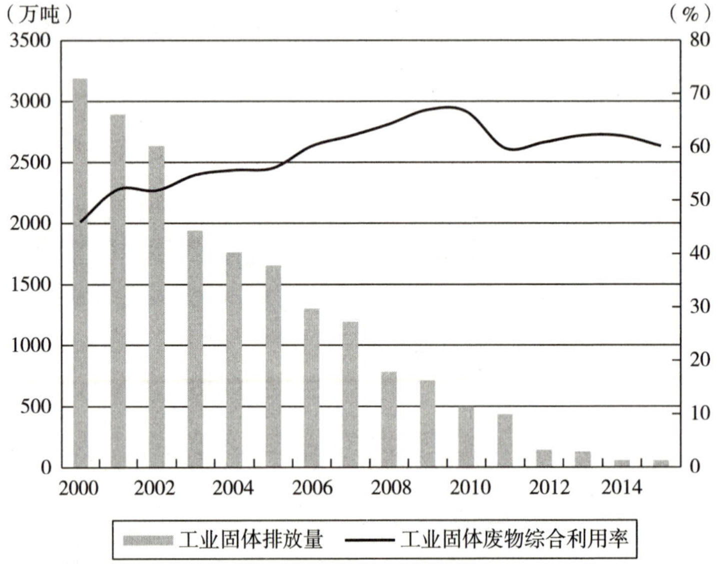

图5-5　2000~2015年中国工业固体废弃物排放与治理情况

资料来源：《中国统计年鉴》。

二、政府财政支出与减贫

党的十九大以来，党中央围绕打赢脱贫攻坚战作出了一系列重大部署，出台了一系列政策举措。2020年是全国建成小康社会目标的实现之年，是全面打赢脱贫攻坚战收官之年。脱贫攻坚已经取得决定性成就，绝大多数贫困人口已经脱贫，现在到了全面收官阶段。在脱贫攻坚伟大成就背后，政府做了哪些工作？其行为对脱贫的影响及机理是什么？中国有着怎样的制度优势？总结中国脱贫攻坚的正确做法不仅有利于增强中国的实力，还将为全球减贫事业的进步做出借鉴和贡献。

（一）政府财政支出对减贫的影响及作用机理

发展中国家为了消除贫困采取了多种政策措施。这些措施直接或间接地帮助贫困人群避免各种形式的临时性贫困和长期慢性贫困。世界银行和其他国际发展机构提出农村发展战略，加快建设农业基础设施步伐、提升农业科技水平的推广与应用、加快农产品的交易市场建设与流通速度，才能提高农业生产率。此举对增加农产品供给、提高卡路里摄取量、改善营养做出了很大的贡献，但因农产品的收入弹性和价格弹性低，农产品增产，农民不见得增收，农村贫困问题在许多遵循这一发展战略的发展中国家尚未得到解决。林毅夫（2002）指出，要解决中国农村贫困问题，只有转移大量农村剩余劳动力，方可提高农业劳动生产率，农业才可实现增产增收。大力发展具有比较优势的劳动密集型产业，是增强劳动力吸纳能力、解决农民市民化问题、实现农村大量剩余劳动力转移的根本途径，也才能从根本上解决中国的农村贫困问题。

关于减贫政策的研究，大量文献关注各种财政支出对贫困的影响。Antle（1983）、Binswanger 等（1993）认为，在农村加大投资基础设施会对发展水平低下的农业经济产生客观的农业与非农收入。例如，促进水利设施的发展可以直接对农业产出发挥作用，而公路运输设施投资可以间接减少信息与商品流动的障碍。对基础设施公共投资扩张的关键在于是否存在有效的市场提供这些公共产品，因为在特定市场中公共产品的有效供给难以实现。此外，公共产品具有异质性特征，如何设置合理价格才能有效支持贫困人群也是政策的难点。刘晓昀等（2003）认为影响农村贫困群体收支状况的关键因素是基础设施。由于人力资本的异质性，基础设施对农户收入的影响存在显著差异。一般来说，户主的教育程度越高，基础设施对该户的人均净收入正效应越大，反之则越小；基础设施投资对从事非农就业的群体影响大于专门从事农业生产的贫困群体。因此，加强贫困地区的基础设施建设投资，对于贫困群体改善生产和生活状况具有明显的正效应。基础设施投资建设是有效的减贫手段。张林秀等（2005）通过对农村社区公共物品投资的决定因素的实证分析，结果表明，影响地区公共投资规模的最主要因素是经济发展水平。一般来说，当地经济发展水平低下，则外出务工人员会增加，而外出的村民不愿意对当地进行公共投资建设；反之，经济发展水平越高的地区，人们外出意愿较小，更愿意为加强公共建设进行投资。为了统筹区域发展、降低区域差异，政府的公共支出应实行非均衡战略，更多地投向中国农村贫困地区、经济条件较差地区以及我国少数民族地区。

除固定基础设施外，人力资本设施的发展（基础健康和教育）对于消除贫困也同样重要（Schultz，1988；Behrman & Deolalikar，1988）。其产生的收益不仅发挥在农村，还对城市部门产生影响。王善迈和袁连生（2002）研究了义务教育财政转移支付制度。他们认为，当前中国义务教育财政体制具有三个特点：受教育者和政府共同负担经费、政府经费以地方负担为主、居民义务教育负担城乡有别。现行体制下各级政府间财力资源与义务教育责任存在着显著的不对称。因此，建立规范的中央和省级政府承担更大财政责任的义务教育财政转移支付制度，是解决在贫困地区表现最为突出的义务教育经费问题的根本保证。丁维莉和陆铭（2005）指出，中国的教育投入存在明显的区域性差异、机会不均等、群分现象，这也是造成中国人力资本短缺的重要原因，而让中央预算进行干预，重新设计基础教育财政的分权体制，才能更有效地激励地方政府不断提高教育资源的供给质量和供给效率，才能为经济的可持续发展提供可持续增长的劳动力，解决人力资本短缺的问题。乔宝云等（2005）研究了中国的财政分权与小学义务教育的关系，发现财政分权并没有增加小学义务教育的有效供给，“用手投票”和“用脚投票”两种机制在中国并不发挥作用。区域性的发展差异与劳动力流动障碍的差异性使得地方政府对经济的高增长率及资本投资的不断增长诉求增强，在财政收入有限的条件下，必然造成义务教育等正外部性较强但收益见效长的公共产品投入下降。

李卫平等（2003）针对农村地区的卫生保健问题展开研究，结果显示农村居民的卫生保健能力不断下降，究其原因是医疗费用的持续上涨。要使农村居民获得公平、合格的基本医疗、公共卫生服务，建立和规范财政转移支付制度、建立健全农村卫生管理体制和投入机制才是必经之道。

张车伟（2003）以中国农村贫困地区为研究对象，发现营养摄入和疾病是影响农村劳动生产率的最显著因素。因此，解决中国农村的贫困问题应注重营养投入，加强健康建设。赵忠（2006）利用 Grossman 模型，分析了影响中国农村人口的健康状况及其决定因素，研究结果显示，随着城镇化建设水平的提升，人们的健康状况开始恶化，因此，相对来讲农村居民的健康状况要优于城郊居民，而城郊居民又优于城市居民。城市化加速了健康资本折旧，而教育对健康有显著的正向影响。教育可以直接提升人力资本水平，相对高的人力资本可以获得较多的就业机会，提高收入水平；良好的教育可以培养良好的健康习惯，亦可减少医疗费用。

从影响机理上看，首先根据财政支出作用于减贫的方式，可以将财政支出的减贫机制划分为两种：一是直接提高贫困人口的收入水平。例如，财政支出通过转移支付的形式，对贫困人口进行补贴，提高他们的收入水平，减少消费支出，实现脱贫目标。二是财政支出经由相关媒介实现的减贫机制，通常包括经济增长总量和结构的变化，引起贫困人口收入的增加，达到减贫的目标。为此，下面从直接和间接两个方向，详细分析财政支出减贫机制。

1. 财政支出的直接减贫机制

政府支出影响农村贫困有多种途径。财政支出的直接减贫机制是直接面对贫困群体，通过财政支出手段带来实际收入增长和生存能力提高。具体包括：一是以扶贫救济和补贴等为内容的社会救助类财政支出，通过转移支付和降低医疗等支出，增加贫困人口收入，减轻其经济负担；二是在教育、培训和医疗等方面的支出，通过改善贫困人口的健康状况，提高人力资本水平，获得生产能力的进步，达到提高收入水平的效果。具体措施主要包括以下两个方面：

（1）转移支付的减贫机制。财政支出中的扶贫资金有一部分是采取直接补贴的形式发放到贫困人口的手中，这也是减少贫困和收入不平等的一种最直接手段。特别是对于那些极度贫困的群体而言，短时间内通过其他方式难以扭转生活资料短缺的现实，只有通过暂时性的转移收入来弥补其流动性不足的难题。如果此部分转移收入能够进一步被用于教育和培训等生产性活动，将会产生收入乘数效应（解垩，2010），对其未来收入水平带来长期积极影响。同时，财政转移支付还会对贫困人口起到保护作用，降低他们的多元化投资需求，避免生活陷入极端贫困（Ravallion，1988；Carter，2006）。目前，我国政府根据各地区经济发展情况，建立国家重点扶贫县名单，定向对低于该地区最低生活水平的贫困家庭发放救济金，使其满足基本的生活需求。此外，种粮补贴和家电、汽车等耐用消费品“下乡”的政府补贴，将财政资金直接以现金的形式返还和抵补等形式返还到贫困对象手中。然而，我们也需要看到，这种暂时性的转移收入在短期内的减贫效果十分有效，但是如果没有一种实现长期持久收入增长的机制保障贫困家庭获得收入水平的提升，那么这种暂时性的转移收入就有可能阻止增长的可持续，甚至助长部分贫困家庭伸手靠国家吃饭的问题，降低财政支出的有效性。

（2）教育卫生投入的减贫机制。贫困地区的教育和医疗水平极其落后，这导致贫困人口依靠自力更生实现脱贫的能力大大减弱，财政支出用于改善贫困地区教育、医疗条件的投入是十分必要的，也是克服贫困的关键因素（蒋志永和何晓琦，2006）。在农村教育和医疗卫生等方面的财政投入将会直接帮助提高农村贫困人口人力资本水平，提升其生存能力，发挥直接减贫效果。以农村教育投入为例，一方面，农村义务教育可以直接减少贫困家庭过重的教育负担，防止农村贫困学生出现辍学问题。在2005年底，国家做出了深化农村义务教育经费保障机制改革的重大决策，将农村义务教育全部纳入公共财政，并确定中央和地方的分担比例，极大地减轻了农村家庭的教育负担，同时，为贫困学生提供一定的助学金和奖学金，进一步缓解了贫困家庭学生上学难题。另一方面，通过教育提高了受助者的知识文化水平，弥补贫困家庭通过自力更生摆脱贫困能力不足的问题。教育是增进人类知识和技能、个人获得境遇改善机会的一种社会活动，也是国家可持续发展的重要基石。然而，农村贫困家庭无力支付子女的教育支出，导致家庭后代获得知识和技能的能力显著低于同年龄人群，降低了贫困家庭通过教育提升自身造血能力的可能性。贫困—缀学—贫困的恶性循环一旦形成，就会导致贫困发生率长期居高不下。而破除这一循环的重要一环就是通过财政支出，减轻农村贫困家庭的教育负担，从而为贫困家庭在未来脱贫提供机会。

对于贫困人口而言，保持健康是他们时常需要面对的一大难题，“因病致贫、因病返贫”一直是造成贫困的重要原因。健康状况更好的农民往往会获得更高的收入水平（陈琦，2012），这是因为健康不仅极大地降低了贫困者医疗卫生支出，而且可以有更多的时间从事农业和非农业生产，提升了贫困人口的劳动能力和获得收入的可能性。长期以来，我国农村卫生条件相对落后，农村生产生活环境较差，加之农村人口对健康和卫生习惯不够重视，导致农村人口患病概率较高，极易出现一人得病，全家致贫的现象。因此，医疗方面的财政支出可以减轻农村居民的负担，延长贫困人口的生产性寿命，从而提高该群体的收入水平，增强抵御健康风险能力，有效缓解贫困问题。

2. 财政支出的间接减贫机制

财政支出不仅给贫困人口带来暂时性收入和生产能力提高，而且还会借助其他间接渠道改变贫困人口生产、生活的外部条件，起到减贫的效果。这其中最有效的手段就是提高地区和农业的长期经济增长，进而由增长带来经济社会环境的变化，提高贫困人口的收入水平，建立一种可行的长效机制。

（1）农业产出增长的减贫机制。改革开放以来，中国农村贫困人口大幅减少的一个重要原因就是农业部门产出持续增长，特别是1978～1983

年农村改革的起步阶段，以家庭联产承包责任制为标志的一系列农村改革极大地提高了农民生产积极性，推动了农村经济的快速发展。然而，之后随着改革重点向城市转移，农业产出增长还是放缓，导致农村贫困人口数量回升。实践证明，农业兴则农村减贫事业发展向好，农业败则农村贫困问题加重。究其原因，对农民而言，其主要收入来自农业生产。农业产出增长不仅会增加农民的实际收入，而且会增加对农业劳动力的需求，特别是对于那些土地资源较少的贫困人口来说，通过受雇劳动，取得一定工资性收入将会极大地缓解其收入压力。此外，农业生产率驱动下的产出提高通常伴随农产品价格的下降，这对于生活处于温饱水平下、家庭收入更多的用于食品消费的贫困户而言，将显著降低其必要的消费支出，提高他们的福利水平。因此，农业产出增长对农村减贫工作发挥十分关键的作用。Irz 等（2001）较早地研究了农业产出和减贫之间的关系，他们使用回归方法分析了包括发展中国家在内的跨国样本，发现劳动生产率的减贫弹性为 -0.83。Fan 等（2004）估计了中国农业产出的减贫弹性为 -1.5，其中，农业收入提高占比 81%，农村非农工资收入占比 4%，农村非农就业占比 15%，这一弹性数值要比 Datt 和 Ravallion（1998）对印度的估计值更大。农业产出减贫弹性越大意味着农业创造的就业机会越多，促进农业与其他产业联系，而农业产出推动的农产品价格下降则是减贫的最重要影响因素。然而，我们也需要看到农业产出增长模式和产出分布同样十分重要，产出更合理的分配，特别是在那些欠发达地区家庭式生产获得更多产出的增长，将会更多地促进减贫工作进展。

（2）非农就业的减贫机制。在中国农村地区，许多贫困人口拥有可耕地面积较小且肥力不高，这造成农业产出增长缓慢，农业产出甚至无法满足其基本的生活需要。因此，他们只能依赖其自有的唯一生产要素——劳动力以获取更多的收入。外出务工或者在本地区实现非农就业获得工资性收入就成为这些贫困人口增加收入的重要手段。同时，从事非农生产和就业对于贫困家庭而言，相当于实现了收入来源的多样化和风险分散，降低了因为外部冲击农业减产造成的收入下降，从而增加了贫困人口长期持久收入的稳定性。实际上，由于非农产业的生产率水平不仅远高于农业，而且其增长速度也更快，因此非农产业起到了增长引擎的作用，将农业劳动力源源不断地从贫困生活中解脱出来，而农业则在实际上发挥了安全网的作用，避免农村家庭掉入到贫困线之下，或是在非农部门经济不景气时起到临时性的保障作用。诸多研究表明，对于那些无地或者少地的贫困人口而言，非农就业工资性收入占其全部收入的比重更高。Fabrizio 等（2000）的研究指出，那些耕地面积更多的泰国农民，他们的非农就业收入比重越低。尽管农村地区也有一些技术要求更高的工作，并且提供更高的收入，但是贫困群体更多的还是参与那些技术要求更低、自身投入更少的工作岗位中，这说明贫困群体在获得高收入岗位时面临着进入壁垒。

“三农”财政投入不仅会直接提高农村地区经济增长、就业和工资水平，而且将为整个国家的经济提供丰富的劳动力资源，更多的人力和物质资本，更低价格的食品和更加广泛的国内市场，而国家的经济增长又会反过来化解城市和农村的贫困问题。对上述影响机制和途径的分析，将帮助我们更好地理解国家减贫战略的有效性问题。特别是，这将使我们更好地将有限的财政资源更有效率地用于减贫。可见，财政支出、经济增长和农村贫困三者之间的关系十分密切。

（二）中国脱贫攻坚取得的伟大成就

中国扶贫实践取得了令世界瞩目的伟大成就，全国贫困发生率和返贫率骤降，贫困地区经济水平稳步提升，为全球减贫事业做出巨大贡献①。

1. 贫困发生率逐年大幅下降

贫困发生率是指在一个规定区划内贫困人口占总人口的比重，它是衡量扶贫和脱贫成效最直观的数据之一。通过研究发现，2012 年以来农村贫困发生率明显下降，农村减贫幅度接近半数，特困地区贫困状况明显缓解。

---

① 本部分数据如无特别说明，均来自国家统计局住户调查办公室历年《中国农村贫困监测报告》。

近年来，在各级党员干部的努力下，全国农村贫困发生率逐年下降，减贫幅度显著。2012 年全国农村贫困人口 9899 万人，经过多年的扶贫实践，这一数字已经降至2018 年末的1660 万人，从2017 年末至2018 年末，全国农村贫困人口下降幅度约为 45.50%。党的十八大以来，全国农村贫困人口数量累计下降9239 万人，平均每年下降超过 1500 万人；贫困发生率下降 8.5 个百分点，平均每年下降约 1.42 个百分点。如表 5－1所示。

表 5－1　1978～2017 年中国农村贫困人口数量

年份	1978 年标准		2008 年标准		2010 年标准	
	贫困人口（万人）	贫困发生率（%）	贫困人口（万人）	贫困发生率（%）	贫困人口（万人）	贫困发生率（%）
1978	25000	30.7			77039	97.5
1980	22000	26.8			76542	96.2
1985	12500	14.8			66101	78.3
1990	8500	9.4			65849	73.5
1995	6540	7.1			55463	60.5
2000	3209	3.5	9422	10.2	46224	49.8
2005	2365	2.5	6432	6.8	28662	30.2
2006	2148	2.3	5698	6.0		
2007	1479	1.6	4320	4.6		
2008			4007	4.2		
2009			3597	3.8		
2010			2688	2.8	16567	17.2
2011					12238	12.7
2012					9899	10.2
2013					8249	8.5
2014					7017	7.2
2015					5575	5.7
2016					4335	4.5
2017					3046	3.1

注：1978 年标准：1978～1999 年称为农村贫困标准，2000～2007 年称为农村绝对贫困标准；2008 年标准：2000～2007 年称为农村低收入标准，2008～2010 年称为农村贫困标准；2010 年标准：即现行农村贫困标准，现行农村贫困标准为每人每年 2300 元（2010 年不变价）。

资料来源：《中国统计年鉴》。

贫困发生率大幅度降低也就意味着全国贫困县数量下降。从全国来看，近两年全国贫困县脱贫摘帽数量不断提高。根据国务院扶贫开发领导小组办公室公布的数据，2016 年，全国脱贫摘帽贫困县的数量有 28 个，2017 年，这一数字激增到 125 个，增长幅度高达 446.4%。国务院扶贫办于 2019 年 5 月 23 日公布的最新数据，2018 年全国贫困县脱贫摘帽数量达到 283 个，同比增长 226.4%。农村减贫幅度超过 45%。

2. 贫困地区经济水平稳步提升

在过去几十年中，贫困地区经济发展普遍落后、贫困地区农民生活水平长期低于全国农民生活水平，生产生活质量得不到保证。近年来，通过产业扶贫、教育扶贫、易地搬迁扶贫等多种扶贫模式共同发力，贫困地区经济水平有了稳步提升。

（1）贫困地区经济水平较大幅度提高。

1）贫困地区经济增速高于其他农村地区。2017 年，贫困地区农村居民人均可支配收入 9377 元，名义水平是 2012 年的 1.8 倍（扣除价格因素，实际水平是 2012 年的 1.6 倍）。贫困地区农村居民人均收入连续保持两位数增长，2013 ~ 2017 年人均可支配收入名义增速分别是 16.6%、12.7%、11.7%、10.4% 和 10.6%，年均名义增长 12.4%（扣除价格因素，年均实际增长 10.4%）；贫困地区农村居民人均可支配收入年均实际增速比全国农村平均水平快 2.5 个百分点。

2）贫困地区经济与农村经济平均水平差距进一步缩小。2017 年贫困地区农村居民人均可支配收入是全国农村平均水平的 69.8%，比 2012 年提高 7.7 个百分点。其中，集中连片特困地区是全国农村平均水平的 69.0%，比 2012 年提高 7.4 个百分点；扶贫开发工作重点县是全国农村平均水平的 68.9%，比 2012 年提高 8.3 个百分点。特别是生活相对困难群众收入增速明显加快，生活相对困难群众收入水平与全国农村平均水平差距缩小。

（2）人民群众财产和生活设施状况较大程度改善。

1）人民生活消费水平稳步提高。精准扶贫和精准脱贫实施以来，由于农民收入的增加和一系列三农政策的有效落实，贫困地区最显著的变化之一就是人民生活消费水平稳步提高。从全国来看，2017 年全国贫困地区人均生活消费支出为 7998 元，比上年增长 673 元，名义增速 9.2%，扣除价格因素，实际增速 7.8%，实际增速比全国农村平均水平高出 1.0 个百分点。如表 5 - 2 所示。

表 5 - 2　2017 年贫困地区与全国农村消费水平和结构对比

指标名称	贫困地区农村			全国农村		
	水平（元）	结构（%）	名义增速（%）	水平（元）	结构（%）	名义增速（%）
人均消费支出	7998	100.0	9.2	10955	100.0	8.1
食品烟酒	2689	33.6	4.8	3415	31.2	4.6
衣着	453	5.7	6.9	612	5.6	6.3
居住	1695	21.2	10	2354	21.5	9.6
生活用品及服务	485	6.1	8.3	634	5.8	6.4
交通通信	935	11.7	16.3	1509	13.8	11.0
教育文化娱乐	883	11.0	12.1	1171	10.7	9.4
医疗保险	725	9.1	13.7	1059	9.7	13.9
其他	134	1.7	13.4	201	1.8	8.0

2）主要耐用消费品拥有量稳步提高。主要耐用消费品拥有量是衡量人民群众财产和生活状况的重要指标之一。从全国来看，一方面，传统耐用消费品拥有量持续增加。2017 年，全国贫困地区每百户拥有电冰箱、洗衣机、彩电分别为 78.9 台、83.5 台和 108.9 台，分别比上年增加 3.6 台、2.8 台和 0.9 台。另一方面，汽车、计算机等反映现代生活的耐用消费品快速增长。2017 年，贫困地区每百户汽车、计算机拥有量分别为 13.1 辆、16.8 台，比上年增加 2 辆、1.7 台。

3）人民生活居住水平稳步提高。居住条件是反映人民生活质量的基本因素，精准扶贫和精准脱贫方略的稳步推进产生的明显成效之一就是贫困地区人民生活居住水平有较大改善。2017 年，农村居民住房结构、住宅外道路、卫生等生活居住条件进一步提高，绝大部分贫困户所在自然村内的主要道路改为了硬化路面，大部分实现垃圾集中处理，主要道路装上了路灯等。2017 年贫困地区农户使用经净化处理自来水比重和使用独用厕所比重均比上年有所增长，而居住竹草土坯房、炊用柴草、饮水有困难户比重的农户比重均有所下降。

（3）产业扶贫成效显著。产业扶贫作为精准脱贫一批的最重要"一批"，在精准扶贫和精准脱贫中发挥极其重要的作用。产业扶贫是一种典型性开发式扶贫模式，虽然成效不会立竿见影，但却是能实现长远效益的扶贫手段。特别是以各地特有自然、旅游、劳动力等资源为出发点的产业扶贫项目不仅能让贫困户持续脱贫，而且在发展当地经济上能够促进经济增长方式的转变、推动供给侧改革，实现长效脱贫的同时也实现党、人民和企业的和谐发展。经调查得知，在近年的不断摸索和发展中，产业扶贫从最开始的初显成效到现在已经成效喜人。

3. 为全球减贫事业做出巨大贡献

联合国开发计划署于 2015 年发布的《联合国千年发展目标报告》中明确指出："中国在全球减贫中发挥了核心作用。"中国的贫困问题是世界贫困现象的典型缩影，中国的扶贫事业就是世界扶贫事业的一面镜子，习近平精准扶贫理论成功指导中国脱贫攻坚事业稳步前进，取得举世公认的成就，为全世界反贫困事业提供了极具参考价值的中国方案和中国智慧。2016 年 9 月，习近平总书记在二十国集团工商峰会上表示，中国将继续为全球反贫困做出贡献。

（1）大幅度降低全球贫困发生率。"二战"结束以来，如何消除贫困便成为全世界发展中国家面临的共同任务，我国是世界上最大的发展中国家，"二战"结束后，我国贫困人口规模、贫困问题复杂程度、贫困深度等均为世界罕见，即便到了改革开放初期的 1978 年，按照我国政府现行扶贫标准，我国贫困人口规模达 77039 万人，贫困发生率达到惊人的 97.5%。近年来，中国积极借鉴国际先进减贫经验，履行减贫国际责任，积极落实联合国2030年可持续发展议程。按现行农村贫困标准测算，自从我国开始实施精准扶贫以来，已经成功地将贫困发生率从2012年底的10.2%降低到2018年的1.7%，超过7300万农村贫困人口实现脱贫致富，我国脱贫攻坚事业迈上一个新的台阶，为世界减贫事业做出了巨大的贡献。

（2）向全球提供中国减贫范例。中国作为世界人口大国，贫困率的极大降低对世界减贫事业产生深远又积极的影响，习近平总书记提出的精准化理念、精准扶贫方略指导中国共产党扶贫工作实践，中国精准扶贫的新理论和新实践为全球减贫事业提供了中国范例，贡献了中国智慧。截至2016年底，在国家扶贫标准从2855元提高到2952元的情况下，全国低于国家扶贫标准的县（市、区）数仍从2015年底的1521个减少为600个。截至2019年1月国家统计局的最新数据，国家扶贫标准的县（市、区）数降至584个。

在我国几十年的扶贫开发事业中，特别是在脱贫攻坚进程中，我国积累了很多具有借鉴意义的宝贵经验，值得被全世界分享。一是执政党和国家政府始终将扶贫开发作为重点工作任务，持之以恒地全力推进，并逐步构建起一整套扶贫开发体系。二是坚持实施求是、具体问题具体分析，针对不同的贫困根源和发展条件，因地制宜、科学规划、分类指导、因势利导，坚持用“精准”的理念指导脱贫攻坚，用“绣花功夫”做好扶贫开发工作。三是随着经济的发展，不断增进扶贫开发投入，从产业、教育、医疗、社会保障、基础设施等与民生息息相关的全部领域着眼，全方位、全要素推进贫困地区和贫困群众的生产生活条件，增强可持续发展能力。四是坚持动员全社会参与扶贫开发，协调好政府和市场在扶贫开发中的关系，形成脱贫攻坚的强大合力。五是坚持群众的主体地位，充分调动和激发广大群众在扶贫开发中的积极性和主动性，汇集蕴含在群众中的智慧和力量。

（3）深化国际减贫领域交流合作。中国在减贫领域加强与发展中国家和国际机构的交流合作，积极借鉴国际先进减贫理念和经验，发挥中国国际扶贫中心国际减贫交流平台作用，推动社会组织走出国门，让国际社会看到了中国对减贫的决心和行动，为国际减贫事业做出了巨大贡献。例如，2016 年中国扶贫基金会在埃塞俄比亚、苏丹实施“微笑儿童学校供餐项目”，为将近 7000 名饥饿儿童提供早餐、午餐；在尼泊尔实施教育、卫生 2 大类 7 个地震灾后重建项目，并在厄瓜多尔和海地开展地震和飓风灾害紧急救援工作；在缅甸实施胞波助学金项目支持 600 名贫困大学生；先后于 2017 年 7 ~ 10 月分别在柬埔寨暹粒、毛里求斯路易港和北京举办中国—东盟社会发展与减贫论坛、中非合作论坛——减贫与发展会议和减贫与发展高层论坛，进一步巩固同发展中国家和地区组织友好关系，互学互鉴、携手减贫。

在集中精力推进脱贫攻坚的同时，我国也致力于构建人类命运共同体，通过合作共赢的方式，合力将全球减贫事业推向前进。一是通过设立“南南合作援助基金”、“6 个 100” 合作项目、援外减贫培训等项目，着力加快全球减贫进程。二是通过各种多边合作的机制和平台，积极提出我国的扶贫方案，贡献中国减贫智慧，着力加强减贫发展合作。三是支持各发展中国家的减贫事业，推动区域合作迈上新的台阶，帮助发展中国家将资源上的优势转化为发展上的优势，力争实现自主多元的可持续发展。四是通过“一带一路”建设、亚洲基础设施投资银行等渠道和抓手，捍卫自由开放的世界经济格局，推动建设更加有序、公正、包容的国际经济和金融体系，为各发展中国家争取良好的发展环境，为世界减贫事业注入新活力。

第六章

高质量发展背景下中国地方政府财政支出效率评价

2015 年 11 月，中央财经领导小组第十一次会议上首次提出供给侧结构性改革，从提高供给质量出发，用改革的办法推进结构调整，矫正要素配置扭曲。政府财政作为经济社会的最大供给侧，提出了减税增支的要求。在此双向压力下，关于财政支出效率现状与提升的研究就显得尤为迫切。

一、高质量发展水平指标体系的构建

我国进入中国特色社会主义新时代，如何实现经济从高速增长向高质量发展的转变是新时代背景下中国经济增长中的关键问题（任保平和李禹墨，2018）。而要实现这一转变，就需要构建高质量发展的评判指标体系。

（一）社会经济发展水平的测量指标体系评述

对于如何全面理解与准确衡量一国的经济增长质量，学者们根据不同的视角进行了解读。一类研究主张以全要素生产率（TFP）或增加值率为理论基础，测度其对经济增长的贡献。Chow 和 Li（2002）以 TFP 作为经济增长质量的测度指标，结果表明 TFP 对中国经济增长的贡献是正的。任保平等（2012）运用 TFP 的贡献度对我国改革开放以来的经济增长质量进行量化，发现经济转型在一定程度上促进经济增长质量的提高。而郑玉歆（2007）认为单纯根据 TFP 对经济增长的贡献来判断经济增长质量是有缺陷的。肖欢明（2014）则以社会资源配置效率的提高来界定经济增长质量的内涵，基于绿色 GDP 将自然资源和环境作为一种投入要素纳入柯布—道格拉斯生产函数来测度经济增长质量。刘艳等（2014）以技术效率测度经济增长质量，并构造 DEA - Malmquist 对中国经济增长的技术效率进行了估算。

另一类研究基于多维度视角，从经济增长的不同方面测度经济增长质量。Barro（2002）从社会、政治及宗教等因素广泛讨论经济增长质量。赵英才等（2006）从产出效率、产出消耗、产品质量、经济运行质量和生存环境质量五个不同方面构造系统的经济增长质量评价指标体系，并直接采用相对指数法进行评价分析。钞小静等（2009）、任保平等（2012）从经济增长与经济发展的区别与联系入手，清晰界定了经济增长质量的外延和内涵，将其划分为经济增长的结构、经济增长的稳定性、经济增长的福利变化与成果分配以及资源利用和生态环境代价四个维度来构建经济增长质量指数。李斌等（2012）认为经济增长质量的测度必须建立在一个综合的指标体系上，因此选取了 GDP、工业增加值、经济结构、工业废水、集约化程度等多方面变量，并采用主成分分析法进行量化。魏婕等（2012）构建了包含经济增长效率、结构、稳定性、福利变化与成果分配、生态环境代价以及国民经济素质的 6 个维度指标，并利用主成分分析法来测度经济增长质量指数。

（二）高质量发展水平指标体系的构建依据

许多学者对高质量发展的内涵进行了研究（钞小静和薛志欣，2018；

何立峰，2018；金碚，2018）。任保平和李禹墨（2018）认为高质量发展就是经济发展高质量、改革开放高质量、城乡建设高质量、生态环境高质量、人民生活高质量，也就是说，高质量发展是以五大新发展理念为指导的经济发展质量状态：创新是高质量发展的第一动力，协调是高质量发展的内生特点，绿色是高质量发展的普遍形态，开放是高质量发展的必由之路，共享是高质量发展的根本目标。高质量发展的本质是解决人民日益增长的美好生活需要和不平衡不充分的发展之间的矛盾，强调的是经济效益、质量效益、社会效益和生态效益相结合的包容性发展，创新、协调、绿色、开放、共享五大新发展理念是高质量发展的评价准则（孟祥兰和邢茂源，2019）。所以，基于对高质量发展具体内涵的理解，本章结合五大发展理念，构建高质量发展的指标体系。

1. 创新发展高质量

创新发展是指根据事物发展的内在规律，针对发展中遇到的新问题，提出新思想、新理论、新方法，制定新战略，以推动事物的发展。创新发展侧重于寻找新的发展动力，不断推进理论创新、制度创新、科技创新、文化创新等各方面创新，让创新贯穿党和国家一切工作，推动经济提质增效与转型升级，使中国经济保持持续的中高速增长，摆脱中等收入陷阱（崔维军和郑伟，2012；赵中建和王志强，2010）。

学者们对我国创新发展评价取得了大量的研究成果。刘丙泉等（2011）应用改进的 TOPSIS 方法，选取科技活动人员、R&D 人员全时当量、技术市场成交合同额等 13 项指标，测度了 2003 ~ 2007 年我国 29 个省份技术创新能力的发展水平，分析了区域技术创新能力发展差距的变化趋势。段姗等（2014）从创新投入、创新组织及创新产出 3 个维度构建了区域企业技术创新发展评价指标体系，并建立了区域企业技术创新综合指数。吴海建等（2014）构建了包括创新基础、创新支撑、创新成果、服务驱动和发展绩效 5 类一级指标、14 类二级指标和 97 个三级指标的指标体系。结合已有研究成果与创新发展的内涵，本书选取受高等教育人数比例、每万人专利申请授权数、发表科技论文数、高技术产业企业数、高技术产业销售收入比重5个指标来衡量创新发展水平。其中受高等教育人数比例与高技术产业企业数分别反映出我国的人力资本、互联网与高新企业发展状况，它们是创新的源泉；每万人专利申请授权、发表科技论文数与高技术产业销售收入比重表征创新的成果。

2. 协调发展高质量

协调是指追求整体发展与系统发展，使各经济主体利益在发展中达到有机平衡。协调发展侧重解决发展不平衡问题，促进城乡区域协调发展，促进经济社会协调发展，促进新型工业化、信息化、城镇化、农业现代化同步发展，推动区域协调发展，推动物质文明和精神文明协调发展，推动经济建设和国防建设融合发展，在各领域协同共进中拓宽发展空间（范柏乃等，2014；徐君，2012）。

关于中国区域协调发展评价研究，徐君（2012）建立了新型工业化、新型城镇化、农业现代化相应的协调发展评价指标体系，包括经济效益状况、城市化人本化、农业生产现代化等10个三级指标25个四级指标。范柏乃等（2014）采用头脑风暴法、隶属度分析、相关分析以及鉴别力分析构建了包括GDP增长率、城市家庭恩格尔系数等36个评价指标组成的我国经济社会协调发展度评价体系。结合已有研究成果和协调发展的内涵，本书选取城乡居民收入比、城乡居民消费比、地区经济发展差异指数、第二产业占GDP比重、第三产业占GDP比重5个指标用来衡量协调发展水平。其中城乡居民收入比=城镇居民可支配收入/农村居民纯收入和城乡居民消费比，用来反映城乡区域协调发展水平；地区经济发展差异指数反映地区发展不平衡程度；第二、第三产业占GDP比重反映区域经济的产业结构协调状况，同时也表征工业、信息业等的发展状况。

3. 绿色发展高质量

绿色发展是指改善资源利用方式，追求人与自然和谐共生的可持续发展。绿色发展要求加大环境治理力度，全面节约和高效利用资源，有效化解资源环境约束，推动低碳循环发展（黄羿等，2012；刘西明，2013）。

关于绿色发展评价已取得不少成果。黄羿等（2012）从宏观城市建设、中观产业发展和微观技术创新3个层次出发，全面系统构建了城市绿色发展评价指标体系，包括生态城市建设力度、产业环境友好程度、循环经济发展水平3个维度，建成区绿化覆盖率、农药使用强度、能源产出率等18个指标。刘西明（2013）建立了由经济增长、资源节约、环境保护3个一级指标，人均GDP、人均废水排放量等6个二级指标构成的指标评价体系。结合已有研究成果与绿色发展内涵，本书选取单位国内生产总值能源消耗、碳排放强度、单位产出污水排放量、单位产出固体废物产生量、单位产出烟尘排放总量、森林覆盖率、工业污染治理完成投资比重7个指标来衡量绿色发展水平。其中工业污染治理完成投资比重反映环境治理力度；单位国内生产总值消耗反映经济增长过程中的资源消耗状况；碳排放强度=当年碳排放总量/当年GDP、单位产出污水排放量、单位产出固体废物产生量与单位产出烟尘排放总量反映经济与社会发展对环境的影响程度；森林覆盖率反映区域经济生态环境质量。

4. 开放发展高质量

开放发展是指各个国家在相互开放中获得新的社会能量，加快社会发展的速度。开放发展侧重解决经济社会发展中内外联动问题，构建广泛的利益共同体，完善对外开放战略布局，推进双向开放，形成对外开放新体制，完善法治化、国际化、便利化的营商环境，推进“一带一路”建设，深化内地和港澳、大陆和台湾地区合作发展，积极参与全球经济治理，担国际责任和义务，实现中国与世界良性互动（刘晓玲，2013；王晓亮和王英，2013）。

有关中国开放型经济发展评价积累了丰富的成果，刘晓玲（2013）构建了反映开放型经济发展质量和效益的评价指标体系。王晓亮等（2013）构建了以开放基础、开放规模、开放结构和开放效益为反映开放型经济发展程度的四大内容，选取了包含24个具体指标的区域开放型经济发展水平评价指标体系并对7个省市进行了评价。本书结合这些学术成果与党的十八大五中全会给出的开放发展的内涵，选取人均进出口总额、外商投资总额/GDP、国际经济合作深度3个指标衡量开放发展水平。其中人均进出口总额反映出我国经济的开发程度；外资投资总额/GDP反映国内吸引外资规模情况，也反映国内投资环境优化与投资吸引力水平；国际经济合作深度＝当年对外经济合作工程合同额/当年GDP，反映与国外的经济合作收益情况。

5. 共享发展高质量

共享发展是指发展为了人民、发展依靠人民、发展成果由人民共享。“共享发展”侧重解决社会公平正义问题，坚持发展为了人民、发展依靠人民、发展成果由人民共享。增加公共服务供给，实施脱贫攻坚工程，提高教育质量与均衡，促进就业创业，缩小收入差距，建立更加公平更可持续的社会保障制度，深化医药卫生体制改革，促进人口均衡发展，通过有效的制度安排使全体人民在共建共享发展中有更多获得感，从而增强发展动力，增进人民团结，实现共同富裕的目标。

根据安淑新（2014）的研究，保留“十二五”规划指标体系中的城镇居民人均可支配收入、农村居民人均纯收入、全国人口平均预期寿命、城镇参加基本养老保险人数、城乡三项基本医疗保险参保率指标、城镇保障性安居工程建设、城镇新增就业人数、城镇登记失业率指标。建议增加贫困人口、基尼系数、每万人拥有社会组织数、每千名老人拥有机构养老床位数、人均公共文化设施面积、人均占有体育设施面积等指标进行共享发展的测量。本书选取人均收入、人均受教育年限、社会保障金率、失业率、每千人口医疗卫生机构床位数5个指标来衡量共享发展水平。其中人均收入用来衡量居民生活水平，反映区域经济发展质量；社会保障金率＝当年社会保障总支出/当年GDP，衡量社会保障水平；失业率衡量就业水平；人均受教育年限是将各种文化程度的人口与相应的受教育年限相乘并累加进行计算，来反映人们获取教育的公平与质量状况；每千人口医疗卫生机构床位数表征公共医疗服务供给状况。

由创新发展高质量、协调发展高质量、绿色发展高质量、开放发展高质量与共享发展高质量5个维度的一级指标和表征每个维度内涵的二级指标，构建地方政府高质量发展指标体系（见表6－1）。

表6－1 地方政府高质量发展指标体系

一级指标	二级指标	计量单位
创新发展高质量	受高等教育人数比例（X1）	%
	每万人专利申请授权数（X2）	件/万人
	发表科技论文数（X3）	篇
	高技术产业企业数（X4）	家
	高技术产业销售收入比重（X5）	%
协调发展高质量	城乡居民收入比（X6）	%
	城乡居民消费比（X7）	%
	地区经济发展差异指数（X8）	
	第二产业占GDP比重（X9）	%
	第三产业占GDP比重（X10）	%
绿色发展高质量	单位国内生产总值能源消耗（X11）	吨标准煤/万元
	碳排放强度（X12）	吨/万元
	单位产出污水排放量（X13）	吨/万元
	单位产出固体废物产生量（X14）	吨/万元
	单位产出烟尘排放总量（X15）	吨/万元
	森林覆盖率（X16）	%
	工业污染治理完成投资比重（X17）	%
开放发展高质量	人均进出口总额（X18）	元
	外商投资总额/GDP（X19）	%
	国际经济合作深度（X20）	
共享发展高质量	人均收入（X21）	元
	人均受教育年限（X22）	年
	社会保障金率（X23）	%
	失业率（X24）	%
	每千人口医疗卫生机构床位数（X25）	张/千人

（三）高质量发展水平指标体系的构建方法与数据来源

本章采用全局主成分分析法来确定各维度的权重以合成综合指数对中国2004~2016年的高质量发展指数进行测度。将中国30个省级行政区（因西藏部分数据缺失，而台湾、香港、澳门的统计口径不一致，因此未纳入研究范围）2004~2016年的数据作为研究对象。所有数据来源于《中国统计年鉴》《中国科技统计年鉴》《中国贸易外经统计年鉴》《中国农业统计年鉴》以及各省统计年鉴等。

（四）高质量发展水平指标测算

首先建立我国30个省份2004~2016年25个指标的立体时序数据表，得到30×13×25数据矩阵。然后对所有负相关指标进行正向化处理，运用SPSS20.0软件通过Z-Score变换对评价指标体系中所有数据进行标准化处理，消除量纲对结果的影响，标准化后的数据为全局主成分分析的基础数据。通过KMO检验，得到检验值为0.843，Bartlett球形度近似统计值达到15636.187，通过显著性检验，表明该数据适合做主成分分析。

前9个主成分因子对全部变量的解释贡献率0.482、0.111、0.110、0.077、0.059、0.052、0.0416、0.034、0.033作为权重，与30个省份在9个主成分上的得分（见表6-2）进行加权计算，进而得出我国30个省份基于五大发展理念的各年政府绩效综合因子得分，由于篇幅限制，表6-3仅给出了2016年各省在五个维度上的得分与综合得分，以及2004~2016年的平均综合得分。

表6-2　主成分得分系数矩阵

指标	成分								
	Y1	Y2	Y3	Y4	Y5	Y6	Y7	Y8	Y9
X1	0.049	-0.008	0.0980	0.000	0.167	-0.158	-0.019	-0.112	0.045
X2	0.046	-0.080	-0.0638	0.079	0.241	0.117	0.020	0.037	-0.066

续表

指标	成分								
	Y1	Y2	Y3	Y4	Y5	Y6	Y7	Y8	Y9
X3	0.010	0.003	0.1250	0.038	-0.014	-0.183	-0.012	0.346	0.031
X4	0.033	-0.088	-0.0954	0.085	0.207	0.210	0.154	0.065	-0.123
X5	0.055	0.073	-0.0767	-0.066	0.023	0.089	0.074	0.028	0.051
X6	0.053	-0.013	-0.0171	0.029	0.132	0.197	-0.083	0.087	-0.037
X7	0.049	0.013	0.1280	-0.073	0.100	-0.149	-0.101	-0.060	0.011
X8	0.047	-0.078	0.0240	0.161	0.029	0.045	0.198	-0.013	0.012
X9	0.058	0.025	0.0560	0.079	-0.076	-0.036	0.054	0.134	-0.001
X10	-0.013	0.090	-0.1389	0.262	0.063	-0.072	0.149	-0.073	0.025
X11	-0.051	0.025	0.0480	0.012	0.091	0.065	-0.251	0.067	-0.089
X12	0.043	0.002	-0.0100	0.109	-0.140	-0.065	-0.256	0.227	-0.142
X13	-0.030	-0.026	0.0320	0.033	0.063	-0.132	0.195	-0.003	-0.031
X14	0.040	0.062	0.1130	0.109	-0.184	0.181	0.020	-0.102	-0.003
X15	-0.003	0.036	-0.0548	-0.301	-0.161	0.161	0.159	0.021	-0.045
X16	0.047	-0.032	0.1490	-0.125	0.047	0.034	-0.044	0.037	0.019
X17	-0.028	0.071	0.0960	0.065	0.092	0.096	0.160	0.183	0.108
X18	-0.032	0.181	0.0480	-0.064	0.088	0.051	0.205	0.007	0.037
X19	0.043	-0.097	-0.1281	-0.009	-0.118	-0.155	-0.056	-0.106	0.050
X20	0.041	-0.119	-0.1171	-0.036	-0.106	-0.127	-0.066	-0.221	0.056
X21	0.033	0.133	-0.1104	-0.034	0.042	-0.105	0.150	-0.115	0.017
X22	0.031	-0.118	-0.0127	0.031	-0.079	-0.063	-0.028	0.140	-0.064
X23	0.045	-0.024	-0.1262	-0.037	-0.129	-0.101	0.165	-0.095	0.023
X24	0.004	-0.007	-0.0336	0.000	-0.015	0.066	-0.063	0.101	0.881
X25	0.057	-0.025	0.1060	0.039	0.018	0.074	-0.007	-0.017	0.011

根据表6-3的数据和图6-1的变化趋势分析，可以揭示我国地方经济高质量发展内在规律及影响因素。第一，从纵向发展趋势来看，各省份在创新发展高质量、协调发展高质量、开放发展高质量与共享发展高质量维度上绩效得分呈现改善或提高趋势，尤其是共享发展维度呈现出直线上

升趋势，说明我国“一切发展为人民，一切发展成果由人民共享”的理念深入人心，并取得了巨大的成效。而协调发展维度绩效得分则呈下滑趋势，经济发展不平衡是当前发展过程中存在的最大问题。第二，从各省份政府绩效评价得分的横向比较来看，基于五大发展理念的政府绩效水平排名前6的始终是北京、上海、江苏、浙江、天津、广东，只是它们的排名先后略有变化。在创新发展维度上得分较高的有北京、江苏和广东；协调发展维度上得分较高的有上海、北京与天津；绿色发展维度上得分较高的有福建、宁夏和新疆；开放发展维度上得分较高的有上海、北京和广东；共享发展维度上得分较高的有北京、上海与浙江。

表6－3　各省在五个维度上的得分与综合绩效得分

地区	创新得分（2016年）	协调得分（2016年）	绿色得分（2016年）	开放得分（2016年）	共享得分（2016年）	综合得分（2016年）	综合得分（平均）
北京	0.868	0.283	－0.133	0.673	0.799	1.889	1.408
天津	0.506	0.251	－0.078	0.337	0.531	1.447	0.982
河北	－0.014	－0.025	－0.008	－0.023	0.175	0.306	－0.031
山西	0.074	0.013	0.024	0.025	0.192	0.528	－0.007
内蒙古	－0.077	0.050	0.111	0.071	0.156	0.311	0.005
辽宁	0.083	0.101	－0.049	0.090	0.277	0.501	0.186
吉林	－0.008	0.028	－0.069	－0.077	0.216	0.190	－0.153
黑龙江	－0.013	0.041	－0.030	－0.075	0.200	0.223	－0.124
上海	0.833	0.448	－0.124	0.795	0.839	1.791	1.420
江苏	0.653	0.117	－0.098	0.416	0.488	1.277	0.806
浙江	0.465	0.158	－0.082	0.455	0.521	1.318	1.098
安徽	0.071	－0.022	－0.051	0.104	0.068	0.471	0.344
福建	0.346	0.080	0.448	0.314	0.328	1.116	0.524
江西	－0.019	0.006	－0.089	－0.016	0.071	0.246	－0.096
山东	0.074	0.013	0.024	0.025	0.192	0.428	0.037
河南	0.038	－0.032	－0.069	－0.066	0.135	0.106	－0.041
湖北	0.079	0.049	－0.089	－0.004	0.148	0.482	0.180

续表

地区	创新得分（2016 年）	协调得分（2016 年）	绿色得分（2016 年）	开放得分（2016 年）	共享得分（2016 年）	综合得分（2016 年）	综合得分（平均）
湖南	0.026	-0.028	-0.092	-0.049	0.116	0.226	-0.035
广东	0.814	0.127	-0.120	0.511	0.569	1.301	0.974
广西	-0.061	-0.048	-0.075	-0.016	0.053	0.147	-0.092
海南	-0.088	-0.076	-0.073	-0.029	0.074	0.193	-0.088
重庆	0.079	0.015	-0.092	0.015	0.126	0.442	0.284
四川	0.076	-0.038	-0.079	-0.043	0.127	0.243	-0.029
贵州	-0.094	-0.071	0.029	-0.083	0.038	-0.081	-0.401
云南	-0.100	-0.071	-0.002	-0.013	0.031	-0.055	-0.418
陕西	0.074	0.013	0.024	0.025	0.192	0.328	-0.037
甘肃	-0.079	-0.040	0.082	-0.088	0.100	-0.025	-0.290
青海	-0.089	0.003	0.093	-0.079	0.152	0.080	-0.204
宁夏	-0.089	0.048	0.266	0.051	0.184	0.460	0.090
新疆	-0.083	-0.032	0.151	0.008	0.217	0.260	-0.105

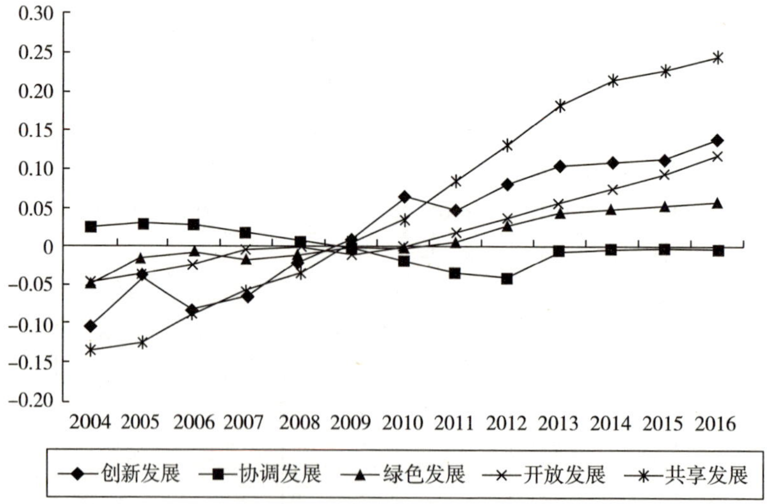

图 6-1　五大高质量发展维度地区平均得分时间变化趋势

二、中国地方政府财政支出效率

财政支出是实现政府战略目标的基础。在高质量发展背景下，财政支出效率如何？政府支出结构是否合理？为考察政府支出结构与高质量发展的匹配程度，本节以政府各项支出作为投入，高质量发展维度指标得分作为产出，进行效率测算与比较。

（一）相关研究综述

国内外不少学者和研究机构对政府支出效率进行了研究。这些研究运用的方法原理大致相同，差异主要体现在政府支出效率度量的投入与产出指标体系的不同。从投入指标来看，可将现有研究分为三类。第一类是用政府财政总支出作为地方政府投入指标，从总量上估算地方政府的效率（邓群钊等，2017；张亚斌和赵景峰，2017）；第二类是用卫生（安钢，2017）、农业（邢娇阳和杨建利，2017）、环境保护等（程承坪和陈志，2017）相应分类支出作为投入指标，评估特定公共服务部门的效率；第三类是用政府支出结构作为投入指标，从整体支出结构上考虑资金的配置效率。最早开始研究支出结构效率的是 Brueckner（1979），他曾利用财产价值的估计检验地方政府资源配置效率，李永友（2009，2010，2011）、魏政（2009）等也对我国政府支出结构配置效率进行了测算。从产出指标来看，该体系则随着发展理念或目标的不同而不同。杨冠琼和蔡芸（2011）界定的政府产出主要包括经济发展能力、政府管制效果、教育、公共卫生、居民福利水平与公平、经济活动基础与法律环境 6 个方面。陈诗一和张军（2008）、刘振亚（2009）等从基本的公共物品和公共服务角度考虑了教育、卫生和基础设施 3 项产出指标。孙杰等（2017）从创新、协调、绿色、开放、共享五大发展理念维度评价政府规模效率。

尽管已有研究对我国政府支出效率进行了积极探索，并得出了一些有益的结论，但仍有以下问题值得进一步深入探讨：①大多文献都是基于支出总量或某一类公共服务是否存在过度支出的效率研究，缺乏从整体上考察政府支出结构的配置效率。而财政资源在竞争性支出项目之间配置是否合理，不仅直接影响社会资源的配置效率，而且关乎经济发展与社会发展，最终影响国家战略目标的实现。②效率的测算应基于全面的现代发展背景和理念，即投入的根本目标，财政产出不仅包括 GDP，也包括让社会与经济、人与自然得到开放、协调、持续发展的创新动力。因此，本章基于对高质量发展深刻内涵的理解，从创新发展高质量、协调发展高质量、绿色发展高质量、开放发展高质量和民生发展高质量 5 个维度构建了地方政府高质量发展评价体系，并运用 DEA - Malmquist 方法，分别从静态和动态角度对地方政府 2004 ~ 2016 年的财政支出效率进行研究，以揭示其财政资源的使用情况，从而提出推动高质量发展的对策建议。

（二）投入与产出指标

首先建立 DEA - CCR 和 DEA - BCC 模型对各省数据进行静态分析。由于地方政府支出结构与经济发展水平都处于不断发展变化中，仅了解某一时间的静态效率显然不够，而各年的静态效率之间又不具有可比性，因此，为了解地方政府支出结构效率变动趋势与空间差异性，还需建立 Malmquist 指数模型对不同时期的面板数据进行分析，从而得到支出结构全要素生产率逐期变化的动态评价结果。以政府各项支出作为投入，高质量发展维度指标得分作为产出，进行效率测算与比较。

根据国际货币基金组织（IMF）政府财政统计的分类，按政府公共支出的功能将政府财政支出分为经济建设性支出、一般性支出与社会性支出三大类。由于 2007 年政府收支分类发生了重大调整，为了使 2007 年前后的政府支出结构具有可比较性，本章参照财政部《2007 年政府收支分类科目》与 IMF 支出分类标准，将政府支出结构分为建设性支出、维持性支出与社会性支出，其中建设性支出主要包括基本建设支出、农林水事务支出、城市维护费、环境保护支出、地质勘探费、交通运输费、企业挖潜改造资金、国家物质储备支出等；维持性支出主要包括外交、国防、公共安全以及行政管理支出等；社会性支出主要包括科学技术、教育、文化、医疗卫生、体育以及社会保障支出等。图6－2显示了在该分类标准下政府支出结构的动态特征，从中可以看到，建设性支出并无显著下降，地方政府仍承担着较多的经济建设职能；社会性支出呈现出较稳定的上升趋势，社会性职能得到一定程度加强，呈现缓慢上升，地方政府的公共服务型特征日趋明显；维持性支出在2007年达到24%的峰值后，开始逐年缓慢下降。

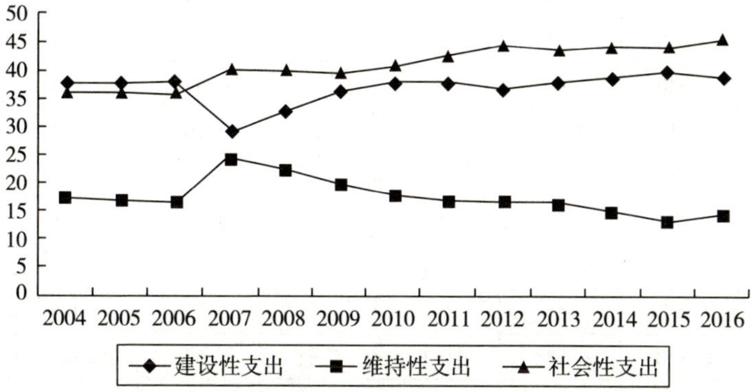

图6－2　我国政府财政支出结构的动态特征

（三）地方政府财政支出效率评价

政府财政资源的使用是否有效率可以简化为如下两个问题：一是资金使用是否采用了当前最好的生产技术，即技术效率；二是是否将既定资源最恰当地配置到不同支出项目上，即配置效率（李永友，2010）。本节从静态和动态两方面进行核算和分析。

1. 静态效率评价

根据 CCR 与 BCC 模型方法，将各项支出占整个财政支出的份额作为投入，高质量发展维度绩效得分作为产出，采取投入导向，利用统计软件对我国 30 个省级政府支出结构效率进行分析计算，得到静态相对效率的评价结果①（见表 6－4）。

表 6－4　2016 年各省级政府支出结构静态相对效率

DMU	综合技术效率	纯技术效率	配置效率	DMU	综合技术效率	纯技术效率	配置效率
北京	1	1	1	河南	0.500	1	0.500
天津	0.890	1	0.890	湖北	0.447	0.960	0.466
河北	0.578	0.962	0.601	湖南	0.384	0.953	0.403
山西	0.620	0.938	0.661	广东	1	1	1
内蒙古	0.720	0.980	0.735	广西	0.336	0.964	0.349
辽宁	0.711	0.974	0.730	海南	0.365	0.993	0.368
吉林	0.551	0.925	0.595	重庆	0.439	0.961	0.457
黑龙江	0.581	0.909	0.640	四川	0.404	0.938	0.431
上海	1	1	1	贵州	0.470	1	0.470
江苏	1	1	1	云南	0.375	0.925	0.406
浙江	0.810	0.978	0.828	陕西	0.646	0.987	0.654
安徽	0.421	0.941	0.447	甘肃	0.591	0.980	0.603
福建	1	1	1	青海	0.762	1	0.762
江西	0.345	0.959	0.360	宁夏	0.873	0.936	0.747
山东	0.604	0.943	0.640	新疆	0.796	0.973	0.818

从整个国家层面来看，30 个省份的平均综合效率为 0.645，属于综合效率无效。平均纯技术效率为 0.971，而支出配置效率仅仅为 0.661，说明综合效率无效主要是由于支出结构配置不合理导致的。

① 由于篇幅限制，表 6－4 仅列出 2016 年相对效率评价结果。

从区域层面来看，若以人均GDP排序进行划分①，最发达地区平均综合效率为0.963，发达地区为0.835，欠发达地区为0.531，而支出配置效率分别为0.963、0.848、0.550。若以中西东部地区来划分，中西部地区效率明显低于东部地区。因此，大体上可以说，支出结构效率在地区间差异明显，经济越发达的地区相应的综合效率与支出配置效率也越高。

和区域间差异相比，区域内差异更为明显。从表6-4可以看到，综合效率达到1的省级政府有北京、上海、江苏、福建、广东，并且它们对应的松弛变量均为0，因此这些省级政府支出结构是综合有效的。相比之下，在经济发达地区中，山东的综合效率仅达到0.604；经济欠发达地区中，除了宁夏，综合效率分别从约0.3到约0.8。

2. 动态效率评价

根据Malmquist计算公式，基于2004~2016年全国各省级地方政府的支出结构与高质量发展5个维度得分面板数据，利用统计软件对投入导向的全要素生产率指数及其分解效率值进行分析，对政府支出结构效率的动态特征进行评价。

（1）省级地方政府支出结构全要素生产率变动时间趋势分析。从图6-3可以看到，我国政府支出结构全要素生产率变动、技术效率变动与技术水平变动指数均呈现出波动变化特征，以2010年为分界线，2010年以前整体呈下滑趋势，2008~2010年下降幅度较大，2008年全要素生产率指数达到最低，此后出现波动性回升，后3年的年均增长率约为9%。在整个动态变化过程中，全要素生产率指数年均增长约6%，其中技术效率变动对全要素生产率指数的影响更大。同时，财政支出结构效率的波动反映出财政支出结构存在着严重扭曲。虽然自1988年开始，我国提出按照社会主义市场经济要求，转变政府职能，优化财政支出结构，但与发达

① 以2016年人均GDP排序进行划分，经济最发达地区包括天津、北京和上海，发达地区包括江苏、浙江、内蒙古、辽宁、广东、福建和山东，欠发达地区包括吉林、重庆、陕西、湖北、宁夏、河北、黑龙江、新疆、湖南、青海、海南、山西、河南、四川、江西、安徽、广西、云南、甘肃、贵州。

国家和一些发展中国家相比，我国建设性支出比例一直远远高于这些国家，社会性支出不足问题非常突出。尽管在本书研究的后三年，支出结构效率出现回升，但因为波动性太大，暂时无法做出政府支出结构得到全面优化的判断。

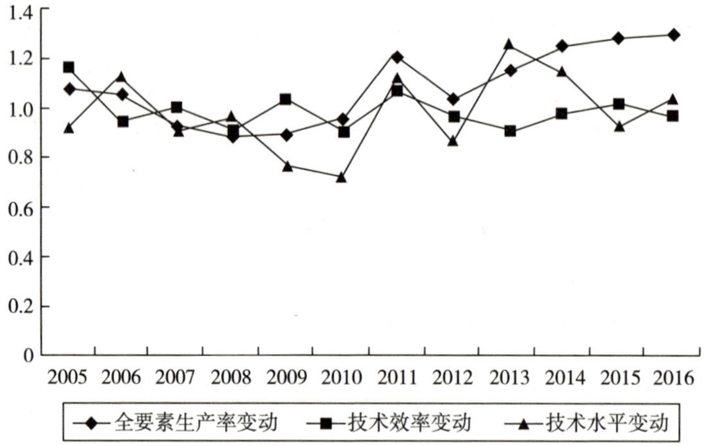

图 6-3　政府财政支出结构全要素生产率变动及分解趋势

（2）省级地方政府支出结构全要素生产率变动空间差异分析。由于各省级地方政府的政府支出结构与五大维度发展水平均存在一定差异，为了进一步了解我国各省级地方政府支出结构的全要素生产率变动，本章给出了各省级地方政府支出结构年均全要素生产率变动柱形图。由图 6-4 可知，我国各省级地方政府之间的支出结构全要素生产率变动存在一定的差异性。从区域层次来看，经济发达地区的全要素生产率指数要略高于欠发达地区的指数。和区域间差距相比，省级层面差距更为明显。在 30 个省级地方政府中，仅有江苏与福建的平均全要素生产率变动在 1 以上，年均增长率分别为 2.7% 和 2.6%，而其他省级政府均处于负增长水平，尤其是江西与贵州，负增长率分别达到了 11.3% 和 11.1%。

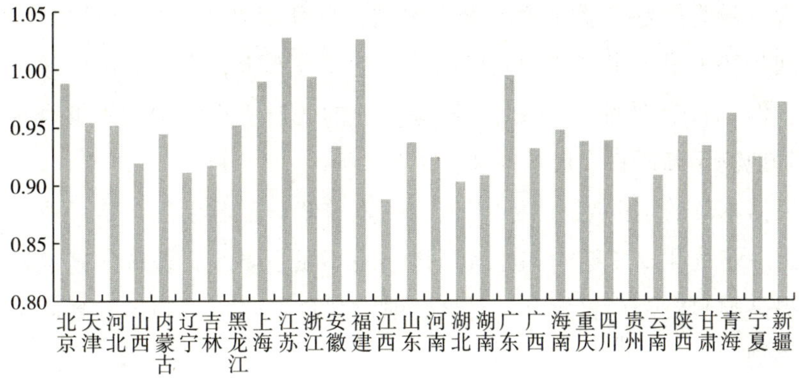

图 6－4　省级地方政府财政支出结构年均全要素生产率变动

上述分析表明，我国政府支出结构配置效率总体不高，前期支出结构调整的成效尚不显著，财政支出仍然存在很大程度的调整空间。

三、本章小结

政府支出结构配置作为政府财政决策和财政活动的重要内容，其结构应根据国家发展背景和战略变化而做出调整。党的十九大报告指出我国经济已经由高速增长阶段转向高质量的发展阶段，这指引了政府支出结构的调整方向。本章从高质量发展背景出发，建立了由 25 个变量构成的经济高质量指标体系；结合 2004～2016 年我国 30 个省级地方政府的面板数据，运用全局主成分分析法分别得到了高质量发展 5 个维度得分和综合发展得分；运用 DEA 方法和 Malmquist 指数方法对省级地方政府支出结构相对效率进行了测算和时空特征分析，结论表明：①各省级政府在创新、绿色、开放与共享维度得分呈现改善或提高趋势，尤其是共享发展维度呈现出直线上升趋势，而协调发展维度绩效得分则呈下滑趋势，经济的发展不平衡现象较为严重。②我国政府支出结构的相对效率时空差异均很明显。在时间趋势上呈现出波动变化特征；在空间分布上，发达地区的效率相对更高，但也有个别例外。因此，我国目前的政府支出结构尚不够合理，不能很好地满足高质量发展的需要。

根据本章的实证结论，我们认为，随着我国面临发展环境的改变，政府应进一步优化支出结构和经济结构，缩小城乡差距，缓解地区发展不平衡，提高财政资金配置效率，对破解财政减税增支压力和提升高质量发展非常关键。

第七章

中国市场化进程中的政府财政支出与经济高质量发展

随着中国经济进入高质量发展阶段，稳增长、促改革、调结构、惠民生、防风险越显重要，高质量发展成为未来很长时间内经济政策的主要出发点。财政作为国家治理的基础和重要支柱（高培勇，2015），财政政策是政府调控的主要手段，为了实现经济高质量发展，我们迫切需要弄清这样两个问题：需要怎样的政府财政支出规模与结构来实现这一伟大发展？以及政府力量与市场力量应该如何协同支持这一发展？探清这两个现实问题，本质上就是要回答以下两个科学问题：政府财政支出规模、结构与高质量发展的关系究竟如何？市场化水平对其关系有什么影响？

政府财政支出与社会经济发展的关系一直是公共经济学领域的重点研究问题。学者们运用不同的理论研究二者之间的关系，得出了不同甚至矛盾的结论。仅从经济增长这一个维度，就出现了四种不同的观点：正相关（Rati，1986）、负相关（Bergh Henrekson，2011）、非线性相关（Wadho Ayaz，2018）和不相关（Paul，1997）。随着经济与社会的发展，单一的经济增长维度已不满足发展阶段的需要，一些学者开始从社会福利、包容发展等视角进行研究，得到的结论仍存在分歧。一种观点认为，政府支出规模与居民幸福感呈倒U形关系，要提高居民幸福感，应该增加政府支出规模（黄曦和傅红春，2019）。另一种观点与之相反，认为要提高社会福利，必须削减政府支出规模（Bjørnskov，2007；文雁兵，2014）。更多的中国学者进行了政府支出结构与其他发展指标的研究，主要集中在分析支出结构对居民消费的挤入或挤出效应（靳涛和陶新宇，2017）、探讨对收入分配与收入差距的影响（赵莎莎等，2018），以及考察对产业结构（严成樑等，2016）、宏观经济波动（杨灿明和詹新宇，2016）、就业（邱兆林和马磊，2015）、医疗卫生（胡玉杰和彭徽，2019）、信任（游宇和张光，2015）等的影响。这些研究发现，我国支出结构配置不当，存在“重基本建设、轻人力资本投资和公共服务”的明显扭曲，制约了某单方面发展指标或综合发展指标的提高。

根据对现有文献的系统研究发现，政府财政支出规模与发展的关系尚无定论，支出结构与发展的关系错综复杂，可能存在以下几个原因：第一，对政府财政支出规模的定义、测量指标以及支出结构的分类不一致。第二，发展的内涵不同，从经济增长、经济发展、社会发展、可持续发展、包容性发展到高质量发展，发展的内涵得到不断的丰富与完善。根据党的十九大报告和现有文献，高质量发展是经济发展的有效性、充分性、协调性、创新型、开放性、分享性和稳定性的综合，是实现经济内生性、生态性和可持续性的有机发展。第三，研究地区与时期不同。本质上讲，也就是学者们认为政府财政支出规模、结构与发展的关系受到了不同的政治、经济与社会环境因素的调节作用。

针对以上原因，本章以文献中最常用的“政府财政支出占 GDP 比重”测量政府财政支出规模；根据高质量发展的内涵，从创新发展高质量，协调发展高质量，绿色发展高质量，开放发展高质量和共享发展高质量 5 个维度，构建高质量发展指标体系，测量高质量发展水平；运用政府职能理论分析政府财政支出规模、结构对高质量发展的积极作用与消极效应，以及市场化水平对其关系的调节效应，并利用省级面板数据对其进行实证。

一、文献回顾与假设提出

（一）政府财政支出规模与经济高质量发展

经济高质量发展阶段赋予了财政崭新的使命，政府职能也因此需要进行相应的改变，从生产建设型财政逐渐转变为国家治理型财政（王雄飞等，2018）。政府运用财政手段行使不同职能的过程中对社会经济发展产生积极效应和消极效应。当积极效应处于主导地位时，规模与发展呈正相关关系；反之，两者呈负相关关系。

政府财政支出规模主要通过两方面职能对社会经济发展产生积极效应。第一，维持宏观经济稳定的职能。财政政策的实施有利于降低经济周期的波动性，财政政策具有显著的“稳定器”作用。规模较大的政府往往能够提供更慷慨的社会保障体系，因此可减少私营部门和家庭可支配收入的波动，进而控制了私人消费和投资的整体波动性。由于包含刚性支出，政府支出要比总需求的其他构成——私人消费和投资更稳定（Collard，2017）。不仅国家层面的财政政策对一国经济具有稳定作用，地方政府的财政政策对于稳定地方经济也举足轻重。凯恩斯干预主义政府通过增加需求、鼓励消费的财政政策有效地克服了市场失灵，促进了经济增长。第二，提供大量具有正外部效应的公共物品和服务的职能。扩张的政府支出规模能改善投资环境，如有关通信、交通等基础设施建设投资以及有关于教育、医疗等社会民生投资，有效带动私人投资和就业增长，有助于外部经济发展，具有溢出效应（Rati，1986）。财政支出规模越大，政府所控制的经济资源就越多，公共物品与服务的供应能力也就越强，这意味着它更容易渗透到社会运转的各个方面，从而有助于提高人民的生活满意度和幸福感（Obydenkova Salahodjaev，2017）。

但也存在一些政府职能的错位、缺位与越位，对社会经济发展带来消极效应。第一，资源配置职能的错位。政府对竞争性行业的过度支出将会对私人投资产生挤出效应，同时产生过重的赋税和债务利息，扭曲资源的配置效率，阻碍经济增长（Su Bui，2017）。同时，政府的运行需要将资源从生产性部门转移到经济效率相对较低的政府部门，而在这一过程中，税收可能会导致一定的扭曲，政府也可能错误地介入和干涉市场，阻碍经济增长。另外，政府资源配置对产业协调发展也产生重大影响。出于拉动经济增长或增加税收等方面的考虑，政府倾向于对大型工业企业进行投资或者提供相应的优惠（严成樑等，2016）。而服务业所能获得的市场空间可能相对较小，政府支出会介入到许多可以市场化的服务部门，挤出私营部门从而导致这些服务行业发展不足（汪德华等，2007）。第二，收入分配与社会保障职能的缺位。中国尚未建立起高水准的福利制度，政府往往通过转移支付来平衡经济发展水平和解决贫富差距。这起到了一定的作用，但同时也带来了“粘蝇纸效应”，导致地方政府将更多的资金投向能够促进短期经济增长的项目，不仅挤占了私人投资，还导致公共物品供应不足，结果造成经济效率和社会福利的双重损失（文雁兵，2014），引发地方政府债务规模膨胀和政府过多侵占市场以及宏观经济的不稳定，甚至加剧了我国省份居民收入分配状况的恶化。第三，市场干预职能的越位。这一职能的主要目的是维护市场秩序与弥补市场失灵。在此过程中，政府过度干预会导致资源配置效率低下，政府管制和审批制度给予官员索要和收受贿赂的机会，拥有政治和经济资源的政府部门通过设置较多的审批环节来获得更多的管制权力和寻租机会，各个机构之间的关系错综复杂，政府职能受各方牵制，政府部门竞相设租，导致腐败更加严重（Magtulis Poquiz，2017），最终危害政府信任与合法性。同时，层层管制加剧了官员的官僚作风，进一步降低了政府的工作效率（Phan Phung，2018）。过多的干预还意味着政府需要高昂的税收或依赖于发行大量的政府债券，从长期来看，这可能会进一步限制未来政府宏观调控经济的能力，从而制约经济的长期增长（Whajah，2019）。

在经济发展的早期阶段，交通、通信、水利等基础设施落后，政府的基础建设为经济与社会的发展创造了良好的环境，注入了强劲的动力，从而促进了社会经济发展。但随着社会经济的进一步发展，财政支出规模持续扩张，政府自身及外部环境日趋复杂，政府职能的缺位与错位现象更加严重，对社会经济发展产生越来越多的负效应，边际效益递减。当财政支出达到一定规模，对社会经济发展的消极效应超过积极效应时，财政支出规模会对发展带来负面影响。基于以上分析，本章提出以下假设：

H7－1：政府财政支出规模与经济高质量发展呈现倒U形关系。

（二）政府支出结构与经济高质量发展

政府支出结构的配置反映了政府职能的分工（李永友，2009）。若政府在某项职能上包揽过多，导致职能越位，则体现出对应支出过多。由于财政总支出的有限性，某项支出的过度增加挤占了其他方面支出，导致其他方面投入不足，从而阻碍了社会经济发展。例如，政府通过能源、交通和农田水利等基础设施建设职能以及发展规划项目的建设性投资，带来了高速的经济增长，拉动了就业等（邱兆林和马磊，2015），从而大大提高了国力和国民收入。但建设性投资的过度支出却使人民付出了收入与财富分配不平等、环境污染、医疗社保与教育等社会公共服务供给不足等代价（李永友和张子楠，2017）；此外建设性投资的不均衡还导致了地区发展失衡，制约了整体社会经济的发展，进而降低了居民的主观幸福感和政治信任。又如，政府对微观经济的干预职能在一定程度上能够缓解市场失灵，但过度的干预却会对资源配置造成扭曲，滋生腐败，浪费资源，导致配置效率低下，影响企业的自主性从而不利于经济发展（Lei，2017）。行政管理等维持性支出的越位导致维持性支出过大，政府运行成本过高，同时也加剧了城乡收入不平等（洪源等，2016）。

而更适合由政府承担的社会公共事务，因财政力不从心而未完全承担起来，导致政府职能缺位，体现出社会性支出的不足，因此社会性支出的增加将带来绩效的增加。例如，文教科卫支出和农业支出能够促成农村劳动力人力资本的转化，减轻农民负担，增加农民收入，具有实现城乡居民收入再分配的作用（吕承超，2017）。但因为这些方面的投入不能迅速转化为GDP，而政府间的竞争往往使政府倾向于减少这些方面的投资（傅勇、张晏，2007）。事实证明，无论是与发达国家还是其他发展中国家相比，我国在教育与社会保障等方面的投入都存在很大差距（Lu，2010）。当前我国教育投入不足是造成教育设施条件落后、总体教育发展水平低下、贫富差距扩大的关键原因。

还有一种职能错位现象，如我国一部分人享受着过度保障，一部分人则几乎没有任何保障，农村和农民在教育、医疗卫生等社会资源分配中日益被边缘化，这严重违背了社会主义公平原则，加重了贫富差距问题，只有纠正错位，增加支出才能带来社会经济的发展。

通过对相关研究分析发现，我国经济建设支出与维持性支出偏大，而社会性支出偏小。建设性投资可以带来经济增长，但因为挤占了社会性支出，导致资源配置不合理，收入差距扩大，不利于居民幸福感的提升。维持性支出超过了适度水平将会提高政府服务成本，不利于政府支出效率的提升。社会性支出的不足导致了教育、医疗等方面的不公平问题，阻滞了社会的均衡发展。基于以上分析，本章提出以下假设：

H7－2a：建设性支出对高质量发展有显著负影响。

H7－2b：维持性支出对高质量发展有显著负影响。

H7－2c：社会性支出对高质量发展有显著正影响。

（三）市场化水平对政府财政支出规模、结构与经济高质量发展的调节

探索合理的支出规模与结构以达到高质量发展目标，关键是纠正政府职能的越位、缺位和错位现象，而转型时期中国政府职能和角色的界定就是政府与市场关系的问题（胡鞍钢，2014）。政府与市场的关系、政府与市场的边界并不是僵化、一成不变的，应该随着市场化进程随时调整。市

场化水平是度量从计划经济向市场经济转轨程度的指标，樊纲等（2011）从政府与市场关系、非国有经济发展、产品市场发育、要素市场发育和中介组织发育与法律5个方面度量了中国各地区的市场化指数。一般而言，较高的市场化水平意味着市场主导配置资源、完善的产品市场和要素市场以及制度保障。

当市场能力相对较弱时，市场体系不完善，产品市场、要素市场和中介组织发育不完全，市场规则不统一，市场秩序还不规范，市场竞争不够公平，政府不仅要建立规则，完善市场秩序，还要对市场竞争制度、市场运行过程中的资源分配和社会发展进程进行强有力的干预，调节国家与企业之间、地区之间、城乡之间、公有制经济与非公有制经济之间、按劳分配领域与非按劳分配领域之间的多种复杂的经济利益关系。这必然导致政府支出规模扩张，政府权力过大，行政审批过杂，对微观经济干预过多而监管不到位等问题。因此，低市场化水平制约了政府规模对绩效积极效应的发挥。

当市场能力相对较强时，表现为较高的交易效率，从而降低交易成本，人们则倾向于选择市场这样的组织方式来配置资源。随着市场范围不断扩大，政府无须更多地参与资源配置，由此进一步增加了交易效率，使绩效得到进一步提高。在此情境下，政府的职能主要集中在产权保护、维持社会与经济秩序、保护环境、提供公共产品与服务上，使人们的私有财产与自然环境得到更好的保护，市场竞争更加有序，公共产品逐渐满足经济社会发展的需要，实现高质量发展。在市场水平不断提高的过程中，政府从很多微观经济干预与直接的资源配置职能上退下来，将原先用于越位职能的支出转移到缺位职能支出，与此同时，通过扩大政府规模对新出现的公共需求加大投入，从而使政府财政支出规模与结构对发展的边际效应不断增加。另外，倒U形假设的根本结论是政府财政支出规模对发展的正边际收益是递减的，但如果市场化水平足够高，并通过扩大支出规模以弥补在某些社会性支出上的缺位获得越来越多的正收益，则其可能使支出规模对发展的边际收益递增。

我国正处于经济转型的过程中，市场化进程已经取得了公认的成果，但是由于各地区资源禀赋、地方政策的不同，市场化程度存在着明显的地域差异（樊纲等，2011），这意味着不同地区，政府财政支出规模、结构与社会经济发展之间的关系也可能是变化的。基于以上分析，本章提出如下假设：

H7－3：市场化程度对政府财政支出规模与经济高质量发展关系存在调节效应。较高的市场化水平能提升支出规模对高质量发展的边际正效应。

二、数据来源与模型建立

（一）变量说明

1. 因变量

经济高质量发展水平（*DEV*）。将创新发展高质量、协调发展高质量、绿色发展高质量、开放发展高质量与共享发展高质量5个发展维度当成一级指标，表征每个维度内涵的指标当成二级指标，构建高质量发展指标体系（见表6－1）。再利用全局主成分分析，得到我国30个省级政府5个维度的各项得分和总得分，以此作为本章高质量发展变量数据。

2. 自变量

（1）政府财政规模（*GOV*）。考虑到财政支出能够反映政府在预算范围内行使政府职能的影响，本章采用财政支出占GDP的比重指标衡量政府规模。

（2）政府财政支出结构。如前文所述，本章的支出结构划分为建设性支出（*Gjs*）、维持性支出（*Gwc*）与社会性支出（*Gsh*）三大类。

3. 调节变量

市场化水平（*MKT*）。国际上一般使用经济自由化指标来衡量市场化程度，常常被学者们引用的有美国传统基金会（the Heritage Foundation）与《华尔街日报》主办的《经济自由度指数》，从企业自由、贸易自由、财政自由、政府支出、货币自由、投资自由、金融自由、财产权保护、杜绝腐败、劳动力自由 10 个一级指标来测量经济自由；加拿大弗雷泽研究所（Fraser Institute）的《世界经济自由度报告》，分别从政府规模、法律架构和产权保障、合理货币制度构建、国际贸易的自由、信贷、劳动和商务监管 5 个方面衡量政府对市场经济的干预程度。国内研究者对转轨国家市场化程度的定量研究则更多源于中国自身国情。本章的市场化是指从计划经济向市场经济转轨程度的全面测量，使用樊纲、王小鲁构建的中国市场化进程指数测量市场化水平，以更加客观真实全面地反映出我国各地区市场化进程。

4. 控制变量

在设定政府绩效函数时，结合中国发展的实际情况，主要考虑物质水平、人力资本、开放程度因素。我们用人均 GDP（*AGDP*）来表示物质水平，以 2004 年为基期，对其他各年 GDP 进行平减，然后再与当年年末人口数量相除得到人均 GDP，单位是元。人力资本（*HC*）可以反映某一地区劳动者的受教育水平，大量文献研究结果显示，人力资本对于经济与社会发展的作用是非常显著的。相关研究大多使用人均受教育年限来衡量，本章也采用此方法，单位是年。开放程度（*OPEN*）用进出口贸易总额与 GDP 之比表示，单位是%。

（二）样本数据

本章将 30 个省级政府（因西藏部分数据缺失，而台湾、香港、澳门的统计口径不一致，因此未纳入研究范围）2004～2016 年的数据作为研究对象。市场化水平变量数据来自《中国市场化指数——各地区市场化相对进程 2011 年报告》和《中国分省份市场化指数报告（2018）》。其他数据来源于2004~2016年《中国统计年鉴》《中国科技统计年鉴》《中国贸易外经统计年鉴》《中国农业统计年鉴》《新中国六十年统计资料汇编》以及各省统计年鉴等。变量的描述性统计与相关性分析结果如表7-1所示。

表7-1　变量描述性统计与相关性分析（N=300）

变量	均值	标准差	1	2	3	4	5	6	7	8	9
DEV	0.000	0.523	1.000								
GOV	19.421	8.832	0.956	1.000							
Gjs	36.484	5.183	-0.365	-0.333	1.000						
Gwc	18.110	3.771	-0.275	-0.210	-0.737	1.000					
Gsh	40.412	4.210	0.894	0.837	0.014	-0.654	1.000				
AGDP	29671.6	19228.3	0.973	0.953	-0.231	-0.395	0.936	1.000			
HC	8.514	0.970	0.965	0.918	-0.391	-0.265	0.888	0.943	1.000		
OPEN	0.358	0.438	-0.706	-0.788	0.536	-0.194	-0.467	-0.598	-0.700	1.000	
MKT	7.631	2.154	0.920	0.861	-0.131	-0.478	0.913	0.926	0.886	-0.573	1.000

（三）模型建立

在一般线性计量经济模型的基础上，为检验政府财政支出规模对高质量发展的非线性影响，引入支出规模平方项；又为了验证市场化水平对政府财政支出规模与高质量发展关系的调节效应，引入市场化水平、支出规模与市场化水平的交叉项两项，并对市场化水平和支出规模进行去中心化处理再相乘。对所有的自变量和控制变量取对数，以降低数据的波动幅度以及变量的多重共线问题。得到如下公式：

$$DEV_{it} = \alpha_0 + \alpha_1 \mathrm{Ln}X_{it} + \alpha_2 (\mathrm{Ln}X_{it})^2 + \alpha_3 \mathrm{Ln}MKT_{it} + \alpha_4 \mathrm{Ln}X_{it} \times \mathrm{Ln}KTT_{it} + \sum_{i=1}^{k} \beta_i \mathrm{Ln}D_{it} + \varepsilon_{it} \tag{7.1}$$

式中，下标 i、t 分别表示第 i 个地区和第 t 年；X_{it}表示自变量；a_1、a_2、a_3、a_4 分别表示自变量平方、市场化水平、自变量与市场化水平交叉项的系数；D_{it}表示控制变量；β_i 表示控制变量的产出弹性；a_0、ε_{it}分别表示常数项和残差扰动项。

三、实证结果及分析

（一）面板单位根检验与协整检验

计量经济模型通常要基于平稳的时间序列建模，而实际中的经济数据大多是非平稳时间序列，因此有必要对数据进行单位根检验，避免“伪回归”问题。

本章分别采用面板单位根检验的“相同单位根”LLC 检验和“不同单位根”IPS 检验两种方法，检验结果如表 7－2 所示。一般认为，当 LLC 检验结果和 IPS 检验结果均拒绝原假设时，则可认为该面板变量是平稳的；反之，该面板变量则是不平稳的。

表 7－2　面板单位根检验

变量	LLC 检验（P 值）	IPS 检验（P 值）	结论
DEV	11.7232（1.0000）	11.9654（1.0000）	非平稳
D（*DEV*）	－9.9323***（0.0000）	－4.1500***（0.0000）	平稳
Ln*GOV*	－3.4004***（0.0003）	2.9789（0.9986）	非平稳
D（Ln*GOV*）	－13.8093***（0.0000）	－6.4333***（0.0000）	平稳
Ln*AGDP*	－9.0681***（0.0000）	－0.2340（0.5925）	非平稳
D（Ln*AGDP*）	－6.6663***（0.0000）	－4.9286***（0.0000）	平稳
Ln*HC*	－0.9149（0.8199）	4.9031（1.0000）	非平稳
D（Ln*HC*）	－19.6552***（0.0000）	－9.8472***（0.0000）	平稳

续表

变量	LLC 检验（P 值）	IPS 检验（P 值）	结论
Ln*OPEN*	-5.0589*** （0.0000）	-0.9171（0.1795）	非平稳
D（Ln*OPEN*）	-15.5767*** （0.0000）	-6.8115*** （0.0000）	平稳
Ln*MKT*	-5.1246*** （0.0000）	0.2002（0.5793）	非平稳
D（Ln*MKT*）	-17.9357*** （0.0000）	-7.3613*** （0.0000）	平稳

注：括号内数据表示统计量对应的 P 值，D 表示一阶差分；*、**、*** 分别表示 $P<0.1$、$P<0.05$ 和 $P<0.01$，即拒绝"存在单位根"的原假设。

由表 7-2 面板单位根检验的结果可知，高质量发展、政府财政支出规模对数、人均 GDP 对数、人力资本对数、开放程度对数、市场化水平对数 6 个变量均是非平稳序列，而它们的一阶差分项均为平稳序列，即这 6 个变量均为一阶单整序列。因此可以认为，这 6 个变量的一阶差分序列之间可能存在协整关系。本章接着采用 Kao 方法进一步进行面板协整检验，检验 Kao 统计量为 -3.554，在 1% 水平下显著。由此，高质量发展、政府财政支出规模对数、人均 GDP 对数、人力资本对数、开放程度对数、市场化水平对数 6 个变量的一阶差分序列之间存在长期均衡关系，可建立模型并进行回归估计。

（二）模型设定

分别采用 F 检验判断适用混合回归模型还是个体固定效应模型，Hausman 检验确定是采用固定效应模型还是随机效应模型。根据对基准模型检验结果，F 统计量为 21.1795，P 值为 0，拒绝混合回归模型假设；Hausman 卡方统计量为 67.2631，P 值为 0，拒绝随机效应模型假设，因此应采用个体固定效应模型。

为了避免潜在的内生性问题以获取更加稳健的估计量，进一步引入工具变量，采用两阶段回归方法进行数据分析。选用各省份历史时期人口密度和政府财政支出规模分别作为政府规模的工具变量。之所以选取 1952 年人口密度和政府财政支出规模作为工具变量，是因为中国的政府财政支出规模最早在中华人民共和国成立初期是按照各省人口密度的大小作为主要指标设定的，即1952年的人口密度和政府财政支出规模与现在的政府财政支出规模相关，但与现在的社会经济发展没有直接的相关关系。因为本章个体固定效应模型中带有交互项，对于内生交互项2SLS处理方式采用Wooldridge（2010）处理方式进行了处理。

（三）结果分析

为了说明模型估计的稳健性，本章采取了逐步回归法进行实证，具体结果如表7－3所示。其中模型1表示没有控制任何变量，仅有政府财政支出规模单个自变量的结果。模型2是在模型1的基础上加入政府财政支出规模平方项的回归结果，用以考察支出规模与高质量发展之间是否呈现倒U形关系，模型3在模型2的基础上控制了其他可能对高质量发展产生影响的变量，模型4、模型5、模型6分别以建设性支出、维持性支出与社会性支出为自变量对高质量发展进行回归，模型7在模型3的基础上，引入了市场化水平及市场化水平与政府财政支出规模的交叉项，以考察市场化水平对政府财政支出规模与高质量发展关系的调节效应。

表7－3　模型回归结果

解释变量	被解释变量：*DEV*							
	M1	M2	M3	M4	M5	M6	M7	M8
GOV	0.9956***	3.7197***	2.4899***				2.2931***	0.1847***
	(0.0490)	(0.3226)	(0.3094)				(0.3145)	(0.0962)
GOV^2		−0.4577***	−0.3817***				−0.3302***	−0.1238***
		(0.0537)	(0.0469)				(0.0491)	(0.0045)
Gjs				0.07786				
				(0.0755)				
Gwc					−0.1426***			
					(0.0474)			

续表

解释变量	被解释变量：*DEV*							
	M1	M2	M3	M4	M5	M6	M7	M8
Gsh						0.6367 *** (0.1115)		
AGDP			0.2002 *** (0.0551)	控制	控制	控制	0.1395 *** (0.0519)	控制
HC			1.1448 *** (0.2783)	控制	控制	控制	0.9556 *** (0.2879)	控制
OPEN			-0.0603 * (0.0326)	控制	控制	控制	-0.0787 ** (0.0305)	控制
MKT							0.3200 *** (0.1013)	0.0894 *** (0.0056)
GOV × MKT							1.6150 *** (0.3834)	0.7874 ** (0.0386)
CONS	-2.8652 *** (0.1411)	-6.8360 *** (0.4825)	-8.6245 *** (0.7041)	-5.7867 *** (0.6456)	-4.7350 *** (0.7045)	-7.4 *** (0.6706)	-8.0390 *** (0.4984)	-3.8360 *** (0.2825)
Adjusted R^2	0.9227	0.939	0.9558	0.949	0.9507	0.955	0.9597	0.9123
FSTAT	119.9976	149.3915	185.8966	148.3072	153.551	169.0531	198.8448	

注：括号中数据表示标准误；*、**、*** 分别表示 $P<0.1$、$P<0.05$ 和 $P<0.01$ 的显著性水平。

结果显示，政府财政支出规模的估计系数在1%的水平上显著为正，支出规模平方项的估计系数显著为负，说明支出规模与高质量发展之间呈倒U形关系，从而验证了H7－1。这也与刘长生、杨子晖等的研究结论是一致的。

模型4建设性支出系数为0.0779，但不显著，H7－2a没有得到验证。这可能是因为：一方面，政府在经济建设方面的投资有效刺激了经济的增长，如政府投资于社会生产所必需的基础设施、教育、科学研究等公共产品领域，为经济的发展创造了良好环境。另一方面，如果对微观经济干预过度，扰乱了市场，则无法实现资源的有效配置。例如，在一般的竞争性领域，政府投资与私人投资相比效率较低，如果政府过多地投资于这些领域，将对经济增长产生不利影响。正负作用的同时存在，可能导致建设性支出对绩效的影响不显著。模型5维持性支出系数为-0.1426，并在1%的水平上显著为负，对高质量发展有显著负影响，H7-2b得到验证。这可能是因为维持性支出的增加使得政府运行成本增加，减小了政府效率，继而降低了绩效水平。模型6社会性支出系数为0.6367，且在1%的水平上显著为正，对高质量发展有显著正影响，验证了假设2c。这些结果与已有研究基本是一致的。

根据模型7的结果，政府财政支出规模与市场化水平的系数均在1%水平上显著为正，说明政府财政支出规模与市场化水平都有助于高质量发展的提高。但支出规模对高质量发展的影响系数大于市场化水平，这与我国目前仍以政府力量为主导的现实吻合。同时它们的交叉项系数也显著为正，说明现阶段市场化水平的提高能够促进支出规模对高质量发展的积极影响，H7-3得到验证。

此外，表征地区差异的变量人均GDP系数显著为正，表明人均GDP越高，高质量发展水平也越高，这与我国实际情况吻合。大量研究指出，我国东、中、西部地区的高质量发展水平尤其是经济发展水平呈现出差序化格局。开放程度与高质量发展水平负相关，可能是因为大量国外企业的涌入，压制了某些本土企业的发展。平均受教育年份与政府绩效正相关，且在1%水平上显著，其影响力大小远远高于其他控制变量，进一步证明了人力资本投入的重要性。

对比面板固定效应估计结果，发现2SLS方法下，我们所关注的关键变量的系数和显著性水平大致上都保持一致，这也进一步验证了结果的稳健性。

四、本章小结

本章利用中国 2004～2016 年省级相关数据，对政府财政支出规模及结构与高质量发展水平在市场化进程中的关系进行了实证，得到了三个结论：第一，政府财政支出规模与高质量发展水平呈倒 U 形关系，并且在研究样本范围内，我国目前的政府财政支出规模尚未达到最优，支出规模与发展水平正相关，即政府财政支出规模的扩大仍能提高高质量发展水平，但边际效益降低。第二，通过将政府支出结构按职能划分为建设性支出、维持性支出与社会性支出，分别对高质量发展水平进行回归发现，建设性支出与发展水平关系不显著，维持性支出与发展水平显著负相关，而社会性支出与发展水平显著正相关。第三，通过引入市场化水平与政府财政支出规模的交叉项发现，市场化水平对政府财政支出规模与高质量发展关系存在显著的正向调节效应。

根据研究结论，本章得到了关于政府支出总量与结构两方面的启示：

在总量方面。政府财政支出规模、市场化水平以及二者交叉项的系数均显著为正，说明不仅政府财政支出规模的扩大与市场化水平的提高能够显著提高高质量发展水平，且市场化水平能显著促进支出规模对发展水平的正效应。这意味着随着我国市场体系的不断完善，要实现高质量发展，就应该增加政府财政支出规模。而且，政府财政支出规模与高质量发展呈倒 U 形关系且处于倒 U 形曲线左边，进一步说明我国目前的政府财政支出规模尚未达到最优，应进一步扩大政府财政支出规模，以提高发展水平。这也引起了我们对政府与市场关系的重新思考。受西方自由主义思想的影响，“强市场，弱政府”论调风行一时。那么，中国是否也应该像西方国家一样，走“强市场、弱政府”之路？对此，李昌麒等（2006）认为西方国家是自发型市场经济，其产生是由于社会自我发展和持续改进而生成的；而中国则是建构型市场经济，其产生是由于外力介入而使社会做出某种反应来逐步实现市场经济的，或者说需要国家干预才能形成的市场经济。陈云贤（2019）通过将城市资源分为可经营性资源、非经营性资源和准经营性资源三类，提出政府应根据三类资源的不同特征，配套不同的政策措施，成为尊重市场规律，遵循市场规则；维护经济秩序，稳定经济发展；有效调配资源，参与区域竞争的有为政府。同时提出市场应该包括基本功能健全、基本秩序健全与市场环境基础健全，使市场成为充分竞争、法制监管有序、社会信用健全的有效市场。本章的结论也支持"有为政府、有效市场"是政府与市场组合的最佳模式，它是世界各国经济运行中实践探索和理论突破的目标，也是真正成熟市场经济所要体现的目标模式。一个有为的政府，必须同时能够维护领土完整、经济稳定、社会治安、公平公正、社会保障，维护社会民主、教育、科技、医疗等公共领域的正常运转。若是"大政府"变成了"小政府"，正常职能如何能维系？当然，政府财政支出规模的扩大不应是盲目的，清晰界定政府与市场的边界尤为重要。政府与市场应各就各位，各发所长，实现它们之间的优势互补，避免竞争。政府要转变职能，尊重市场规律，把重点放在宏观经济调控、市场监管、公共物品、社会管理和环境保护五大方面，以保障市场在资源配置中的决定性作用。

在结构方面。支出结构对高质量发展的影响各不相同。①建设性支出对高质量发展没有显著影响。这颠覆了我们过去的固有认识，表明仅仅加大经济建设投资，对实现现代理念下的高质量发展目标并没有显著效果。这可能是因为，尽管建设性支出有助于提高经济发展水平，但却对其他方面的发展造成了损害。因此，对建设性支出要做到有保有压，投资要慎重。②维持性支出对高质量发展存在显著负效应。这表明维持性支出不宜过大，因为行政管理等支出的增加提高了政府的运行成本，降低了行政效率。从另一个侧面，也引起了我们对大国外交与外交军事问题的思考——国防是越大越好还是适度原则？从维持性支出对高质量发展的负效应，我们可以得出：防御型国防可能更适合中国发展理念。③社会性支出对高质量发展存在显著正效应。这表明加大社会性支出，即我们常说的民生投入，才是提升大众满意度和幸福感，实现民众共享发展的途径。因此，为促进高质量发展，在适度增加政府支出规模的同时，更要注意支出结构的调整，压缩维持性支出，减少竞争性领域投资，加大对民生领域的投入力度。

第八章

公共服务满意度下的政府财政支出与经济高质量发展

我国正处于经济增长速度换挡期、结构调整阵痛期、前期刺激政策消化期“三期叠加”的发展阶段，为应对转型的挑战，中国政府在经济和社会发展、制度建设等方面不断进行变革，期望通过政府行为与职能的调整，实现社会、经济、人与生态发展并重的多元治理经济高质量发展。“创新、协调、绿色、开放、共享”五大发展理念的提出正是这种多元治理模式的集中体现。那么，为了实现以五大发展为内涵的经济高质量发展，我们需要怎样的政府财政支出规模与结构？公众对政府行使职能的满意程度又如何影响经济高质量发展的实现？回答这两个现实问题的本质就是要回答以下科学问题：政府财政支出与经济高质量发展研究的关系如何？公共服务满意度对其产生怎样的影响？

通过对相关文献的进一步研究发现，财政规模与经济高质量发展之间关系的争论可能是由以下几方面原因导致的：第一，政府规模采用了不同的定义和测量。衡量政府规模的常用指标有财政收入、财政支出、财政支出占 GDP 的比重、政府消费占 GDP 的比重和财政供养人口占全部人口的比重等。一般认为财政内支出比重能够较好地反映政府在预算范围内行使政府职能的程度。第二，经济高质量发展被赋予不同的内涵，从经济增长、社会发展、可持续发展到包容性发展，经济高质量发展的内涵得到不断的丰富与完善。不同的经济高质量发展目标对政府职能与公共资源的配置产生不同的要求。第三，研究国家、地区与时期不同。本质上讲也就是研究边界的不同，政府规模与经济高质量发展的关系受到了不同的政治、经济与社会环境的调节作用。已有研究分别考察了腐败（吴一平，2010）、财政分权（贾俊雪和宁静，2011）、市场政策（Bergh Henrekson，2011）、制度质量（Oto – Peralías Romero – ávila，2013）、经济景气程度（Flavin，2014）、政府质量（陈工等，2016）等对政府规模、结构与经济高质量发展关系存在调节效应。第四，过去的研究更多从总量方面进行考虑，但不少学者指出，由于公共政策一般是在特定的税收和支出项目上而不是在总量上制定，结构层面的各项支出比总量层面的政府规模对经济高质量发展的影响往往要更大（Bergh Henrekson，2011）。不同类型的支出贡献于不同角度的经济高质量发展。如基础建设投资有利于经济增长，而科教文卫支出则侧重改善民生。

针对以上四个问题，本章采用财政内支出占 GDP 的比重指标衡量政府财政支出规模；以第六章构建的经济高质量发展体系及综合得分测量经济高质量发展；从政治环境出发，以公共服务满意度作为调节变量，结合省级宏观数据与微观调查数据对政府财政支出规模、结构与经济高质量发展的关系以及公共服务满意度对其关系的调节效应进行实证。

一、文献回顾与假设提出

（一）政府财政支出与经济高质量发展研究

政府财政支出规模主要通过维持宏观经济稳定与提供大量具有正外部效应的公共物品和服务等职能对经济社会发展产生积极效应，同时，也因为资源配置职能的错位、收入分配与社会保障职能的缺位、市场干预职能的越位等职能对经济社会发展产生消极效应。建设性投资的过度支出挤占了社会性支出而对经济社会发展存在负效应（具体分析见第七章）。

H8－1：政府财政支出规模与经济高质量发展呈现倒U形关系。

H8－2a：建设性支出对经济高质量发展有显著负影响。

H8－2b：维持性支出对经济高质量发展有显著负影响。

H8－2c：社会性支出对经济高质量发展有显著正影响。

（二）公共服务满意度对政府财政支出与经济高质量发展研究关系的调节效应

美国政治学家亨廷顿（1998）曾说："消费者是上帝，谁能提供更好的公共服务，谁就有资格组建政府。"因此，公共服务满意度从某种意义上来说反映的是合法性水平的高低。合法性是指：一种政治统治或政治权力能够让被统治的客体认为是正当的、合乎道义的，从而自愿服从或认可的能力与属性（杰克普拉诺，1986）。根据合法性的构建途径，主要有经济高质量发展合法性和民主法制合法性（马宝成，2002）。在注重法治与人权保障的现代社会，合法性问题是维护政治统治与政治秩序必须高度关注的重大政治问题（龙太江和王邦佐，2005），也是政府在进行行为与职能调整时必须首先考虑的重要问题。因此，合法性对政府财政支出与经济高质量发展研究关系存在影响。

正的影响机制主要包括：①在较高的合法性水平下，人们对政府提供公共服务的意愿和能力产生信任，从而导致更多的公共需求（Pitlik Kouba，2014），继而导致政府规模与经济高质量发展的提高。②在较高的合法性水平下，人们更服从政府，政府不必投入更多的资源来执行它的政策和维持秩序（Gilley，2006），而更多地用于基础设施、教育、环境保护、补贴等支出，即通过对支出结构的影响，提高经济高质量发展与人们的幸福感和满意度。或者，在维持相同经济高质量发展水平情况下，高合法性可以减少税收和政府规模。③在较高的合法性水平下，人们认为所要缴纳的税收低于他们的负担，或认为政府所提供的公共产品的价值高于实际价值，对政府税收收入的使用也更为放心。因此，在相同的税率下，人们更愿意投入工作和参与投资（Buchanan，1967），从而导致经济高质量发展增加。

负的影响机制主要包括：①高合法性使民众对政府产生更多信任，这也给政策制定者更多寻租和腐败的机会，政府与利益集团进行利益交换，利益集团通过贿赂政府获得对自己发展有利的支出结构安排，而这常常对短期和长期经济高质量发展都会有损害（Levi，2009）。②对大多西方国家来说，政府为了获得更多的民众支持，与选民进行利益交换。政府往往牺牲长期发展而制定有利于选民短期可支配收入的相关政策，而这实际上就是某种形式的民粹主义，本质上是对全体群众实施高度集中的操纵和控制，从长远看明显不利于社会发展与进步（Weede，1996）。因此，高合法性并不意味着政府规模与结构将促进国家与人类向好的经济高质量发展方向发展。

通过以上分析，合法性或公共服务满意度对政府财政支出规模、结构与经济高质量发展的关系既存在正向调节效应，又存在负向调节效应，究竟正效应还是负效应占主导地位，还需要我们进一步用数据进行实证。基于以上分析，本章提出如下假设：

H8－3a：公共服务满意度对政府规模与经济高质量发展的关系存在调节效应。

H8－3b：公共服务满意度对支出结构与经济高质量发展的关系存在调节效应。

二、数据、变量与模型

（一）数据来源

本章采取政府宏观统计数据和全国性大样本微观调查数据的定量分析方法。宏观统计数据主要来源于2004~2013年《中国统计年鉴》《中国科技统计年鉴》《中国贸易外经统计年鉴》《中国农业统计年鉴》《新中国六十年统计资料汇编》以及各省统计年鉴等。微观数据来自中国人民大学社会学系与香港科技大学社会科学部的中国综合社会调查（CGSS）项目，根据研究所需项目的可获得性，选取了2013年的样本。调查采用多阶分层PPS随机抽样，样本覆盖全国28个省级单位的18岁以上的城乡居民。问卷共涉及748个变量，11438个样本。基于本研究需要，剔除回答不规范、拒绝回答和存在缺失值的样本后，共纳入5697个样本。

（二）变量说明

1. 因变量

经济高质量发展水平。采用第六章构建的经济高质量发展指标体系并计算经济高质量发展得分进行测量。

2. 自变量

（1）政府财政支出规模。考虑到财政支出能够反映政府在预算范围内行使政府职能的影响，本章采用财政支出占GDP的比重指标衡量政府规模。

（2）政府支出结构。如前文所述，本章的支出结构划分为建设性支出、维持性支出与社会性支出三大类。

3. 调节变量

在 CGSS 2013 问卷中，政府提供的公共服务包括公共教育、医疗卫生、住房保障、社会管理（包括食品药品安全、社会治安、经济与社会组织管理、维护市场秩序、人口登记与户籍服务、社会矛盾化解、互联网服务管理等）、劳动就业、社会保障、公共文化与体育、城乡基础设施、基本社会服务等。问卷要求受访者对这些公共服务资源的充足程度、公共服务资源分布的均衡程度、获取公共服务的便利程度、公共服务的普惠性程度等问题的满意程度做出选择，从“非常不满意”到“非常满意”，分别计1~5分。本章对受访者对上述话题的满意程度得分进行加总，测量公共服务满意度。

4. 控制变量

控制变量的选择参考国内外经济高质量发展解释模型的已有研究。这些研究表明，以下因素通常对经济高质量发展有显著影响：人均 GDP、人力资本、物质资本、科技创新、开放程度与城市化水平。我们用人均 GDP 来表示地区经济发展水平，以 2004 年为基期，对其他各年 GDP 进行平减，然后再与当年年末人口数量相除得到人均 GDP，单位是元。人力资本可以反映某一地区劳动者的受教育水平，大量文献研究结果显示，人力资本对于经济与社会发展的作用是非常显著的。相关研究大多使用人均受教育年限来衡量，本章也采用此方法，单位是年。物质资本用人均物质资本存量测量，单位是元/人。科技创新使用每万人专利申请授权数进行测量，单位是件/万人。开放程度用进出口贸易总额与 GDP 之比表示，单位是%。城镇化水平用地区城镇人口与地区总人口之比表示，单位是%。

为获得一手资料的感性认识，对文章中所使用的相关变量进行了描述性统计分析（见表 8 - 1）。从中可以看到，公共服务满意度平均值约为 2.97，说明我国的公共服务满意度目前仅处于及格水平状态。

表 8-1　主要变量的描述性统计（N=5697）

变量	均值	标准差	最小值	最大值
经济高质量发展	0.4505536	0.6180421	-0.193	1.889
政府规模	21.13092	7.091902	12.23166	58.44927
建设性支出	37.71591	4.033396	31.34634	50.92871
维持性支出	15.8715	2.610964	10.69076	21.46653
社会性支出	43.74919	2.737771	36.57587	49.24109
人均 GDP	50568.35	21558.2	22863.48	97623.37
人力资本	9.301115	0.9036104	7.842157	12.02836
物质资本	150648.1	110709.9	8872.478	420168.1
技术创新	9.931906	10.24455	0.8688278	36.80429
开放程度	30.6	37.21	4.13	136.25
城市化水平	57.86015	13.8552	37.83	89.6
公共服务满意度	2.966737	0.7157374	1	5

（三）模型设定

在一般线性计量经济模型的基础上，为检验政府财政支出规模对经济高质量发展的非线性影响，引入政府规模平方项；又为了验证公共服务满意度对政府财政支出规模与经济高质量发展关系的调节效应，引入公共服务满意度、政府财政支出规模与公共服务满意度的交叉项两项，并对公共服务满意度和政府支出规模进行去中心化处理再相乘。对所有的自变量和控制变量取对数，以降低数据的波动幅度以及变量的多重共线性问题。得到如下公式：

$$Perf_i = \alpha_0 + \alpha_1 \mathrm{Ln}X_i + \alpha_2 (\mathrm{Ln}X_i)^2 + \alpha_3 \mathrm{Ln}Legit_i + \alpha_4 \mathrm{Ln}X_i \times \mathrm{Ln}Legit_i + \sum_{i=1}^{k} \beta_i \mathrm{Ln}D_i + \varepsilon_i \qquad (8.1)$$

式中，下标 i 表示第 i 个地区；X_i 为自变量；α_1、α_2、α_3、α_4 分别表示自变量、自变量平方、公共服务满意度、自变量与公共服务满意度交叉项的系数；D_i 表示控制变量；β_i 则表示控制变量的产出弹性；α_0、ε_i 分别表示常数项和残差扰动项。

在上述的基本回归模型中，为避免多重共线性问题，还采用了逐步回归的方式。对于可能存在的异方差问题，本章采用了怀特检验方法，检验出模型存在异方差，用可行广义最小二乘法（FGLS）进行了修正。另一个可能的问题是内生性。根据瓦格纳法则，当经济高质量发展增长时，财政支出会以更大比例增长。为了避免潜在的内生性问题以获取更加稳健的估计量，进一步引入工具变量，采用两阶段回归方法（2SLS）进行数据分析。因为中国的政府规模最早在中华人民共和国成立初期是按照各省人口密度的大小作为主要指标设定的，所以本章选用 1952 年各省人口密度和政府规模分别作为政府规模的工具变量。

三、实证结果与分析

（一）总量回归分析

对政府财政支出规模与经济高质量发展关系进行回归（模型 1），在此基础上引入公共服务满意度以及公共服务满意度与政府财政支出规模的交叉项（模型 2），考虑到政府财政支出规模与经济高质量发展互为因果关系，引入工具变量进行 2SLS 回归（仅汇报了第二阶段的结果（模型 3）），具体结果如表 8 -2 所示。

模型 1 和模型 2 的结果显示，政府财政支出规模的估计系数约为 1.2，在 1% 的水平上显著为正，政府财政支出规模平方项的估计系数约为 -0.2，在 1% 水平上显著为负，说明政府财政支出规模与经济高质量发展之间呈倒 U 形关系，存在最优规模，从而验证了 H8 -1。这也与刘长生、杨子晖等的研究结论是一致的。

表 8-2　总量模型回归结果

解释变量	被解释变量：经济高质量发展			解释变量	被解释变量：经济高质量发展		
	模型（1）	模型（2）	模型（3）		模型（1）	模型（2）	模型（3）
政府规模	1.218***	1.196***	8.970***	市场化水平	1.260***	1.269***	2.475***
	(0.2)	(−0.2)	(2.0)		(0.05)	(0.05)	(0.29)
政府规模	−0.206***	−0.203***	−1.484***	城市化水平	−0.216***	−0.224***	−1.276***
(平方项)	(0.03)	(0.03)	(0.33)		(0.06)	(0.05)	(0.27)
人均 GDP	0.317***	0.318***	0.885***	公共服务		−0.0672***	−0.0612***
	(0.03)	(0.03)	(0.15)	满意度		(0.01)	(0.01)
人力资本	1.354***	1.375***	0.229	政府规模×公共服务		−0.0083	−0.0392
	(0.06)	(0.06)	(0.32)	满意度		(0.03)	(0.34)
物质资本	−0.0203***	−0.0201***	−0.051***	常数项	−7.040***	−6.974***	−16.694***
	0	0	0		(0.3)	(0.3)	(2.6)
科技创新	0.338***	0.340***	0.458***	观测值	5697	5697	5697
	(0.01)	(0.01)	(0.03)	校正后的 R^2	0.92	0.92	0.9
开放程度	0.280***	0.282***	0.452***	F 统计量	7118.99	5889.34	
	(0.01)	(0.01)	(0.04)	Wald 统计量			1.5e+05

注：括号中的数据表示标准误；*、**、*** 分别表示 $P<0.1$、$P<0.05$ 和 $P<0.01$ 的显著水平。

而模型 2 中公共服务满意度系数显著为负，合法性与规模交叉项系数为负，但不显著。说明公共服务满意度对规模与经济高质量发展关系同时存在正、负影响，且正、负效应相当，虽然 H8-3a 并未得到验证，但并不能说明调节效应完全不存在。

在其他方面，人均 GDP 对经济高质量发展有显著正影响，说明经济越发达地区，综合经济高质量发展也越高。人力资本、技术创新、开放程度、市场化水平对经济高质量发展均存在显著正影响，与一般文献结论吻合。物质资本系数虽然较小，但却显著为负，有悖常理，这从某个角度而言，物质资本也存在结构问题，不同的经济高质量发展结构对应不同的物质资本结构。城市化水平对经济高质量发展存在显著负影响，可能是因为城市化率的提高将引起碳排放量的增加，有悖于建设低碳城市的目标和阻碍可持续发展战略的实施（周葵和戴小文，2013）。另外，城市化带来了制造业成本和城市生活成本的提高，不同人群、不同地区收入差距不断扩大，社会不安定因素开始增多（中国经济增长前沿课题组，2011）。

（二）结构回归分析

我们进一步将政府总支出中的建设性支出、维持性支出和社会性支出分离出来，从政府支出结构的角度来考察对经济高质量发展的影响，具体结果如表 8－3 所示。

表 8－3　结构模型回归结果

解释变量	被解释变量：经济高质量发展					
	模型（4）	模型（5）	模型（6）	模型（7）	模型（8）	模型（9）
建设性支出	−1.599*** (0.02)	−1.587*** (0.02)				
维持性支出			−0.271*** (0.02)	−0.268*** (0.02)		
社会性支出					1.948*** (0.06)	1.934*** (0.06)
控制变量	控制	控制	控制	控制	控制	控制
公共服务满意度		−0.043*** (0.01)		−0.068*** (0.01)		−0.063*** (0.01)
建设性支出×公共服务满意度		−0.270*** (0.06)				
维持性支出×公共服务满意度				0.090** (0.05)		
社会性支出×公共服务满意度						0.486*** (0.14)
常数项	−2.068*** (0.11)	−2.071*** (0.10)	−7.025*** (0.15)	−6.981*** (0.15)	−14.83*** (0.31)	−14.74*** (0.31)

续表

解释变量	被解释变量：经济高质量发展					
	模型（4）	模型（5）	模型（6）	模型（7）	模型（8）	模型（9）
观测值	5697	5697	5697	5697	5697	5697
校正后的 R^2	0.96	0.96	0.93	0.93	0.93	0.93
F 统计量	15093.97	12412.89	7805.84	6459.99	8446.96	7002.93

注：括号中的数据表示标准误；*、**、***分别表示 $P<0.1$、$P<0.05$ 和 $P<0.01$ 的显著性水平。

在模型 4 和模型 5 中，建设性支出系数约为 -1.6，在 1% 水平上显著为负，验证了 H8 -2a。过度的经济干预扰乱了市场，无法实现资源的有效配置。特别是在一般的竞争性领域，政府投资与私人投资相比效率较低，如果政府过多地投资于这些领域，将对经济增长产生不利影响。模型 5 中公共服务满意度系数以及满意度与建设性支出交叉项系数均显著为负，说明公共服务满意度将加剧建设性支出对经济高质量发展的负面效应。这也许是因为公共服务满意度使人们对监管放松，导致了更多的腐败。而且，Mauro（1998）考察腐败对政府支出结构的影响时发现，由于从不同支出中获取贿赂的难易不同，腐败的政府会将更大的比重支出在基础设施，而降低支出于教育的比重，这样形成了一个恶性循环。

在模型 6 和模型 7 中，维持性支出系数约为 -0.27，在 1% 水平上显著为负，验证了 H8 -2b，即维持性支出的增加使得政府运行成本增加，减小了政府效率，继而降低了经济高质量发展水平。模型 7 中公共服务满意度系数显著为负，而满意度与维持性支出交叉项系数显著为正，说明合法性将缓解维持性支出对经济高质量发展的正面效应。这可能是因为高的公共服务满意度会降低政府政策实施的成本，在相同的经济高质量发展水平下，高满意度减少了维持性支出。

在模型 8 和模型 9 中，社会性支出系数为 1.9，在 1% 水平上显著为正，验证了 H8 -2c。模型 9 中公共服务满意度系数显著为负，而满意度与社会性支出交叉项系数显著为正。这说明满意度对社会性支出与经济高质量发展关系存在显著正向调节作用，且调节效应要明显大于对建设性支出与经济高质量发展、维持性支出与经济高质量发展。高满意度使得政府将更多公共资源用于教育、医疗、社保、生态等民生投入，而民生建设反过来也能提高公共服务满意度，最终导致经济高质量发展的提高。

以上说明，H8 -3b 得到验证。

四、本章小结

本章利用中国 2013 年省级宏观数据和 CGSS 微观调查数据，对政府财政支出规模及结构与经济高质量发展在公共服务满意度下的关系进行了实证，得到以下三个结论：

第一，政府财政支出规模与经济高质量发展呈倒 U 形关系，并且在研究样本范围内，我国目前的政府财政支出规模尚未达到最优，规模与经济高质量发展正相关，即政府财政支出规模的适当扩大仍能提高经济高质量发展，但边际效益是在降低的。

第二，不同类型的支出对经济高质量发展的影响各不相同。①建设性支出对经济高质量发展存在显著负效应，尽管建设性支出有助于提高经济高质量发展，但却对其他方面的经济高质量发展造成了损害。因此，对建设性支出要做到有保有压，投资要慎重。②维持性支出对经济高质量发展也存在显著负效应，意味着维持性支出也不宜过大，因为行政管理等支出的增加提高了政府的运行成本，降低了行政效率。③社会性支出对经济高质量发展存在显著正效应，表明加大社会性支出，即我们常说的民生投入，才是提升大众满意度和幸福感，实现民众共享发展的途径。因此，为提高综合经济高质量发展，在适度增加政府支出规模的同时，更要注意支出结构的调整，压缩维持性支出，减少竞争性领域投资，加大对民生领域的投入力度。

第三，公共服务满意度对经济高质量发展存在显著负效应，对政府财政支出规模与经济高质量发展关系不存在显著调节效应，但对支出结构存在显著调节效应。满意度加剧了建设性支出对经济高质量发展的负影响，缓解了维持性支出对经济高质量发展的负影响，增强了社会性支出对经济高质量发展的正影响。从公共服务满意度对经济高质量发展的负回归系数来看，我国公共服务满意度对经济高质量发展的消极作用机制占了主导地位。一方面，实施积极的财政政策，刺激经济增长，巩固政绩满意度基础；另一方面，也是更为主要的方面，要加大反腐败和建立社会保障工作的力度，试图通过维护或提高社会公正、建立健全的法治社会来巩固满意度基础。另外，公共服务满意度对政府支出结构与经济高质量发展的不同调节效应也进一步说明一味地加强建设投资，对满意度反而造成伤害，只有加快合法性来源的转变，才能降低政府行政成本，提高创新、协调、绿色、开发与共享发展，最终实现经济高质量发展。

第九章

中国社会资本水平下的政府财政支出与经济高质量发展

20世纪初，人们认识到在特定的条件下，政府与市场都会失灵，而社会资本正好弥补了政府与市场的缺陷，社会力量引起重视。国家中心主义、社会中的国家、国家与社会协同共治、多中心治理等理论都可以看作是相关研究的产物。根据各国实践总结出来的经验，一元化治理观已经遭到摒弃，对于各种力量的合作治理基本上已经达成共识（燕继荣，2013）。例如，日本社会组织通过参与紧急援救、环境保护、社会福利、社区营造和国际事务等领域的活动弥补日本政府部门的失灵，通过帮助企业履行社会责任、监督企业行为、提高人力资本素质、缓解就业压力和参与国际事务等手段帮助克服市场的失灵；而日本政府则通过政府购买服务为社会组织提供资金保障，日本企业则为社会组织提供了发展所需的资金、管理和技术（张豪和张向前，2017）。

近年来，随着中国社会转型的深入，政府与社会的关系问题也进一步成为关注的焦点。我国早已将推进国家治理体系现代化作为改革总目标提上议事日程。然而，在各种力量合作过程中，对于政府与社会力量的大小强弱尚存在一些争议。主要存在以下两种观点：一是“小政府，大社会”理论；二是“强政府，强社会”理论。所谓“小政府”，就是政府规模小，职能明确。而“大社会”，是指充分发挥社会组织的自我管理、自我服务的作用，最大限度调动社会组织及个人的积极性，共同促进经济与社会发展（尹帅军，2013）。众多学者指出，“小政府，大社会”是我国社会管理改革的方向，认为政府机构不精简，职能不转变，社会组织就难以健全，社会就难以发展，只有限制了政府职能，社会组织的自我管理能力才能得到有效发挥；同样，只有社会自主性增强了，承担自我管理和自我发展的职能，不处处依赖政府，政府机构精简和职能转变才能顺利进行（尹帅军，2013）。显然，“小政府，大社会”理论将政府与社会置于你强我弱、此消彼长的零和博弈关系，认为二者相互对立，政府规模的扩大挤压了社会组织的生存空间，或者社会组织自主性和民主性的加强，对政府造成了损害。然而，越来越多的学者认为“小政府，大社会”理论并不适于中国，如涂开均和袁阳（2014）分别从权力与责任的视角、权利与义务的视角以及工具理性与价值理性的视角论证了“小政府，大社会”的不合理性，提出“强政府，强社会”才是重构政府与社会运行关系的正确模式。所谓强政府，是指实力强大，提供高质量的公共服务和社会保障（张文礼，2013），“强社会”是指各类非政府的社会组织与民间团体发展状况良好，社区参与和社区自治水平较高（涂开均和袁阳，2014）。强社会有两个特征：一是社会公众的素质普遍较高；二是社会公众的组织化程度较高（方盛举，2017）。燕继荣通过梳理善治理论的逻辑演进，检讨社会管理实践中的误区，阐明社会自治基础上的协同治理是公共治理和社会管理创新的方向，“强政府，强社会”是最理想的关系模式。史传林（2014）根据资源依赖理论，认为政府与社会是一种合作与相互增权关系，即政府向非营利部门提供财政拨款、信息、政治支持与合法性、参与渠道等资源；而非营利部门向政府提供政治支持与合法性、信息、服务的供给等资源。张强等（2011）通过对汶川地震应对的全景式研究，也论证了“强政府”与“强社会”共赢状态才是未来改革的方向。显然，“强政府，强社会”理论认为政府与社会是相互增权的正和博弈关系，认为由社会组织形成的非正式制度与网络是政府行为的有益补充，而某些社会力量或资本也必须由政府引导才能得以形成。

政府与社会作为经济高质量发展与公共治理的两种力量，究竟是此消彼长的零和博弈关系还是相互增权的正和博弈关系，政府力量应该被削弱还是加强？不仅是值得探讨的学术问题，也是重大的现实问题。国内有关这个问题的研究主要是从抽象层面上提出主张和论述，缺乏实证研究，本章试图使用相关数据提供一些论证。考虑到政府财政支出是政府为提供公共产品和服务，满足社会公共需要而进行的支付，政府财政支出的规模和结构可以反映政府职能的大小和范围，反映政府政策的选择。结合“大政府”与“强政府”含义，本章采用政府财政支出规模与结构表征政府力量①。又根据“大社会”与“强社会”的含义和特征，采用社会资本表征社会力量。无论是哪种力量，最终目的都是为了达到经济高质量发展的目的（燕继荣，2013）。综上，本章将以经济高质量发展指标体系及计算得分测量经济高质量发展水平，结合中国综合社会调查数据和各统计年鉴数据，检验政府财政支出规模、结构与社会资本对经济高质量发展的影响以及在此影响过程中二者产生的交互效应。

一、文献回顾与假设提出

（一）政府财政支出与经济高质量发展研究

政府财政支出规模主要通过维持宏观经济稳定与提供大量具有正外部效应的公共物品和服务等职能对经济社会发展产生积极效应，同时，也因为资源配置职能的错位、收入分配与社会保障职能的缺位、市场干预职能的越位等职能对经济社会发展产生消极效应。建设性投资的过度支出挤占了社会性支出而对经济社会发展存在负效应（具体分析见第七章）。

① 尽管在内涵上“大”与“强”不完全属于同一个语义范畴，但在实践上，“大政府”则在相当程度上表现为“强政府”。因此，本章采用政府财政支出规模大小表征政府力量强弱。

H9－1a：政府财政规模对经济高质量发展存在显著正影响。

H9－1b：建设性支出对经济高质量发展有显著负影响。

H9－1c：社会性支出对经济高质量发展有显著正影响。

（二）社会资本与经济高质量发展

根据系统主义的观点，通常将社会资本划分为个人社会资本与组织社会资本。前者表现为社会个体的信任、参与、互惠网络等关系，后者表现为社会组织的关系网络及其动员能力。各国理论与实践表明，社会资本作为一种非正式制度，内生作用于经济增长、社会经济高质量发展，对于经济、社会、政治等方面的发展都有明显的促进作用。尤其是在政治发展和治理问题上，很多学者认为，社会资本能够实现政府机器和社会之间的良好共生关系，提高政府的运行效率，并全面提高一国的综合经济高质量发展，实现善治（Kampen，2010）。

个体社会资本通过提高公众参与政治的能力，增加对政府的信任，建立互惠规范的沟通渠道，从而有助于政府制定合理、公平、有效的公共政策，提升经济高质量发展（万建香和梅国平，2012）。首先，社会中人与人之间的相互信任作为一种社会资本，能节省交易成本，减少政府推动和执行政府政策的成本，产生正的外部性，提高治理效率与效益（Evans，1997）。不仅如此，它还维持着经济发展的动力，确保经济高质量发展。缺乏信任导致社会交易成本增加，法律制度执行困难，经济发展受阻。其次，规范和公众参与是经济发展以及有效的政府工作的前提条件。公众参与网络可以增加人们对政府的要求，并使要求得到清晰的表达，这无疑会整合公众的利益诉求，从而使地方政府公共政策能够准确制定和顺利执行。由于公众广泛参与了这一过程，必将增强人们对政府制定公共政策和提供公共服务的满意程度。不仅如此，参与还使公众逐步明确个人在社会管理和公共服务提供中所承担的责任，认识到每个人既是公共服务的享有者，同时也是维持公共服务提供秩序的主体，是参与公共服务提供的一员，从而在公众中间形成了普遍的公共责任意识（张文礼，2013）。另外，人际关系网络促使不同的宗教、阶层的公众之间进行沟通，彼此间达成妥协，建立协调机制，进而促进公众间持续性的交往、沟通和合作，创造一种群体的身份和意识，产生社会信任，从而有利于互惠规范的顺利实现，最终形成社会资本。

组织社会资本主要通过社会组织与政府的合作，建立起“利益共享、风险共担”的共同体关系，减轻政府的财政负担，节省成本，提高政府公共服务的效率。力量强大的社会组织更容易担负起监督政府与帮助政府的责任，从而保障政府治理始终沿着正确的方向前进，培养出高效能政府，实现政府治理目标。基于以上分析，本章提出如下假设：

H9－2a：个体社会资本对经济高质量发展产生正影响。

H9－2b：组织社会资本对经济高质量发展产生正影响。

（三）政府财政支出、社会资本对经济高质量发展的交互影响

20世纪90年代中期以来，研究国家（政府）与社会关系的国际学术界，尤其是在比较发展研究领域和公共管理学界，其主流开始强调政府与社会的相互增权（顾昕和王旭，2007）。根据相互增权理论，在推动社团资本发展的过程中，政府提供了资金支持与保障以及有利的制度环境，促使社会功能的发挥得以顺利开展，而且，政府的教育、科技、卫生等社会性支出加强了公众的政治信任度（游宇和张光，2015），使更多民众有能力和意愿参与社会治理，同时也提高了社会信任水平，有助于开放型关系网络的形成，最终形成强大的社会资本，提高社会组织参与社会治理的能力。由于公众和社会组织积极地参与社会管理，一是使公众的需求得到更清晰的表达；二是增强政府的回应性；三是提高公众的公共监督能力，减少寻租腐败的发生（严洁等，2006），最终协助政府确定其政策目标并且推进善治目标的实现。

因此，政府财政支出与社会资本不仅对经济高质量发展产生直接影响，而且在对经济高质量发展产生影响的过程中，二者存在正向交互作用。基于以上分析，本章提出如下假设：

H9－3：政府财政支出与社会资本对经济高质量发展具有正向交互性影响。

二、变量、数据与模型

（一）变量说明

1. 因变量

经济高质量发展水平。采用第六章构建的经济高质量发展指数得分进行测量。

2. 自变量

（1）政府财政支出规模。考虑到政府财政支出能够反映政府在预算范围内行使政府职能的影响，本章采用政府财政支出占 GDP 的比重指标衡量支出规模。

（2）政府财政支出结构。本章仅考虑建设性支出与社会性支出。

（3）社会资本。主要从三方面对个人社会资本进行测量。一是居民的社会信任。经过因子分析，将分别表示纵横网络的两个变量简化为关系网络变量（见表9－1）。问卷中以“（A33）总的来说，您同不同意在这个社会上，绝大多数人都是可以信任的?”考察居民的社会信任水平。调查赋值1～5分别对应“非常不同意”到“非常同意”。二是公共事务参与，探讨公共精神。问卷中以“上次居委会选举/村委会选举，您是否参加了投票?”考察居民的公共事务参与情况。调查赋值1～3分别对应“是”、“否”、“没有投票资格”，本章将“否”和“没有投票资格”重新赋值为0。三是关系网络。通常分为横向与纵向关系两种，通过社交频率来进行横向关系强度的测量，问卷中以“（A31）过去一年，您是否经常在您的空闲时间进行社交?”来考察居民的社交网络情况。调查赋值1~5分别对应“从不”到“总是”。使用居民的阶级认同进行纵向关系强度的测量，即“（A43a）您认为您自己目前在哪个等级上”这个问题来表示，其中“10”分代表最顶层，“1”分代表最底层。经过因子分析，提取一个公共因子，简化为个人社会资本。

组织社会资本以30个省份为区域单位，参照以往的测量指标（刘米娜，2013），以各省“每万人中社会团体数量”对其进行测量。

表9-1　个人社会资本因子分析

变量	因子负荷量	变量	因子负荷量
社交频率	0.863	公共参与	0.833
阶级认同	0.652	关系网络	0.717
社会信任	0.796		

3. 控制变量

控制变量的选择参考国内外经济高质量发展解释模型的已有研究。相关研究表明，以下因素通常对经济高质量发展有显著影响：人均GDP、人力资本、物质资本、科技创新、开放程度与城市化水平。我们用人均GDP来表示地区经济发展水平，以2004年为基期，对其他各年GDP进行平减，再与当年年末人口数量相除得到人均GDP，单位是元。人力资本可以反映某一地区劳动者的受教育水平，大量文献研究结果显示，人力资本对于经济与社会发展的作用是非常显著的。相关研究大多使用人均受教育年限来衡量，本章也采用此方法，单位是年。物质资本用人均物质资本存量测量，单位是元/人。科技创新使用每万人专利申请授权数进行测量，单位是件/万人。开放程度用进出口贸易总额与GDP之比表示，单位是%。城镇化水平用地区城镇人口与地区总人口之比表示，单位是%。

（二）数据来源与描述性分析

本章采取政府宏观统计数据和全国性大样本微观调查数据的定量分析

方法。经济高质量发展各指标、组织社会资本以及控制变量数据主要来源于2004～2016年的《中国统计年鉴》、《中国科技统计年鉴》、《中国贸易外经统计年鉴》、《中国农业统计年鉴》、《新中国六十年统计资料汇编》以及各省统计年鉴等。区域层次的各省社会团体数量统计数据来源于2004～2013年的《中国民政统计年鉴》。个人社会资本数据来自中国人民大学社会学系与香港科技大学社会科学部发布的2013年中国综合社会调查（CGSS）项目①。调查采用多阶分层PPS随机抽样，确保了样本选取的科学有效性，为研究中国社会诸多问题提供了重要的数据支撑。样本覆盖全国28个省级单位的18岁以上的城乡居民。问卷共涉及748个变量，11438个样本。基于研究需要，剔除回答不规范、拒绝回答和存在缺失值的样本后，共纳入5691个样本。

为了充分利用数据，两种不同层面的社会资本分别采用了不同的数据类型，其中个人社会资本采用的是2013年截面数据，而组织社会资本采用的是2004～2013年的面板数据。根据不同数据类型的特点，对截面数据模型主要变量进行了描述性统计与相关性分析（见表9－2），对面板数据模型进行了不同社会资本存量下政府财政支出与绩效关系的散点图描绘（见图9－1）。

表9－2　变量描述性统计与相关性分析（N＝5691）

变量	均值	标准差	1	2	3	4	5	6	7	8
经济高质量发展	0.452	0.618	1							
支出规模	21.131	7.079	0.584**	1						
建设性支出	37.723	7.092	－0.231	0.149*	1					
社会性支出	43.747	2.741	0.612***	－0.076	－0.734***	1				
社会信任	3.281	1.033	0.672***	0.359**	－0.016	0.397***	1			

① 对中国人民大学社会学系、香港科技大学社会科学部提供的中国综合社会调查数据表示感谢。

续表

变量	均值	标准差	1	2	3	4	5	6	7	8
公共参与	0.437	0.496	0.541 *	0.411 ***	-0.044	0.591 ***	0.439 **	1		
关系网络	1.511	0.467	0.562 *	0.101	-0.045	0.182 *	0.818 *	0.229 *	1	
社会资本	1.103	0.269	0.603 *	0.325 **	-0.041	0.431 ***	0.898 ***	0.294	0.435 ***	1

注：*、**、***分别表示 P<0.1、P<0.05 和 P<0.01 的显著性水平。下同。

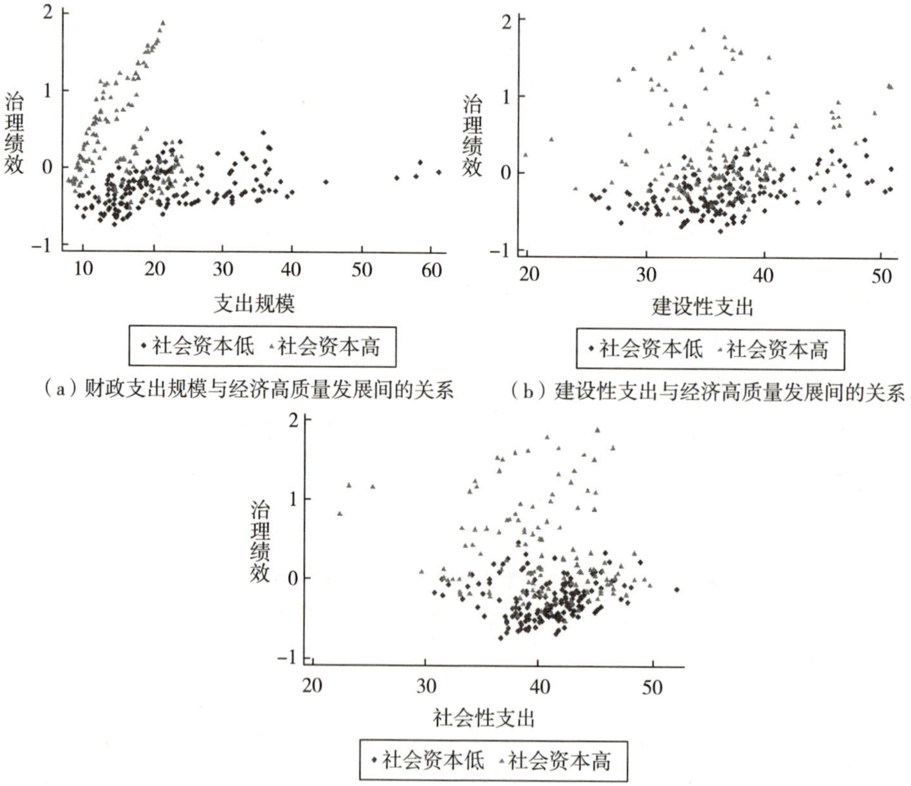

（a）财政支出规模与经济高质量发展间的关系

（b）建设性支出与经济高质量发展间的关系

（c）社会性支出与经济高质量发展间的关系

图9-1　政府财政支出与经济高质量发展间的关系

表9-2显示，2013年我国经济高质量发展均值为0.452，政府财政支出占GDP比重为21.131%，其中建设性支出为总支出的37.723%，社会

性支出为总支出的43.747%。居民信任度均值为3.283，位于“说不上信任不信任”与“比较信任”之间。公共参与均值为0.437，尚未达到一半。关系网络是垂直关系与横向关系的综合值，均值为1.511，也仅处于中等水平。总体来说，我国的个人社会资本存量并不是很高。

图1（a）显示的是在不同社会资本存量下，支出规模与经济高质量发展之间的关系。在相似的支出规模下，社会资本比较高的省份，发展质量显然更高。而在社会资本相对匮乏的地区，即便有相当高的支出规模，也不一定能够促进发展水平的提高。图1（b）显示的是在不同社会资本存量下，建设性支出与经济高质量发展之间的关系。从散点分布来看，建设性支出与发展并无显著的线性关系，但在相似的建设性支出下，社会资本与发展有显著的正关系。图1（c）显示的是在不同社会资本存量下，社会性支出与经济高质量发展之间的关系。从散点分布来看，社会性支出与发展整体呈现出线性关系，在相似的社会性支出下，社会资本与绩效也有显著的正相关关系。

（三）模型设定与检验

1. 个体样本模型

为检验个人社会资本、政府财政支出对经济高质量发展的影响，对个体样本数据建立下列多元回归分析模型。对所有的自变量和控制变量取对数，以降低数据的波动幅度以及变量的多重共线问题。公式如下：

$$Perf_{it} = \alpha_0 + \alpha_1 \mathrm{Ln}FE_{it} + \alpha_2 \mathrm{Ln}SC_{it} + \alpha_3 \mathrm{Ln}FE_{it} \times \mathrm{Ln}SC_{it} + \sum_{i=1}^{k} \beta_i \mathrm{Ln}D_{it} + \varepsilon_{it} \tag{9.1}$$

其中，下标 i、t 分别表示第 i 个地区和第 t 年；α_1、α_2、α_3 分别表示政府财政支出、社会资本及其交叉项的系数；D_{it}表示控制变量；β_i 则表示控制变量的产出弹性；α_0、ε_{it}分别表示常数项和残差扰动项。

对于回归模型可能存在的异方差问题，本章采用了怀特检验方法，检验出模型存在异方差，用可行广义最小二乘法（FGLS）进行了修正。

2. 省级样本模型

为检验组织社会资本、政府财政支出对经济高质量发展的影响，将经济高质量发展的滞后一期作为工具变量，对省级样本数据建立如下动态面板计量模型：

$$Perf_{it} = \alpha_0 Perf_{i,t-1} + \alpha_1 \mathrm{Ln}FE_{it} + \alpha_2 \mathrm{Ln}SC_{it} + \alpha_3 \mathrm{Ln}FE_{it} \times \mathrm{Ln}SC_{it} + \sum_{i=1}^{k} \beta_i \mathrm{Ln}D_{it} + \lambda_i + \varphi_t + \varepsilon_{it} \quad (9.2)$$

其中，下标 i、t 分别表示第 i 个地区和第 t 年；α_0 表示经济高质量发展滞后一期的系数，α_1、α_2、α_3 分别表示政府财政支出、社会资本及其交叉项的系数；D_{it}表示控制变量；β_i 则表示控制变量的产出弹性；λ_i 用来捕捉某个省份不随年份变化的地区固定效应；φ_t 用来捕捉某个年份不随省份变化的时间固定效应；ε_{it}表示随机误差项。

三、实证结果与分析

对于个体样本模型，采用 OLS 进行估计，回归结果如表 9－3 中模型 1、模型 2、模型 3 列所示，分别表示政府财政支出规模、建设性支出、社会性支出与个人社会资本对经济高质量发展的影响。省级样本模型采用 SYS－GMM 进行估计，回归结果如表 9－3 中模型 4、模型 5、模型 6 列所示，分别表示政府财政支出规模、建设性支出、社会性支出与组织社会资本对经济高质量发展的影响。

（一）控制变量影响分析

从表 9－3 结果可以看出，人均 GDP 对经济高质量发展有显著正影响，说明经济越发达地区，综合经济高质量发展也越高。人力资本、技术创新、开放程度、市场化水平对经济高质量发展均存在显著正向影响，这与一般文献结论吻合。物质资本系数较小，而且符号不一，有悖常理，这从某个角度可言，物质资本也存在结构问题，不同的经济发展结构对应不同的物质资本结构。城市化水平对经济发展存在较为显著的负影响，可能是因为城市化率的提高将引起碳排放量的增加，有悖于低碳城市建设目标和阻碍可持续发展战略的实施（周葵和戴小文，2013）。另外，城市化带来了制造业成本和城市生活成本的提高，不同人群、不同地区收入差距不断扩大，社会不安定因素开始增多（中国经济增长前沿课题组，2011）。

表 9－3　模型回归结果

解释变量	被解释变量：经济高质量发展					
	模型 1	模型 2	模型 3	模型 4	模型 5	模型 6
高质量发展滞后一期				0.119*** (0.021)	0.237*** (0.032)	0.093*** (0.016)
支出规模	0.125* (0.016)			0.219* (0.046)		
建设性支出		-0.160*** (0.023)			-0.002 (0.092)	
社会性支出			1.963*** (0.061)			0.177*** (0.038)
社会资本	0.096** (0.008)	0.131*** (0.007)	0.075*** (0.007)	0.052*** (0.045)	0.061*** (0.046)	0.033*** (0.018)
支出规模×社会资本	0.132* (0.007)			0.314* (0.073)		
建设性支出×社会资本		-0.161 (0.009)			0.179 (0.209)	
社会性支出×社会资本			0.367** (0.007)			0.675*** (0.049)
人均 GDP	0.233*** (0.025)	0.253*** (0.029)	0.338*** (0.011)	0.046*** (0.059)	0.060 (0.061)	0.093 (0.029)

续表

解释变量	被解释变量：经济高质量发展					
	模型1	模型2	模型3	模型4	模型5	模型6
人力资本	1.537*** (0.057)	1.565** (0.068)	1.630*** (0.032)	0.771** (0.033)	0.783*** (0.039)	0.766** (0.065)
物质资本	-0.015*** (0.002)	-0.017 (0.004)	-0.010 (0.002)	0.042** (0.017)	0.042 (0.018)	0.037** (0.004)
科技创新	0.318*** (0.005)	0.309*** (0.007)	0.278*** (0.003)	0.168*** (0.027)	0.211*** (0.026)	0.280*** (0.010)
开放程度	0.251*** (0.006)	0.252*** (0.009)	0.100*** (0.002)	0.148*** (0.021)	0.132*** (0.022)	0.123*** (0.028)
市场化水平	1.050*** (0.034)	0.994*** (0.058)	0.934*** (0.013)	0.276*** (0.058)	0.566*** (0.085)	0.624*** (0.057)
城市化水平	-0.054 (0.049)	-0.215* (0.055)	-0.376*** (0.017)	-0.147** (0.055)	0.411 (0.131)	0.321*** (0.055)
常数项	-5.578*** (0.196)	-2.077*** (0.105)	-12.541*** (0.308)	-4.363*** (0.469)	-3.505*** (0.513)	-2.784*** (0.348)
样本数	5691	5691	5691	300	300	300
Adjusted R^2	0.9177	0.9560	0.9303	0.8573	0.8515	0.8492
F统计P值	0.000	0.000	0.000	0.000	0.000	0.000

（二）政府财政支出与社会资本对经济高质量发展的直接影响分析

从各变量回归系数发现：经济发展滞后项系数显著为正，反映出经济高质量发展具有自我加强趋势。政府财政支出规模的估计系数显著为正，说明我国的政府财政支出对经济高质量发展还是存在促进作用的，不应该一味地限制规模。这也印证了王绍光（2008）所说的“增进绩效的最佳战略不是削弱政府，而是改造政府”，是让政府变强，而不是变小。建设性支出的估计系数在个体样本模型中显著为负，而在省级样本数据中不显著，这与很多关于政府财政支出结构的相关研究结论一致，即尽管政府在经济建设方面的投资有效刺激了经济的增长，但过于偏重建设性支出，对经济干预存在越位现象，扭曲了资源配置，反而对经济高质量发展造成负面影响。社会性支出的估计系数显著为正，数值大小也大大超过支出规模与建设性支出对高质量发展的影响，说明关注民生，加大民生投入，是提高我国经济高质量发展水平的关键。根据以上分析，H9 - 1a、H9 - 1b、H9 - 1c 得到验证。

社会资本对经济高质量发展存在显著正影响，H9 - 2 通过检验。但系数较小，这可能是因为我国目前资本存量较小，对经济高质量发展产生的影响较弱。

（三）政府财政支出与社会资本对经济高质量发展的交互影响分析

观察交叉项系数，支出规模、社会性支出与社会资本交叉项系数均显著为正，说明政府财政支出，尤其是社会领域的民生性政府财政支出，与社会资本之间产生互补作用，这意味着针对这些因素的协同治理能有效提升经济高质量发展，因此二者之间应该在各领域实现紧密合作。这与张文礼（2013）理论研究结论一致。建设性支出与社会资本交叉项符号为负但不显著，可能是因为建设性支出对经济高质量发展存在的正负效应同时作用，二者作用相互抵消所致。因此，H9 - 3 得到部分验证。

将前三个模型与后三个模型结果进行比较可以发现，主要变量的影响显著程度和方向并没有明显的变化，其标准误差也较为稳定，说明估计和分析结果具有一定的稳健性。个体层面与省级层面存在细微差异，但没有改变政府财政支出与社会资本对经济高质量发展存在促进作用和交叉影响的本质。

（四）政府财政支出与社会资本对经济高质量发展影响的群体差异

地方经济发展水平是政府与社会合作逻辑和机制形成的重要变量（张

文礼，2013）。在经济发展程度越高的地区，政府不仅面临更大的职能调整压力，而且面临着多元化的公共服务供给压力，在双重压力下，地方政府很愿意选择社会组织进行合作。并且经济发展水平越高的地区，财政能力越强，也更具备支持社会组织发展的资金条件。在地方政府支持下，社会组织得到快速发展，变得强大。而强大起来的社会组织更有能力和实力发挥其提供公共服务的应有功能，从而使经济高质量发展得到提高。因此，本章将从区域角度对居民样本进行分组回归分析，以检验地区政府财政支出与社会资本对各自经济高质量发展的影响是否存在差异。

表9-4报告了按照东部和中西部地区进行分组的估计结果，其中模型7、模型8为东部地区个体样本模型，模型9、模型10为省级样本模型；模型11、模型12为西部地区个体样本模型，模型13、模型14为省级样本模型。回归结果显示：对于东部地区，政府财政支出规模对经济高质量发展没有显著影响，而建设性支出与社会性支出对经济高质量发展分别存在显著负影响和正影响，支出规模、社会性支出与社会资本交叉项显著为正；对于中西部地区，政府财政支出规模、建设性支出比重与社会性支出均对经济高质量发展产生显著正影响，且它们的交叉项也显著为正。这说明东部地区对政府的依赖程度减小，尤其对经济干预的需求降低，转而需要更多的民生类公共物品，且政府与社会合作更紧密，产生的绩效更高；而中西部地区市场发育尚较欠缺，经济发展需要政府的大力扶持，同时也有着对民生性公共物品的需求，政府与社会之间的合作也带来了高质量发展水平的提高。

表9-4　按区域分组回归结果

解释变量	东部地区	东部地区	东部地区	东部地区	中西部地区	中西部地区	中西部地区	中西部地区
	模型7	模型8	模型9	模型10	模型11	模型12	模型13	模型14
经济高质量发展滞后一期			0.248***	0.187***			0.164***	0.097***
			(0.022)	(0.031)			(0.028)	(0.021)
支出规模	0.073		0.219***		0.099**		0.176**	
	(0.012)		(0.046)		(0.019)		(0.044)	

续表

解释变量	东部地区	东部地区	东部地区	东部地区	中西部地区	中西部地区	中西部地区	中西部地区
	模型 7	模型 8	模型 9	模型 10	模型 11	模型 12	模型 13	模型 14
建设性支出		-0.451***		-0.003***		0.257**		0.008*
		(0.042)		(0.093)		(0.041)		(0.092)
社会性支出		2.035***		0.288***		1.875***		0.159***
		(0.065)		(0.045)		(0.048)		(0.032)
社会资本	0.174**	0.169***	0.097***	0.081***	0.061***	0.054***	0.041***	0.028***
	(0.009)	(0.008)	(0.046)	(0.045)	(0.010)	(0.008)	(0.047)	(0.048)
支出规模×社会资本	0.148*		0.402*		0.119*		0.389*	
	(0.009)		(0.076)		(0.006)		(0.082)	
建设性支出×社会资本		-0.193		-0.161		0.195*		0.187**
		(0.009)		(0.197)		(0.010)		(0.211)
社会性支出×社会资本		0.324**		0.505**		0.421***		0.683***
		(0.008)		(0.051)		(0.009)		(0.051)
控制变量	YES	YES	YES	YES	YES	YES	YES	YES
常数项	-6.254***	-9.705***	-2.527***	-2.361***	-5.427***	-7.269***	-3.524***	-2.953***
	(0.096)	(0.101)	(0.325)	(0.369)	(0.094)	(0.099)	(0.503)	(0.448)
样本数	2036	2036	110	110	3655	3655	190	190
Adjusted R^2	0.9016	0.9015	0.8042	0.8043	0.9623	0.9546	0.8763	0.8759
F 统计 P 值	0.000	0.000	0.000	0.000	0.000	0.000	0.000	0.000

四、本章小结

本章以政府财政支出规模与结构表征政府力量，以社会资本表征社会力量，以经济高质量发展水平为治理目标，结合中国综合社会调查与省级年鉴数据，有力地证明了政府财政支出规模、社会性支出与社会资本对经济高质量发展都有显著的正向促进作用，并且无论是个人社会资本，还是组织社会资本，均分别与政府财政支出规模和社会性支出存在正向交互效应。由于地方经济发展水平是政府与社会合作逻辑和机制形成的重要因素，在不同的经济发展阶段，政府与社会的关系将呈现出差异性。通过进一步的按区域分组回归发现，东部地区的支出规模对经济高质量发展没有显著影响，而建设性支出与社会性支出对经济高质量发展分别存在显著负影响和正影响，政府财政支出规模、社会性支出与社会资本交叉项显著为正；对于中西部地区，政府财政支出规模、建设性支出比重与社会性支出对经济高质量发展均产生显著正影响，且它们的交叉项也显著为正。

以上结果说明，在中国现阶段，政府与社会是互补关系，而不是替代关系，要提高经济高质量发展，尤其是在公共服务领域，政府与社会应该合作共治，实现强强发展。在这个过程中，国家应转变政府职能，加大民生投入，加强民主制度建设，为民众更广泛地参与公共事务、实现政府与社会合作提供良好的制度环境。当然，对处于不同经济发展阶段的地区，政府要区别对待。对于经济发达地区，政府应减少对经济的干预，把更多权力下放到市场与社会，加强与它们之间的合作；而对于尚需要政府大力扶持的不发达地区，政府应该适当增加支出规模，增加经济建设性与社会民生性支出，提高公共经济高质量发展，同时也要对社会组织加以引导和培育，以促进社会资本的大量形成。

第十章

政府财政支出与社会信任：公众感知满意度的中介效应

在中国社会经济发展过程中，大家往往强调看得见的政府之手和看不见的市场之手，却忽视了另一个重要的力量——社会。但近十几年来，社会作为一种具有重要价值的资本，开始被越来越多的研究者与执政者所重视（燕继荣，2013）。其中，社会信任是社会资本的一个重要组成部分，是指对社会上大多数人的信任。在任何社会环境中，社会成员都离不开信任，社会信任就像社会关系的黏合剂，发挥着人与人、人与社会之间的凝聚作用，是实现和谐社会主义发展目标的关键（Bjørnskov Svendsen，2013；Fukuyama，1995；Knack，2002；Putnam，2000）。正如马里兰著名教授 Uslaner（2000）所形容的那样：信任是社会生活的一碗鸡汤。

然而，由于长期被忽略，中国社会力量相对薄弱，信任水平偏低。来自世界综合社会调查（简称 WVS）的数据显示，中国公众对陌生人完全信任度和比较信任度分别为 1% 和 11%，不信任度高达 88%。有研究表明，中国的信任现状不仅限制了社会组织的壮大，使社会资本水平难以得到提高，还严重制约了经济的发展，最终影响国家治理体系力量的均衡和发展（李涛等，2008）。那么，如何提高中国的社会信任，是迫切需要解决的理论和实际问题。

一、社会信任来源理论分析

迄今为止，不少学者从多个角度对社会信任来源与影响因素问题进行了探讨，借鉴归因理论，本章将社会信任的这些影响因素按可控性划分为文化因素和绩效因素。文化和人类学家认为公民的社会信任是以非理性的社会嵌入选择为基础，是一种文化沉淀的结果，如早期社会化经历（Yang Tang，2010）、主流的价值观念（Inglehart，1990）与政治文化（Norris，1999）等因素在很大程度上塑造了他们对社会的信任程度，这些因素相对稳定且不可控。经济学家则认为社会信任往往是人们对利益得失的理性评估与理性选择的结果（Aghion，2010）。而这些理性评估项目既有市场交易中的各方博弈，也包括一个国家的城市化程度、市场化程度与国民的富裕程度、整体教育水平、对政府的信任程度、公共资源的竞争程度、收入公平、社会公平、腐败程度等，这些因素除了个体特性，其他主要是国家政策与制度的结果，可以通过政府行为进行控制和调节。对于以上两种信任基础，只有通过可控因素的调整才能有效提高社会信任水平。根据既有研究结论，不可否认的是，政府行为对社会、经济、政治环境等各方面均产生了深远影响，这其中显然也包括对社会信任的影响。林毅夫（2008）强调："政府是发展中国家最重要的制度。政府采纳的政策将会塑造社会经济中的其他制度与激励结构，并影响它们的质量。"而财政行为是政府行为的最好表征（Key，1940），因此，本章着重关注政府财政支出对社会信任的影响。

政府财政支出是政府干预社会与市场最直接的工具，然而国内研究却少有讨论与验证二者关系（游宇和张光，2015），但国外学术界基于不同的理论视角对二者关系进行了大量探讨，只是它们之间的因果关系与影响机理尚未达成一致。一类研究结论认为，社会信任通过选民的分配偏好和税负感知影响甚至决定政府财政支出规模（Bergh Bjørnskov，2014；Bjørnskov Svendsen，2013；Camussi，2018；Daniele Geys，2015）；而另一类研究则持反因果关系观点（Brewer，2014；Yamamura，2012）。我们认为，由于中国与欧美国家民主制度的差异，公众偏好对政府支出不产生直接影响。相反，中国长期以来的威权政治使中国公众习惯对政府表现出服从行为（游宇和张光，2015）。因此，在中国的民主体制下，政府财政支出与社会信任的因果关系更多体现为后者，即政府财政支出为因，社会信任为果。根据已有研究，政府财政支出规模对社会信任同时存在正负效应。Berggren 和 Jordahl（2006）认为政府高水平的税收阻碍了信任的建立和市场机理的发展，但政府提供的法治系统、教育、国防和基础建设等公共物品，提高了社会信任。Yamamura（2012）认为超过公众志愿水平的政府支出规模将阻碍个人在市场中的决定，从而干扰市场活动的正常进行，同时也容易滋生腐败，这些都将造成社会隔离与自我中心，从而对社会信任产生挤出效应。Bernauer 和 Koubi（2013）则从政府支出规模增长理论的供需视角出发，当政府规模由需求驱动时，政府被认为是纯公共物品的提供者和外部性的矫正者，以及特殊利益集团利益的提供者。当政府规模由供应驱动时，根据 Niscanen 的官僚理论（Bureaucracy Theory）及 Brennan 和 Buchanan 的“利维坦”理论（Leviathan Theory），政府被认为是追求预算目标和收入最大化的垄断型组织。因此，财政支出的增加可能导致机会主义和“搭便车”行为，从而降低社会信任水平，也可能因为一些福利支出提升人们的社会归属感和公平感，从而提高社会信任水平。Ferragina（2017）在探讨福利国家（社会支出与去商品化测量）与社会资本（用网络、信任与规范测量）关系时，叙述了三种理论观点：制度理论（Institutional Theory）观点认为，慷慨的福利国家因为提供了充分的社会保障和公民资格，所以对社会资本存在挤入效应；新古典理论（Neoclassical Theory）认为慷慨的福利国家可能会为社会风险提供过度覆盖；社群理论（Communitarian Theory）认为过度福利将导致官僚主义盛行而对社会资本的挤出效应。综上所述，无论基于怎样的理论和视角，从总量上说，支出对社会信任的影响始终是模糊的，需要进一步从支出结构上具体探讨各种不同的支出对社会信任的影响，而这正是现有文献所欠缺的。

政府财政支出是政府助力经济社会发展的一种投入，绩效是投入所得到的产出。不同的支出结构倾向将通过政府职能的行使从而产生不同的绩效结构（Brewer，2014），它可以被视作各种政府职能的履行成效。根据政府职能理论和目前中国对政府职能的定位，中国政府公共财政支出主要有实现宏观经济的稳定增长、市场监管、公共服务、社会管理、资源分配、保护生态环境等职能，这些职能的履行成效如果被公众感知，则将可能对他们的价值观念产生影响。那么，财政支出对社会信任影响的关键就在于这些绩效在多大程度上符合公众的预期，也可以说这些绩效构成了财政支出对信任影响的传导机理。

至此，本章的研究思路已较为明晰。我们将对中国民主制度下的政府财政支出规模及结构与公众社会信任的关系进行分析和检验，并论证公众感知满意度，即促进经济增长感知满意度、提供公共服务感知满意度、实施社会管理感知满意度、分配资源收入感知满意度、保护生态环境感知满意度等，是否构成财政支出对社会信任的影响机理。

基于以上分析，本章的主要创新与贡献有以下三点：首先，不仅对政府财政支出总量与社会信任之间的关系进行了探讨，还对支出结构与社会信任之间的关系进行了论证；其次，基于公众感知满意度视角，对政府财政支出与社会信任之间的影响机理进行了分析；最后，通过多种方式处理模型的稳健性和内生性问题，并根据实证结果提出了具体的政策建议。

二、数据、变量与模型

(一) 数据来源

本章所使用的数据主要来源于2013年中国综合社会调查(CGSS2013)。本次调查由中国人民大学社会学系主持实施，采用多阶分层PPS随机抽样，样本覆盖全国28个省级单位的18岁以上的城乡居民。问卷共涉及748个变量，11438个样本。在本书中，剔除了相关回答不规范、拒绝回答和存在缺失值的样本。此外，从《中国检察年鉴》中获取了省级层次变量公职人员贪污腐败渎职立案数数据，从人民论坛网《中国市场化八年进程报告》[①] 中获取了2012年各地区市场化进程指数。其他宏观数据均来源于2013年的《中国统计年鉴》。

(二) 变量操作化与描述性分析

1. 因变量

社会信任。2013年CGSS问卷的问题是“总的来说，您是否同意在这个社会上，绝大多数人都是可以信任的?”从完全不同意到完全同意分别计1~5分。这一问题作为测量社会信任的指标，也是世界价值观调查以及亚洲价值观调查等大型调查测量人际信任时所采用的题目。

2. 自变量

(1) 政府财政支出规模。考虑到财政支出能够反映政府在预算范围内行使政府职能的影响，本章采用财政支出占GDP的比重指标测量政府财政

① 资料来源：http：//www. worldvaluessurvey. org/wvs. jsp.

支出规模。

（2）政府财政支出结构。根据支出功能（职能）分类，中国公共预算支出设置为一般公共服务、外交、国防、公共安全、教育等23大类，为了与前文政府职能分类保持一致，本章将重点考虑经济建设性支出、公共服务性支出、社会管理性支出、环境保护性支出对社会信任的影响。

3. 中介变量

（1）促进经济增长感知满意度，以各省人均实际GDP增长率测量①。

（2）提供公共服务感知满意度，以公众的公共服务满意度测量②。

（3）实施社会管理感知满意度，以公众的社会管理满意度测量③。

（4）分配资源收入感知满意度，以公众公平感知测量。

（5）保护生态环境感知满意度，以公众的环保工作满意度测量。

4. 控制变量

考虑到居民的社会信任程度还受到其他因素的影响，为了尽可能地刻画受访者的各种异质性特征，参考相关文献，本章选取了代表居民个人特征和地区发展特征的一系列变量作为控制变量。

（1）个人特征变量，包括性别、年龄、民族、婚姻、个人收入对数、受教育程度、政治身份、工作状态、阶级自评、城乡等。

（2）地区发展特征变量，包括：市场化进程指数用来测量制度质量（董利红等，2015），随着中国逐渐进入陌生人社会，制度在人们的信任水平中扮演越来越重要的角色；各省人均GDP的对数用来测量地区经济发展水平，一般来说，经济发展水平越高，民众生活条件相对越好，社会信任可能越高；各省每万公职人员贪污腐败渎职立案数测量腐败程度。腐败程

① CGSS 2013问卷没有设计经济增长感知的相关问题，这里用人均GDP增长率代替。尽管主观感知与客观统计不一定完全一致，但也应该高度相关。

② CGSS 2013问卷主要设计了公众对政府提供的公共教育、医疗卫生、住房保障等公共服务。本书对三者满意程度得分进行加总求平均。

③ CGSS 2013问卷中涉及7个方面的社会管理，本书仅选取了最容易被人感知和影响信任水平的四个方面，即食品药品安全、社会治安、社会矛盾化、维持社会秩序。对四者满意程度得分进行加总求平均。

度越高，民众对政府越没信心，越容易产生不信任感；地区虚拟变量（东部 =1，中西部 =0）用来控制社会信任的地区差异。

5. 主要变量的描述性分析

表 10 -1 给出了相关变量的描述性统计。从中显示出中国居民对社会上大多数人的信任水平均值是 3.298，即对于社会上绝大部分人是可以信任的问题的回答，介于“说不上同意不同意”和“比较同意”之间。从公众对政府职能履行满意度来看，基本在及格线水平徘徊。

表 10 -1 变量的描述性统计（N =5697）

变量	说明	均值	标准差
社会信任	完全不信任 =1，…，完全信任 =5	3.298	1.031
政府财政支出规模	单位:%	21.721	8.366
经济建设性支出	单位:%	34.522	4.221
公共服务性支出	单位:%	44.168	3.295
社会管理性支出	单位:%	5.394	0.975
环境保护性支出	单位:%	2.783	0.781
性别	男 =1，女 =0	0.511	0.501
年龄	2013 ~ 出生年份	49.016	16.094
民族	汉族 =1，少数民族 =0	0.916	0.278
婚姻	有稳定配偶 =1，无稳定配偶 =0	0.784	0.412
年收入对数	2012 年个人年收入取对数	9.622	1.183
教育	没有受过教育 =0，…，研究生及以上 =19	8.902	4.575
政治身份	党员 =1，非党员 =0	0.118	0.322
是否工作	有工作 =1，没有工作 =0	0.707	0.455
阶层自评	最底层 =1，最高层 =10	4.325	1.676
城乡	城市 =1，农村 =0	0.616	0.486
制度质量	市场化进程指数	6.499	1.675
人均 GDP 对数	单位：元	4.718	2.013

续表

变量	说明	均值	标准差
腐败	单位：件	1208.507	558.937
促进经济增长感知满意度	单位:%	10.549	3.114
提供公共服务感知满意度	完全不满意 =0，…，完全满意 =100	65.381	12.985
实施社会管理感知满意度	非常不满意 =1，…，非常满意 =5	2.949	0.781
配置资源收入感知满意度	完全不公平 =1，…，完全公平 =5	2.985	1.056
保护生态环境感知满意度	忽视了环境保护工作 =1，…，取得了很大的成绩 =5	3.045	1.176

资料来源：根据2013年中国综合社会调查、《中国检察年鉴》和《中国统计年鉴》数据计算得到。

（三）建立回归模型

由于本章因变量的取值具有离散且有序的特点，因此采用有序Probit模型进行回归分析。基准模型的设定如下：

$$Trust^* = \alpha_0 + \alpha_1 EXP + \beta X + \gamma Z + \mu \tag{10.1}$$

式中，*EXP*表示政府财政支出（规模与结构）；*X*表示一组个体人口统计学变量；*Z*表示地区发展特征；μ表示服从正态分布的随机干扰项。$Trust^*$表示不可观察的潜变量。假设$k_1 < k_2 < k_3 < k_4$表示估计获得的临界值，并定义*Trust*与$Trust^*$具有如下关系：

$$Trust = \begin{cases} 1, & if \quad Trust^* < k_1 \\ 2, & if \quad k_1 < Trust^* \leqslant k_2 \\ 3, & if \quad k_2 < Trust^* \leqslant k_3 \\ 4, & if \quad k_3 < Trust^* \leqslant k_4 \\ 5, & if \quad Trust^* > k_4 \end{cases} \tag{10.2}$$

三、实证结果分析

（一）政府财政支出对社会信任的直接影响与边际效应

表10－2是采用有序Probit回归得到的政府财政支出规模与结构对公众社会信任影响的结果。模型1考察了个体层面的相关因素对社会信任程度的影响，模型2在模型1的基础上加入了宏观控制变量，模型3和模型4分别在模型2的基础上加入了财政支出规模和结构。在个体特征方面，男性的社会信任略高，这可能是因为女性把更多的时间和精力花在了家庭生活上，而男性更多参与社会交往。但随着宏观控制变量和自变量的加入，系数逐渐变得不显著。年龄对社会信任影响始终显著为正，随着年龄的增长，社会信任程度也随之逐步提升。这可能是因为人的社会经验会随着年龄的增长而提高。少数民族社会信任程度更高，有待收集更多数据进行解释。有稳定伴侣的社会信任程度更高，可能是稳定的家庭生活为居民提供了更多抵御外部社会风险的心理暗示。提高收入水平对社会信任表现出拉低作用，可能像游宇等（2015）解释的那样，高收入者有更多物质之外的需求，而这是在目前的社会更难被满足的，因此导致信任度偏低。教育与阶级自评对社会信任增长有强化作用，较高的受教育程度和社会地位提高了居民的理性分析能力和风险控制能力，相对来说被欺骗的可能性更小。相对于非党员群体，中共党员这一群体对社会表现出更高的“认同度”。有工作群体比无工作群体拥有更高的社会信任，失业会给人带来不稳定和焦虑感。农村居民比城镇居民拥有更高水平的社会信任，这可能是因为，农村居民的生存环境同质性群体较高，而城市居民主要生活在“陌生人社会”，群体异质性较高。在宏观控制变量方面，制度质量越高，信

任度越高，制度越来越成为保障陌生社会信任水平的根本。地区人均 GDP 对社会信任影响不显著，这可能是因为，人均 GDP 水平越高的地区，居民生活水平越高，社会信任也相应越高，但同时居民有更多物质以外的需求，预期更难得到满足，从而降低信任度。腐败对信任的危害已经得到现实和学界的认可。

表 10－2　政府财政支出对社会信任的直接影响（N＝9377）

解释变量	模型 1	模型 2	模型 3	模型 4
财政支出规模			－0.003** (0.001)	
经济建设性支出				－0.027** (0.009)
公共服务性支出				0.032*** (0.010)
社会管理性支出				0.082*** (0.022)
环境保护性支出				0.009 (0.015)
性别	0.062*** (0.023)	0.056** (0.023)	0.048** (0.023)	0.043 (0.024)
年龄	0.0109*** (0.001)	0.0111*** (0.001)	0.007*** (0.001)	0.007*** (0.001)
民族	－0.110*** (0.039)	－0.082** (0.040)	－0.114** (0.041)	－0.124* (0.067)
婚姻	0.081*** (0.028)	0.069** (0.027)	0.092*** (0.028)	0.082* (0.044)
年收入对数	－0.045*** (0.007)	－0.037** (0.007)	－0.017** (0.007)	－0.026** (0.011)
教育	0.0190*** (0.005)	0.0224*** (0.005)	0.0224*** (0.005)	0.0156*** (0.005)

续表

解释变量	模型 1	模型 2	模型 3	模型 4
是否党员	0.106 ** (0.038)	0.095 * (0.038)	0.094 * (0.038)	0.039 (0.037)
是否工作	0.097 *** (0.029)	0.088 *** (0.029)	0.067 ** (0.029)	0.073 ** (0.029)
阶层自评	0.049 *** (0.007)	0.056 *** (0.007)	0.051 *** (0.007)	0.036 *** (0.011)
城乡	-0.183 *** (0.027)	-0.163 *** (0.027)	-0.217 *** (0.028)	-0.211 *** (0.027)
制度质量		0.086 *** (0.025)	0.031 ** (0.015)	0.047 *** (0.016)
人均 GDP 对数		-0.006 (0.015)	-0.002 (0.013)	-0.005 (0.014)
腐败程度		-0.0652 (0.041)	-0.061 ** (0.030)	-0.038 (0.031)
地区虚拟变量	NO	YES	YES	YES
Pseudo R^2	0.0111	0.0123	0.0129	0.0235

注：括号内数据为标准误；*、** 和 *** 分别表示在 10%、5% 和 1% 水平上显著。下同。

政府财政支出对居民社会信任的总量与结构性影响是本章关注的焦点。结果表明，地方财政支出规模与经济建设性支出对公众社会信任水平在 5% 水平上产生显著负影响，公共服务性支出与社会管理性支出对社会信任在 1% 水平上产生显著正影响，环境保护性支出对社会信任无显著影响。这说明中国目前的地方政府支出规模与经济建设性支出加剧了社会信任的降低。不可否认的是，经济建设性支出为实现中国经济的稳定增长做出了不可磨灭的贡献，这可能是早期信任产生的基础之一。但因为中国的晋升锦标赛和财政分权等制度原因，地方政府过于热衷经济建设性财政支出倾向。政府对经济干预过多，不仅导致了支出结构的扭曲和市场机制的破坏，还扰乱了公众对未来的预期。在这样的制度环境和预期不稳定的情况下，人们无法相信自己的守信行为在未来会得到回报，个人、企业更趋于追求短期利益，信任自然难以形成，甚至导致信任的流失。而且经济建设性支出更容易滋生官员的腐败，而腐败又加剧了信任水平的下降。公共服务性支出与社会管理性支出提高了社会信任水平，说明公众对政府绩效的关注已经逐渐从经济增长转向教育、医疗、社会保障等民生领域，因而社会性支出的增加能更好地满足人们的心理预期，提高公众的信任度。另外，公共服务性支出能够提升公众的归属感与公平感，促进团结与凝聚力，进而提高信任水平。社会管理性支出的增加能够增强公众的安全感和稳定感，从而提高社会信任。

表 10－3 是模型回归后计算得到的政府财政支出对公众社会信任影响的边际效应。结果显示，财政支出规模上升 1%，公众对社会非常不信任的概率显著上升 0.1%，不信任的概率显著上升 0.26%，一般信任的概率显著上升 0.06%，比较信任的概率显著下降 0.3%，非常信任的概率显著下降 0.12%。经济建设性支出对信任的边际效应与财政支出规模相似；公共管理性支出上升 1%，公众对社会非常不信任的概率显著下降 0.27%，不信任的概率显著下降 0.7%，一般信任的概率显著下降 0.16%，比较信任的概率显著上升 0.81%，非常信任的概率显著上升 0.31%。社会管理性支出对信任的边际效应与公共服务性支出相似，但前者影响值均大于后者。环境保护性支出因为对社会信任没有显著影响，所以边际效应也不显著。该结果再次表明，政府财政支出规模与经济建设性支出在一般意义上对公众社会信任具有挤出效应，而公共服务性支出与社会管理性支出对其具有一定的挤入效应，边际挤入效应要大于边际挤出效应。因此，调节政府财政支出结构更多向公共服务和社会管理倾斜是很有必要的。

（二）政府财政支出对社会信任的影响机理

社会信任表现为一种主观感受，财政支出对信任的影响在很大程度上取决于支出在用于履行政府职能的过程中有多少成效被公众所感知。因此，在考察了政府财政支出总量与结构对社会信任直接影响的基础上，本节引入公众感知满意度，分析它们对公众社会信任的影响，及其是否构成政府财政支出与公众社会信任的影响机理。

表 10－3　政府财政支出对社会信任的边际效应

社会信任	非常不信任	不信任	一般信任	比较信任	非常信任
财政支出规模	0.0010**	0.0026**	0.0006**	－0.0030**	－0.0012**
	(0.0003)	(0.0008)	(0.0001)	(0.0006)	(0.0004)
经济建设性支出	0.0019**	0.0050**	0.0012**	－0.0059**	－0.0023**
	(0.0009)	(0.0023)	(0.0005)	(0.0027)	(0.0010)
公共服务性支出	－0.0027***	－0.0070***	－0.0016***	0.0081***	0.0031***
	(0.0009)	(0.0024)	(0.0005)	(0.0028)	(0.0011)
社会管理性支出	－0.0059***	－0.0153***	－0.0035***	0.0178***	0.0069***
	(0.0021)	(0.0055)	(0.0012)	(0.0063)	(0.0025)
环境保护性支出	－0.0006	－0.0016	－0.0004	0.0018	0.0007
	(0.0014)	(0.0037)	(0.0008)	(0.0043)	(0.0016)
个体控制变量	YES	YES	YES	YES	YES
地区控制变量	YES	YES	YES	YES	YES

表 10－4 中模型 5、模型 6 为回归结果，人均 GDP 增长率对社会信任存在显著负效应。可见政府通过提高 GDP 的增长已不能满足公众的心理预期，从而无法再提高公众的信任度。说明 GDP 的增长构成了公众心理需求的一种保健因素，而不再是激励因素。这与已有研究结论本质上是一致的。例如，Bergh 和 Bjørnskov（2014）通过跨国数据实证检验了地区发展速度与社会信任的正相关关系，公民对经济增长的积极评价正相关于政治信任。但随着经济的高速发展与社会的快速变迁，公众逐渐表现出“批判性公民”特征，经济的增长不足以满足公众的需求，因此难以继续成为信任的来源（游宇和张光，2015）。

公共服务满意度、社会管理满意度、公平感知满意度的系数显著为正，即公众对公共服务、社会管理的满意程度以及公平感知程度越高，他们的社会信任水平就越高。Zak 和 Knack（2001）也曾得出社会保障体系是否完善会影响该地区居民的社会信任程度的结论，杨明等（2011）发现国家整体教育水平是影响信任的关键因素。良好的社会治安和低犯罪率会让人产生安全感和信任感（Zak Knack，2001），有序的市场、食品与药品安全保障也是社会信任的重要来源（杨明等，2011）。在收入异质性越大的地区，人们之间的相互信任程度越低，而高度的平等带来高水平的信任。Bergh 和 Bjørnskov（2014）通过实证发现净收入不平等对社会信任没有显著影响，而市场收入不平等对社会信任存在显著负影响。

环境保护满意度对社会信任的影响不显著。环境保护是否能够提高社会信任水平未能得到验证，也很少有理论将环境和社会信任直接联系起来。但本书认为，随着自然环境遭到越来越严重的破坏，公众的环保意识显著增强，对新鲜空气、优美环境的深切渴望，自然环境将对人们的社会态度和心理将会产生越来越大的影响。例如，有研究表明政府对环境的治理绩效对公众的主观幸福感产生显著正影响（胡洪曙和鲁元平，2012），这种幸福感也必将缓慢作用到人们的信任感。而政府不惜环境代价发展经济的做法也让整个社会产生一种浮躁、急功近利的风气。现代社会可能引发的生态环境恶化的严重后果为社会信任缺失埋下了种子，利益相关性使社会不信任加剧。

对比表 10－3 中模型 3、模型 4 的直接效应与表 10－4 中模型 5、模型 6 的中介效应，我们发现，政府财政支出规模与结构的影响值和显著性都有不同程度的下降，说明除了环境治理，政府职能履行成效的加入不仅能解释政府财政支出对社会信任的影响，并且构成二者的影响机理。

（三）稳健性检验与内生性问题

为了增强研究结论的可靠性，本章选取年龄在 18～65 岁的样本，仅保留劳动年龄人口，以减小退休人口带来的系统误差。回归结果如表 10－4 中模型 7、模型 8 所示。与全样本估计结果相比，社会资本结构对收入差距的影响有不同程度的变化，其中财政支出规模不再显著，但符号没有发生改变。因此，从这个角度来看，回归结果是相对稳健的。

因为财政支出与社会信任程度之间可能也存在反向因果关系，必须要考虑模型的内生性问题。本章使用内生变量的滞后变量作为工具变量，分别采用财政支出规模与结构的滞后一期与二期变量作为支出规模与结构的工具变量。表 10－4 中模型 9、模型 10 报告了政府财政支出规模与结构对社会信任影响的 2SLS 回归结果。从估计结果可以看出，财政支出规模的系数仍然为负，但不再显著；其他变量系数的符号与显著性均没有大的变化。这表明采用工具变量法尽可能克服内生性问题产生的估计偏误后，结论仍然是稳健的。

表 10－4　政府财政支出对社会信任的影响机理模型

解释变量	Oprobit 全样本 模型 5	Oprobit 全样本 模型 6	Oprobit 限制样本 模型 7	Oprobit 限制样本 模型 8	2sls 限制样本 模型 9	2sls 限制样本 模型 10
财政支出规模	－0.001 *		－0.0002		－0.002	
	(0.002)		(0.002)		(0.002)	
经济建设性支出		－0.015 *		－0.010		－0.024 *
		(0.009)		(0.009)		(0.013)
公共服务性支出		0.024 **		0.018 *		0.037 **
		(0.011)		(0.010)		(0.015)
社会管理性支出		0.063 **		0.065 ***		0.066 *
		(0.020)		(0.021)		(0.035)
环境保护性支出		0.020		0.005		0.029
		(0.024)		(0.025)		(0.023)
促进经济增长	－0.011 *	－0.021 **	－0.013 *	－0.015 *	－0.011 **	－0.022 **
感知满意度	(0.006)	(0.008)	(0.007)	(0.008)	(0.006)	(0.007)
提供公共服务	0.007 ***	0.007 ***	0.007 ***	0.008 ***	0.006 ***	0.007 ***
感知满意度	(0.001)	(0.001)	(0.001)	(0.002)	(0.001)	(0.001)
实施社会管理	0.025 ***	0.024 ***	0.018 *	0.018 *	0.018 **	0.018 **
感知满意度	(0.008)	(0.008)	(0.009)	(0.010)	(0.008)	(0.007)

续表

解释变量	Oprobit 全样本 模型 5	Oprobit 全样本 模型 6	Oprobit 限制样本 模型 7	Oprobit 限制样本 模型 8	2sls 限制样本 模型 9	2sls 限制样本 模型 10
分配资源收入	0.255***	0.257***	0.266***	0.265***	0.243***	0.242***
感知满意度	(0.018)	(0.018)	(0.020)	(0.020)	(0.016)	(0.016)
保护生态环境	0.006	0.007	0.006	0.004	0.002	0.002
感知满意度	(0.015)	(0.016)	(0.018)	(0.018)	(0.014)	(0.013)
个体特征	YES	YES	YES	YES	YES	YES
地区特征	YES	YES	YES	YES	YES	YES
样本量	3935	3935	3075	3075	3075	3075
Pseudo R^2	0.0444	0.0450	0.0422	0.0428		
Adj R^2					0.1185	0.1191

四、本章小结

本章以中国综合社会调查 2013 年数据为基础，从政府感知满意度视角系统考察与分析了地方政府财政支出行为对公众社会信任的影响及其机理。主要结论有：

政府财政支出规模与经济建设性支出降低公众社会信任水平，而公共服务性与社会管理性支出的增加提高公共信任水平，后两者对社会信任的挤入效应要大于前两者的挤出效应；环境保护性支出对信任影响暂且不显著。另外，年龄、稳定伴侣、教育水平、党员身份、在岗状态、阶级自评等级、居住农村等个体特征，以及制度质量地区特征对社会信任均存在显著正效应；而个体的收入水平与地区人均 GDP、腐败程度等对社会信任均存在负效应。这意味着要提高公众的社会信任水平，不仅要适度控制政府财政支出规模，更要调整支出结构，减少对经济的干预，加大公共服务和社会管理的投入力度。另外，良好的制度环境也是信任的重要保障。

根据公众感知的政府职能履行成效，把政府财政支出作用的结果分别用人均 GDP 增长率、公共服务满意度、社会管理满意度、公平感知和环境保护满意度进行测量。通过检验，前四者对政府财政支出与社会信任关系起到中介传导作用。其中人均 GDP 增长率的提高不能带来社会信任的提升，反而因为挤出其他方面的支出而导致社会信任的下降。这也再次验证了随着生活水平的提高，单纯的物质将难以满足人们的预期，通过稳定经济增长来提高信任的做法已越来越失去市场。而通过加强公共服务职能带来更多归属感，加强社会管理职能带来更多安全感，成为提升信任的主要来源。

总之，在经济感知满意度对社会信任的正向作用逐渐枯竭时，加强制度建设，调整政府的财政支出行为与政府职能，改进政府绩效和满足公众预期，是提高社会信任的关键途径。

第十一章

政府财政支出与社会资本对城乡收入差距的影响

党的十九大报告指出，中国社会主要矛盾已经从“人民日益增长的物质文化需要同落后的社会生产之间的矛盾”，转化为“人民日益增长的美好生活的需要和不平衡不充分的发展之间的矛盾”。城乡收入差距是经济社会发展不平衡问题的主要表现之一（Sicular，2007；万海远和李实，2013；杨涛和蔡昉，2000）。改革开放以来，城乡收入差距经历了一个先缩小再扩大并且日趋严重的过程。中国的城乡收入比（城镇居民人均可支配收入与农村居民人均纯收入之比）由 1985 年的 1.9 逐步上升至 2009 年的峰值 3.3，尽管近年呈现缓慢下降的趋势，但 2015 年这一比值仍高达 3.0。中国城乡收入差距居高不下的原因何在？其影响机理又是什么？

大量文献对此进行了探讨。杨涛和蔡昉（2000）、陆铭和陈钊（2004）、陈斌开和林毅夫（2013）等将引起中国城乡收入差距扩大的根本原因归结为城镇偏向型政策和相关制度。影响城乡收入及差距的其他因素都可以说内生于这类政策和制度。例如，户籍政策的城镇倾向、资源城镇集聚以及农村人力资本的外溢效应加剧城乡收入差距（杨森平等，2015）；再分配体制下形成的单位和地区壁垒，不但限制了职业流动，还导致了同一社会经济地位其资源含量在壁垒之间的差异，也由此扩大了收入不平等（边燕杰等，2006）；政府财政支出规模也因城市倾向从而扩大城乡收入差距，但不同的财政支出项目，对城乡收入差距的影响各不同

（邓金钱和何爱平，2017）；贸易相关产业主要集中在城镇地区，经济开放有利于提高城镇居民收入，扩大城乡收入差距（景守武和陈红蕾，2017）；产业结构通过调整劳动力市场供需关系而对城乡收入差距产生影响（吴万宗等，2018）。这些文献多限于宏观层面的分析，而较少有微观机制的讨论。本章将基于资本理论范式，从微观视角探讨中国户籍政策背景下社会资本对城乡收入差距的影响。

本章的主要创新与贡献有以下三点：首先，结合中国户籍制度改革现实情况，将城乡居民人口分为原市民、新市民、流动人口和农村留守人口，并分析了不同户籍身份群体的社会资本各结构的存量差异以及呈现出的动态过渡性特征。其次，不同于以往研究的整体分析视角，本章考察了不同户籍身份群体的社会资本结构对城乡收入差距的影响，并通过多种方式处理模型的稳健性和社会资本的内生性问题。最后，发现了社会资本结构对城乡收入差距的影响随着城镇化进程的变化趋势，并从中得出了有益于缩小城乡居民收入差距的政策启示。

一、理论分析框架

城乡二元户籍制度是中华人民共和国成立初期优先发展城市重工业战略不可避免的选择（彭小辉等，2013），但与此同时，户籍制度催生了城乡割裂的二元经济格局。随着改革开放以来工业化进程对劳动力产生的大量需求，户籍管制逐步松动，常住人口城镇化率得到快速提高，然而因为外来人口落户城镇受到各种限制，户籍人口城镇化水平远落后于常住人口城镇化水平，导致了“人户分离”现象大量存在。人口结构的分化使得人们的结构型和认知型社会资本都发生了深刻的变化。理解户籍制度改革过程中不同户籍身份群体的社会资本结构特征，对深入理解社会资本对收入差距的影响具有重要的意义。

（一）户籍制度下的人口结构

传统发展经济学理论认为农村剩余劳动力职业的转换和身份的转变这两个进程几乎是同步进行的。然而中国的情况并非如此。1958 年，政府为实施重工业优先发展战略，实行了限制人口自由流动的户籍制度。这一举措实现了工业的快速发展，但同时也使得中国城乡社会和城乡居民的差异性进一步加大，并由此形成了中国特色的城乡二元格局。改革开放以来，为了破解城乡二元格局，相关学者和政府部门大力提倡城镇化。在这一背景下，大量农村人口从农业生产中转移出来进入城镇，中国的城镇化水平，即常住人口城镇化率得到快速提升。然而，由于户籍制度改革严重滞后，使进入城镇的大量农业转移人口市民化程度低，城镇内部又逐渐形成了新的二元结构。这极大阻碍了城镇化和经济发展的正常进行，也加剧了社会的不稳定性（刘尔思等，2017），严重影响了社会和谐发展和城镇化质量的提高。事实上，常住人口城镇化率与户籍人口城镇化率之间长期存在差距。国家新型城镇化报告显示，1990 年中国常住人口城镇化率为 26.4%，户籍人口城镇化率为 21.1%；2000 年分别为 36.2% 和 26.1%；2015 年分别提高到 56.1% 和 39.9%，两者之间差距越来越大。城镇流动人口高增长、非农户籍人口低增长，成为中国独特的城镇化人口结构特征（国家发展和改革委员会，2016）。

户籍制度和城镇化造成城乡分割和城市内部的“新二元结构”同时存在，因此，本章按户口性质和户口所在地对人口进行分类。陈钊等（2014）将常住人口的身份分为原市民、新市民和非市民三类。其中，所有农业户籍和户籍不在本县（市）的非农户籍样本定义为非市民，后天获得的非农户籍定义为新市民，生来就有的非农户籍定义为原市民。由于陈钊等的研究没有包括农村留守人口，本章在其对常住人口分类的标准上，将非市民改称为流动人口，又加入农村留守人口，即将城乡人口分为原市民、新市民、流动人口和农村人口四类。这个分类刚好反映出了人口城镇化的变迁过程。本章在与 CGSS 数据结合进行具体归类时，借鉴了张心洁等（2016）对农业转移人口的界定，即从户口登记状况为农业户口的人口中筛选出居住在城镇中心地区、城镇边缘和城乡接合部但不从事农业生产的对象，和从户口登记状况为非农业户口及居民户口（以前为农业户口）的人口中筛选出因工作、征地或者家属随转等原因转非农户口的对象。最终对人口的具体分类如下：原市民包括户口登记状况为“非农业”或“居民”且是出生起就获得的；新市民包括户口登记状况为“非农业”或“居民”且获得非农户口的途径是工作、征地或者家属随转等[①]；流动人口包括户口登记状况为“农业”且未登记在居住地；农村留守人口包括户口登记状况为“农业”且登记在居住地。

（二）户籍制度下的社会资本结构

根据强弱关系理论，中国农村社会呈现出更多的以血缘、姻缘和地缘为基础的强关系网络特征，其存在主要是为了满足情感性需要，对寻找工作机会等工具性需要则相对较少，信任问题也仅发生在相识的人身上。中国城市社会则呈现出更多的弱关系网络特征，职业流动和空间流动都较频繁，行业的不断分化和细化也使人与人之间拥有的共同话题不断减少，相互接触的时间长度和交往深度都大打折扣。农村流动人口由于不具有城镇户籍，却常年生活和工作在城镇，拥有异于城镇居民和农村留守居民的社会资本结构。一方面，他们的社会交往方式与范围逐渐从彼此互动的地域性关联中脱离出来，社会经济活动的地域范围得到大幅延展，新的业缘关系和交往方式的建构，加深了他们社会资本的广度与深度（谢家智和王文涛，2016）。另一方面，因为中国城市公共服务的分享和公共参与的权利与户籍身份紧密相连，没有本地户籍就没有平等市民权，享受不到市民同等的社会资源及其他教育、医疗、就业等各种权利和福利（陆铭等，

① 通过升学、参军、转干方式获得非农户籍的人口，是被相关政策过滤出来的精英，受户籍制度的影响可能不大。因此，在描述户籍制度对社会资本的影响时，如果把他们和其他新市民放在一起，可能会导致选择性偏误，在此不列入本书中的“新市民”范围。

2011)。同时，流动人口大多从事劳动强度较大、具有一定危险性或薪资较低的、市民不愿从事的体力工作，而且薪资还常被拖欠，难以建立必要的信任关系。因此，他们所迫切需要的社会支持和认同得不到有效的满足，身处于城镇的边缘，无法真正融入城镇生活。这两方面的原因势必带来强纽带关系逐渐弱化，新社会关系难以建立，引发他们心理失调、交往失败等负面心理问题。在现行户籍制度下，随着城镇化进程加速，他们的观念意识与行为规范逐渐朝消极方向发展，日渐形成了异于城镇居民和农村留守居民的社会资本结构。

根据以上分析，户籍制度和城镇化使不同户籍群体的社会关系网络和观念意识及行为规范产生了分化，因此，我们需要对社会资本结构进行划分。社会资本概念是20世纪80年代由法国著名社会学家布迪厄首次正式提出，经Colman和Putnam等的进一步应用和发展，在国际学术界引起了广泛的争论与探讨。Putnam等（1993）认为，社会资本是指社会组织的特征，主要包括网络、信任和规范，这3个维度构成了社会资本的核心表现形式。Bain和Hicks在1998年又将社会资本分为认知型社会资本和结构型社会资本（Krishna & Shrader，2000），本质上与Putnam的定义是一致的(Lin, 2001)：结构型社会资本指的是团体或组织与外界联系或活动的密度和广度，对应于Putnam提出的社会网络；而认知型社会资本则包括社会支持、互惠、共享及信任等，对应于Putnam提出的信任和规范。Grootaert(2004)在提出“社会资本是穷人的资本”假说的研究中，选取了群体与网络、集体行动与社会合作、信息与交流、信任与团结、社会凝聚力与包容性、权威与政治行动6个维度来测度社会资本，也可将其归于结构型与认知型两种社会资本。本章在Putnam定义框架下，选取了Grootaert 5个维度①，并把它们归入结构型社会资本和认知型社会资本两大类。社交串门测量强关系网络维度，一般朋友的聚会测量弱关系网络维度，互联网使用

---

① 集体行动与社会合作维度主要包括加入一些社团组织，共同参与一些集体活动。已有研究表明，农村居民的团体活动参与程度及社团参与数量、质量都远低于城镇居民，结论较为一致。又因CGSS 2015并无相关问题设置，在此未将社团参与维度加入本书研究。

频率测量信息与交流维度，三者为个人获取更多工作信息和机会提供很大帮助，属于结构型社会资本；陌生信任测量信任与团结维度，公共意识测量社会凝聚力与包容性维度，居委会/村委会投票测量政治行动维度，三者对减少信息不对称，降低交易成本起到重要作用，属于认知型社会资本。

（三）社会资本结构与收入差距

已有研究中虽较少讨论社会资本等对城乡收入差距的影响，但却不乏探讨社会资本对居民收入及差距的影响，这些文献为本章的社会资本与城乡收入差距的研究提供了有益参考。就目前的文献来看，社会资本对居民收入及差距的影响在学术研究领域尚未达成一致。主要存在以下几种结论：一是社会资本缩小了收入差距。Knack 和 Keefer（1997）利用 Putnam（2000）提出的网络、信任和规范测量社会资本，使用 29 个市场经济国家数据实证得出信任和规范能够减小收入不平等，提出以社会资本建设来减小收入分化。Casey 和 Christ（2005）利用 Putnam（2000）构建的社会资本指标体系，使用 1977～2000 年美国各州数据，并未证实 Putnam 在《独自打保龄》中提出的社会资本能提高经济绩效的结论，但发现社会资本对经济平等与就业稳定产生显著正影响。Inaba（2008）用包含社交、信任、社区参与 3 个维度的 12 个指标测量社会资本，使用日本 47 个管辖区数据，发现社区参与和收入不平等存在显著负关系。Ram（2013）利用社会信任水平测量社会资本，使用美国各州数据发现随着社会资本水平的提高，收入分配状况将得到明显改善，收入差距将会缩小。Grootaert（1999）发现社会资本在低收入群体中的回报率比高收入群体中的高，他提出了有趣的假说——社会资本是穷人的资本。二是社会资本扩大了收入差距。赵剑治和陆铭（2010）通过将社会网络作为社会资本纳入中国农村家庭的收入决定方程和运用夏普里值分解方法，发现中国农村家庭的社会网络对家庭收入发挥着重大的正效应，但同时却扩大了收入差距，否定了“社会资本是穷人的资本”的推断。周晔馨（2012）根据著名社会学家 Lin（2001）提出的社会资本影响收入不平等的两个渠道——资本欠缺和回报欠缺，检验了社会资本对高、低收入群体的不同影响，发现低收入农户社会资本的拥有量和回报率均低于高收入农户，即社会资本是一个拉大农户收入差距的因素。程诚和边燕杰（2014）则运用收入 Brown 分解方法，对社会资本影响农民工与城镇职工收入差异的两条路径——进入职业的机会差异和职业内的收入差异进行检验，结果表明，相对城镇职工，农民工在社会资本存量方面更加欠缺，难以进入收入高的职业，并且职业内的讨价还价能力也很有限，社会资本是维持和固化社会不平等的微观机制。边燕杰等（2012）通过城市调查数据发现，跨体制社会资本能带来包括收入在内的各种经济回报，而农民工很少有机会获得体制内的社会资本。三是不同类型的社会资本对收入差距的影响具有差异性。边燕杰和张文宏（2001）将社会网络资源分为信息资源和人情资源，对天津 1999 年就业过程的研究发现，在转型经济时代，社会网络发挥作用的形式以提供人情为主，以传递信息为辅。李黎明和许珂（2017）检验了信息资源与人情资源对收入差距的影响。研究结果表明，信息资源对市场经济中信息不对称具有补充作用，而人情因素对市场机制下公平竞争具有破坏作用，因此，信息资源有助于缩小收入差距，而人情资源则扩大收入差距。谢家智和王文涛（2016）基于农民在社会结构变迁中的跨地域性流动，将农户社会资本分解为地域型和脱域型，两类社会资本通过信息获取、知识分享、教育机会、金融参与等渠道影响收入差距，实证发现传统的地域型社会资本并未明显影响农户收入差距，而脱域型社会资本虽有利于农户收入增加，但同时也刺激了农户收入差距的扩大。四是社会资本对收入差距在不同的情境下产生不同的影响。Loakimidis 和 Heijke（2016）认为社会资本与收入差距的关系存在分歧是因为这对关系受到了一些社会文化因素的影响，他们运用欧洲跨国数据并没有发现社会资本与收入差距之间的显著关系。

分析社会资本与收入及差距的相关研究发现，产生分歧主要有以下两大原因：一是社会资本的定义与测量指标各异，很多研究只选取了社会资本某一维度进行测量，国内研究基本上侧重社会资本的关系网络维度。由于社会资本的概念、内涵与结构是复杂的、开放的、动态变化的，并且它的不同维度或分类对收入差距的影响存在差异，因此，本章采用社会资本各结构维度对社会资本进行全面测量。二是 Ioakimidis 和 Heijke 的研究给了我们一个很好的启示，社会资本与收入差距关系在不同的制度、经济、社会、文化情境下可能有所不同，因此，在讨论二者关系的过程中不能忽视所产生的制度根源，以及制度改革过程中社会、文化等产生的一系列改变。事实上，不少研究表明，导致城乡二元格局和社会分割最根本的是户籍制度（蔡昉，2003；孙永强和巫和懋，2012；吴晓刚和张卓妮，2014），随着户籍制度改革的推进，常住人口城镇化水平的快速提高与户籍人口城镇化水平的相对滞后，形成了中国独特的人口特征，各类群体的社会关系网络、意识形态与行为规范逐渐变迁，概括地说也就是他们拥有的社会资本结构逐渐产生分化（王春超和周先波，2013；谢家智和王文涛，2016），进而对收入水平及收入差距产生不同的影响。

根据以上分析，户籍制度和城镇化带来了特殊人口结构，同时使不同户籍身份群体之间拥有的社会资本结构也产生了分化。不同户籍身份群体的不同社会资本结构有着怎样的差异？对城乡收入差距究竟会产生怎样的影响？社会资本与收入差距之间的关系是否随着常住人口与户籍人口城镇化水平的进一步提高而发生改变？本章的研究框架如图 11－1 所示。

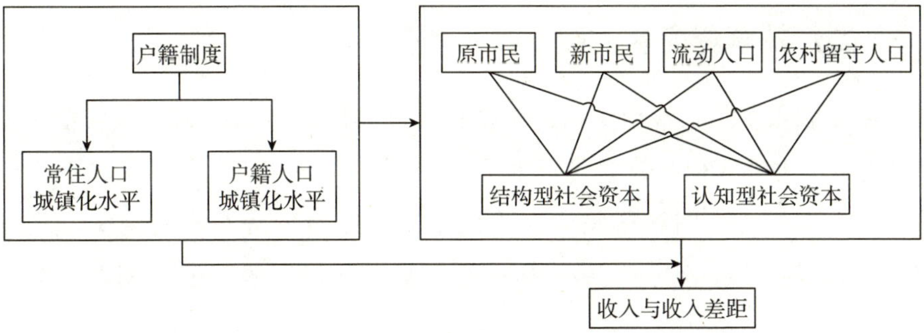

图 11－1　户籍制度、社会资本结构对收入及收入差距的影响机理

二、数据来源与变量描述

（一）数据来源

本章所使用的数据主要有，2015 年的中国综合社会调查（CGSS 2015）数据[①]，从中获取了样本的性别、年龄、民族、教育程度、健康状况、政治面貌、阶层自我评价、婚姻状况、工作状态等个体特征和社会资本等微观数据。本次调查由中国人民大学社会学系主持实施，采用多阶分层概率抽样设计，调查覆盖全国 28 个省份的 478 村居，共完成有效问卷 10968 份。剔除了极少量的蓝印户口、军籍和没有户口的样本以及个体特征变量缺省、社会资本各维度变量值缺省或回答不知道的个体。此外，从贵州省统计局官网[②]中获取了户籍城镇化率数据，人均 GDP、政府财政支出规模、经济开放程度、产业结构等宏观数据则来源于 2015 年《中国统计年鉴》。

（二）被解释变量：城乡收入差距

城乡收入差距是根据个人全年总收入计算出的城镇与农村人均全年总收入之比。根据 CGSS 数据（已对异常值进行处理），绘出了居民个人收入城乡分布核密度图和居民个人收入不同户籍身份分布核密度图（见图 11－2）。从图 11－2（a）中可以看到，城镇居民的收入分布相对更为均

① 详见中国综合社会调查官方网站，http：//www. chinagss. org/index. php.

② 详见贵州省统计局官网，http：//www. gz. stats. gov. cn/tjsj_ 35719/tjfx_ 35729/201609/t20160929_ 1064822. html.

衡，农村居民收入分布则极度不均衡。大部分农村居民全年总收入分布在1.5万元以下，而在1.5万～11万元的城市居民的分布密度大于农村居民。从图11－2（b）来看，农村留守人口收入分布极度不均衡，且主要分布在1.5万元以下，新老市民与流动人口的收入分布则相对更为均衡，主要分布在7万元以内。新市民的高收入者分布高于原市民和流动人口。

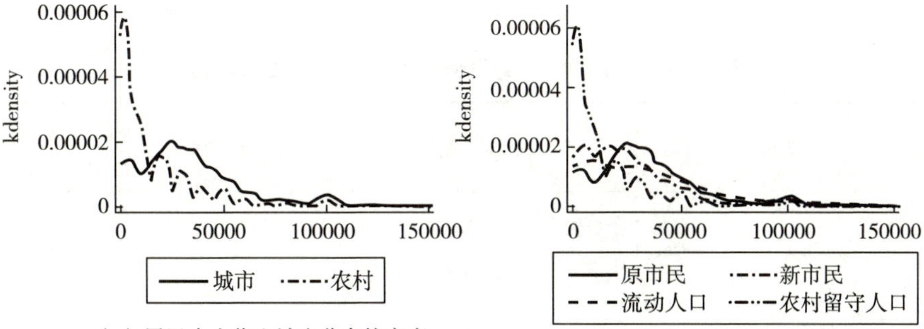

（a）居民个人收入城乡分布核密度

（b）居民个人收入不同户籍身份分布核密度

图11－2　居民个人年收入核密度

（三）解释变量：社会资本结构

我们对不同户籍身份群体拥有的社会资本结构进行了比较，结果如表11－1所示。从中可以发现不同户籍身份群体在社会资本结构上存在的显著差异。

1. 农村留守人口的社会资本结构

农村留守人口在社交、投票这两个问题上的打分相对其他种类人口最高，而在业余时间聚会、互联网使用频率、陌生信任、公共意识上得分几乎最低。这说明中国农村在本质上是一个熟人社会（费孝通，2006），在经济发展上相对比较落后及相对封闭，他们的关系网络是一种基于传统的地缘、亲缘、血缘的“强关系”，这种传统社会关系网络是以特殊信任为内容的，它强调信任有亲疏远近，因而对陌生人的信任水平反而偏低，不利于农民扩大交往范围。但村庄内部的凝聚力较强，使得他们对自己村庄的事务有着较强的责任感。在农村，经济发展比较落后，信息闭塞，通信也比较落后，互联网使用较少。同时，这些因素也在很大程度上制约了农村居民的社团参与。另外，传统的中国农民长期处于威权体制下，封闭化的思维模式使他们很少进行更多跨血缘、跨地域的各种社团和政治参与。

表 11-1　不同户籍身份群体拥有的社会资本结构

社会资本	变量	符号	问题描述与赋值	原市民	新市民	流动人口	农村留守人口
结构型社会资本（*SC1*）	社交串门	*Social*	您是否常在空闲时间社交？从不 =1，…，非常频繁 =5	2.71	2.74	2.62	2.95
	业余时间聚会	*Party*	您是否常与远亲或朋友聚会？从不 =1，…，每天 =5	2.49	2.35	2.32	2.19
	互联网使用频率	*Inter*	您对互联网的使用情况是？从不 =1，…，非常频繁 =5	2.97	2.31	3.11	1.85
认知型社会资本（*SC2*）	陌生信任	*Trust*	您觉得陌生人可以信任的多不多？绝大多数不可信 =1，…，绝大多数可信 =5	2.01	1.94	1.81	1.83
	公共意识	*PubI*	对不守时、不讲信用、不排队、不遵守交通规则等不文明行为的反映？不反感 =1，…，很反感 =5	4.44	4.37	4.33	3.02
	居委/村委会投票	*Vote*	您是否参加了上次居委/村委选举投票？是 =1；否或无资格 =0	0.32	0.41	0.14	0.57

2. 流动人口的社会资本结构

流动人口除了在互联网使用频率上得分较高外，其他问题上的得分都是最低或接近最低。这表明他们从农村进入城镇后，一方面，随着原有的强关系网络在城镇中所起的作用变少，这种强关系网络开始淡化；另一方面，在城镇受到市民的歧视和排挤，新的社会关系网络难以建立，加上无法享受与市民同等的社会保障、就业保障、教育机会、卫生医疗等公共服务，长期被边缘化，导致流动人口的结构型和认知型社会资本都极度欠缺。流动人口一般缺少家人朋友的陪伴，又受本身文化素质的限制，他们往往通过互联网打发寂寞与无聊。

3. 原市民的社会资本结构

原市民几乎刚好与农村留守人口相反，在业余时间聚会、互联网使用频率、陌生信任、公共意识上得分最高或较高，而在其他几个指标上得分相对较低或最低。这表明相对农村社会来说，当代中国城镇社会由于流动频繁，城镇更多体现为陌生人社会，他们的关系网络是一种“弱关系”，他们的社交主要是因为业缘关系和出于扩大关系网络的工具性需求（武岩和胡必亮，2014）。也正是因为经济发达，职业多样化，所以城镇社会需要各种社会组织，市民们可以通过多种方式来参与各种各样的活动。

4. 新市民的社会资本结构

新市民在社会资本结构上较接近原市民，但也不难从这个群体身上找到从农村户口转移到城镇户口的过程中，社会资本结构发生变迁的过程。

总体来说，人口城镇化过程中，传统的农村留守人口转变为边缘化的流动人口，再到获取到户籍的新市民，其中亲属关系的疏远、邻里关系的变化、生活方式的改变、思想意识的变迁等，导致各群体的社会资本结构产生了质的差异，社会关系结构由强关系向弱关系转变，观念意识从特殊信任到陌生信任转变，行为规范由传统向现代转变，呈现出显著的动态变迁特征。

（四）调节变量

社会资本与城乡收入差距的关系是在动态变化中的，户籍制度及其变革对人口结构和其拥有的社会资本结构产生持续影响。而户籍制度的直接表现为常住人口和户籍人口城镇化水平的差距，这两个城镇化水平也较好地呈现了中国户籍制度改革过程的结果。因此，本章以常住人口和户籍人口城镇化水平作为调节变量来体现户籍制度背景，分别用常住人口城镇化率和户籍人口城镇化率测量。常住人口城镇化率指城镇常住人口占城乡总人口的百分比；户籍人口城镇化率指本地城镇户籍人口占城乡总人口的百分比。

（五）其他控制变量的描述性统计

参照已有研究成果（吴晓刚和张卓妮，2014；谢家智和王文涛，2016），在计量模型中进一步控制了性别、年龄、民族、教育程度、健康状况、政治面貌、阶层自我评价、婚姻状况、工作状态等变量。具体如表11－2所示。

表11－2　控制变量统计描述

变量	符号	赋值	均值	标准差
性别	*Gender*	男＝1，女＝0	0.474	0.499
年龄	*Age*	2015～出生年份	50.349	16.597
教育	*Edu*	没有受过教育＝0，……，研究生及以上＝19	8.677	4.727
健康	*Health*	很不健康＝1，……，很健康＝5	3.604	1.095
是否党员	*Politics*	党员＝1，非党员＝0	0.103	0.304
阶层自评	*Class*	最底层＝1，最高层＝10	4.264	1.617
婚姻	*Marr*	同居、已婚、分居、离婚、丧偶＝1，未婚＝0	0.897	0.304
工作	*Work*	有工作＝1，没有工作＝0	0.647	0.478

注：此处参考盖庆恩等（2013）将相应的受教育程度转换为受教育年限：未上过学＝0，小学＝6，初中＝9，高中＝12，大学专科＝15、大学本科＝16、研究生及以上＝19。

三、计量模型与实证分析

从实证研究看，社会资本结构对收入差距的影响主要取决于两个方面：一是社会资本各结构变量在城乡居民中的分布（见表 11 - 1）；二是社会资本各结构变量对居民收入的影响，亦即收入决定方程中各结构变量系数的正负和大小（赵剑治和陆铭，2010）。为了弄清以上两点，本节在考察社会资本结构对城乡收入差距的影响之前，分别对以上两点进行了分析。为此，建立收入决定方程（见方程 11.1），估计出社会资本各变量的系数；然后建立收入差距模型（见方程 11.2），考察社会资本结构对城乡收入差距的影响；最后在方程 11.2 中引入社会资本结构与城镇化水平和质量的交叉项（见方程 11.3），分析户籍制度对社会资本与收入差距关系的调节效应，以明确户籍制度改革的方向。在各模型中，*Y* 为个人全年总收入，*URG* 为城乡收入差距，*SC*1 为结构型社会资本，*SC*2 为认知型社会资本，*P* 为个人特征变量集，*L_ urb* 为常住人口城镇化率，*Q_ urb* 为户籍人口城镇化率。利用方差膨胀因子 VIF 对以下模型进行多重共线性检验。除了年龄平方项的 VIF > 10，其他变量都不存在共线性问题。

$$\ln Y_i = \beta_{0i} + \beta_1 SC1_i + \beta_2 SC2_i + \beta_3 P_i + \varepsilon_i \tag{11.1}$$

$$URG_i = \alpha_0 + \alpha_1 SC_i + \alpha_2 P_i + \varepsilon_i \tag{11.2}$$

$$URG_i = \beta_0 + \beta_1 SC_i + \beta_2 P_i + \beta_3 SC_i \times Purb_i + \beta_4 SC_i \times R_{urb_i} + u_i \tag{11.3}$$

（一）社会资本能够提高居民收入水平吗

本部分使用 OLS 回归对收入决定方程进行了估计①，表 11 - 3 是回归

① 对于使用半对数模型进行 OLS 回归的优势，赵剑治和陆铭（2009）给出了详细的解释，因此本书的收入决定方程也采用了相似的模型和估计方法。

的结果。从表 11－3 的结果可以发现，“社交”的估计系数显著为负，表明近邻社交会降低收入水平。这或许是因为近邻社交体现的只是居民的情感性需要，对提高收入并无帮助，反而可能因为花过多时间在情感交流上，占据了积极工作的时间，无法创造更多的工作收入。“对政府提供公共服务的态度”的系数不显著，而“业余时间聚会”、“是否工会会员”、“互联网使用频率”、“陌生信任”、“公共意识”、“居委会或村委会投票”的系数显著为正，表明这些变量均能够提高收入水平。业余时间和不太熟悉的朋友聚会代表的是一种弱关系网络，有助于拓宽就业渠道，有效提高收入水平，这与既有研究结论保持一致。工会是社会组织的一种，是工人的维权机构，使工人的合法权益得到工会的保护，其中当然包括工人的收入。Putnam（2000）认为，社会组织提供合作的规范与信用，通过组织成员的自觉理性遵守，能够使处于陌生状态的人群积极合作，从而减少成员间合作的时间和成本。因此，社会组织对收入起着重要的增长效应，是提高收入最重要的一种社会资本。经济社会有效运行的基础是信任合作，人际间的信任尤其是陌生信任程度越高，交易的成本越低，效率越高，对个人来说，也就意味着更高的收入水平。但这种信任若缺乏组织制度的保障，对收入产生的边际效应则比较有限。互联网工具的使用大大提高了生产、工作、学习等效率，使我国的经济水平得以飞速发展，对个人来说，使用得当无疑可以取得更丰厚的收入。公共意识体现的是一种对社会公共秩序的维护，对收入产生正效应。投票选举本质上意味着一种民主参与和利益表达，它彰显了人们的民主意识和主人翁精神，这种精神和意识能激发人的主观能动性，从而提高收入水平。

对于控制变量，性别（*Gender*）、年龄（*Age*）、教育程度（*Edu*）、健康状况（*Health*）、党员身份（*Politics*）、阶级自我评定（*Class*）、婚姻状况（*Marr*）等都是影响居民收入水平的重要因素，这与现有研究的结论和经验都基本一致。而民族（*Nation*）对收入水平的影响并没有得到验证。

表 11－3　收入决定方程的估计结果

变量	模型 1	模型 2	模型 3	模型 4	模型 5	模型 6	模型 7	模型 8	模型 9
Social	－0.080* (0.043)								－0.100* (0.037)
Party		0.262*** (0.063)							0.276*** (0.052)
Union			1.117*** (0.130)						1.005*** (0.130)
Inter				0.388*** (0.037)					0.197*** (0.033)
Trust					0.036* (0.015)				0.019* (0.013)
PubS						－0.097 (0.074)			－0.084 (0.075)
PubI							0.209*** (0.057)		0.187*** (0.056)
Vote								0.183** (0.091)	0.332*** (0.075)
Gender	1.551*** (0.073)	1.758*** (0.089)	1.503*** (0.073)	1.738*** (0.088)	1.759*** (0.089)	1.661*** (0.083)	1.755*** (0.089)	1.750*** (0.089)	1.480*** (0.073)
Age	0.007*** (0.003)	0.034*** (0.005)	0.006*** (0.003)	0.056*** (0.005)	0.033*** (0.005)	0.024*** (0.004)	0.035*** (0.005)	0.033*** (0.005)	0.015*** (0.003)

续表

变量	模型 1	模型 2	模型 3	模型 4	模型 5	模型 6	模型 7	模型 8	模型 9
Nation	0.271* (0.134)	0.180 (0.161)	0.332 (0.133)	0.092 (0.159)	0.192 (0.161)	0.159 (0.150)	0.203 (0.161)	0.199 (0.161)	0.167 (0.135)
Edu	0.216*** (0.015)	0.196*** (0.017)	0.213*** (0.015)	0.110*** (0.018)	0.198*** (0.017)	0.211*** (0.016)	0.189*** (0.017)	0.203*** (0.017)	0.135*** (0.016)
Health	0.285*** (0.036)	0.340*** (0.046)	0.282*** (0.036)	0.298*** (0.045)	0.332*** (0.046)	0.328*** (0.042)	0.316*** (0.046)	0.334*** (0.046)	0.262*** (0.037)
Politics	0.594*** (0.127)	0.534*** (0.170)	0.460*** (0.128)	0.493*** (0.168)	0.534*** (0.170)	0.473*** (0.154)	0.512*** (0.170)	0.529*** (0.170)	0.447*** (0.128)
Class	0.127*** (0.023)	0.126*** (0.028)	0.116*** (0.023)	0.105*** (0.027)	0.120*** (0.028)	0.124*** (0.026)	0.111*** (0.028)	0.118*** (0.028)	0.091*** (0.023)
Marr	2.346*** (0.138)	1.852*** (0.154)	2.151*** (0.138)	1.787*** (0.153)	1.844*** (0.154)	2.006*** (0.148)	1.858*** (0.154)	1.832*** (0.154)	2.212*** (0.139)
Constant	3.054*** (0.307)	1.624** (0.363)	2.252*** (0.277)	0.231*** (0.361)	1.326* (0.363)	1.323*** (0.338)	0.897*** (0.366)	1.385** (0.346)	2.622** (0.346)
F - stat	192.4***	185.1***	193.8***	188.9***	181.9***	180.1***	192.1***	183.4***	100.5***
样本量	10208	10213	10125	10169	10043	10087	10202	10134	9557

注：括号中数值为估计系数的标准误，***、**、*分别表示 P<0.01、P<0.05、P<0.1 的显著性。下同。

与社会资本结构对收入的作用本身相比，这一作用在户籍改革过程中如何变化是一个更为有趣的问题。因此，本书基于居民的户籍身份异质性，分析社会资本结构对不同户籍身份群体的影响。为节省篇幅，表11－4只列出社会资本结构系数。从人口结构分组系数来看，空闲时的社交对不同人群来说有不同的内涵和意义，对农业人口来说体现为一种强关系，主要是为了满足情感需要，因此对收入并无显著影响。而对流动人口来说，社交可能主要是为了寻找工作机会或提高工资待遇，体现为一种工具性社会资本，对收入有显著正面影响；与远亲和朋友的聚会则是一种弱关系社会资本，对市民收入水平具有显著影响，但对流动人口和农业人口收入的影响不显著。工会对各类人口收入水平都有积极影响，只是对于农业人口来说，可能因为工会组织较少存在，造成的影响还不够显著。互联网的使用能够扩大信息量，发现更多工作机会和提升工作技能，对各类人口收入的提升都起到一定的作用，但对流动人口的影响不显著，这也验证了流动人口中很多人使用互联网并不是为了提升技能和寻找更高收入的工作。城镇是陌生人社会，而农村是熟人社会，非市民相对市民更难对陌生人产生信任，因此，陌生信任水平仅对市民产生显著正影响，但对非市民没有显著影响；对政府提供公共服务的态度与各类人口的收入水平都无显著关系，关于公共支出规模及结构与经济增长的关系还存在较大争议，这里从居民态度的视角也未能得出显著结论。公共意识仅仅对新市民有显著影响，这可能与城市和农村两种不同的社会公共秩序维系方式，城市是靠相关制度和市民的公共道德来维持，而农村是靠熟人关系来维持。流动人口可能既没有居住地的选举权，也错失户口所在地的选举权，他们未能行使自己的权利，争取自己的利益，因此不利于他们收入水平的提高。而对其他三类人口，行使选举投票权利都有助于收入水平的提高，但对市民收入的提升程度要远高于对农业人口收入的提升程度。

正是因为户籍等一系列制度导致的城乡二元结构使城乡居民拥有不同的个人禀赋，进而对他们的收入水平产生不同的影响。因此，本书对城乡居民进行分组，探讨不同的社会资本结构对他们收入产生的不同影响。空闲时的社交对城乡居民收入的提升没有帮助甚至显著降低，对政府提供公共服务的态度与收入关系不显著。除此之外，其他变量对收入都有不同程度的提高，而且对城市居民收入的边际提升效应明显高于对农村居民收入的提升效应。尽管本书没有做城乡居民社会资本回报率的比较，但从这里可以发现，与已有的研究结论——城市居民社会资本的回报率显著高于农村居民是吻合的。

表 11-4　异质性分析结果

分组依据	分类	模型	*Social*	*Party*	*Union*	*Inter*	*Trust*	*PubS*	*PubI*	*Vote*
人口结构	原市民	模型 10	0.038	0.166*	1.164***	0.397***	0.098*	-0.149	0.149*	0.389**
			(0.073)	(0.780)	(0.188)	(0.060)	(0.440)	(0.128)	(0.071)	(0.157)
	新市民	模型 11	0.099	0.143	0.825**	0.217**	0.048*	-0.056	0.026	0.393*
			(0.122)	(0.181)	(0.400)	(0.103)	(0.240)	(0.115)	(0.189)	(0.263)
	流动人口	模型 12	0.456**	0.114	1.681*	0.180	0.011	-0.294	0.244	-0.769
			(0.189)	(0.271)	(0.891)	(0.159)	(0.087)	(0.203)	(0.351)	(0.552)
	农业人口	模型 13	-0.086	0.162	0.188	0.110***	0.032	-0.141	-0.069	0.197**
			(0.056)	(0.090)	(0.340)	(0.054)	(0.041)	(0.104)	(0.074)	(0.098)
城乡	城镇	模型 14	-0.021	0.234***	1.113***	0.400***	0.102*	-0.127	0.165**	0.439**
			(0.053)	(0.077)	(0.159)	(0.044)	(0.054)	(0.091)	(0.082)	(0.144)
	农村	模型 15	-0.041	0.159*	0.908**	0.158***	0.064	0.077	-0.066	0.226*
			(0.060)	(0.085)	(0.371)	(0.061)	(0.045)	(0.058)	(0.079)	(0.131)

（二）社会资本能够缩小城乡收入差距吗

1. 基准回归

将社会资本各结构变量代入方程 11.2，通过使用 OLS 回归进行估计，得到结果如表 11-5 所示。从表 11-5 中各社会资本结构变量的系数发现，空闲时的社交串门的系数显著为负，但边际效应不强，公共意识系数不显著。其他社会资本各结构变量系数均显著为正，扩大了城乡收入差距。

表 11－5　城乡收入差距模型回归结果

变量	模型 1	模型 2	模型 3	模型 4	模型 5	模型 6	模型 7	模型 8 东部	模型 9 中部	模型 10 西部
Social	-0.015^{*} (0.009)						-0.043^{***} (0.011)	-0.027^{**} (0.013)	0.001 (0.010)	-0.089^{***} (0.024)
Party		0.112^{***} (0.017)					0.118^{***} (0.015)	0.081^{***} (0.019)	0.054^{***} (0.015)	0.126^{***} (0.034)
Inter			0.016^{*} (0.010)				0.023^{*} (0.010)	0.044^{***} (0.011)	0.020^{**} (0.010)	0.086^{***} (0.024)
Trust				0.048^{***} (0.010)			0.047^{***} (0.011)	-0.027^{**} (0.013)	0.049^{***} (0.011)	0.010^{***} (0.023)
PubI					0.024 (0.013)		0.011 (0.018)	0.087^{***} (0.024)	0.008 (0.016)	−0.053 (0.038)
Vote						0.103^{***} (0.025)	0.109^{***} (0.022)	0.078^{***} (0.027)	0.132^{***} (0.022)	-0.181^{***} (0.049)
Gender	−0.003 (0.025)	−0.010 (0.025)	−0.010 (0.025)	−0.009 (0.025)	−0.012 (0.025)	−0.016 (0.025)	−0.003 (0.009)	−0.010 (0.024)	−0.010 (0.016)	−0.030 (0.040)
Age	-0.004^{**} (0.001)	-0.003^{**} (0.001)	-0.004^{**} (0.001)	-0.003^{*} (0.001)	-0.004^{**} (0.001)	-0.003^{*} (0.001)	-0.003^{*} (0.001)	0.001 (0.001)	0.001 (0.001)	-0.013^{**} (0.002)
Nation	-0.250^{***} (0.017)	-0.242^{***} (0.017)	-0.242^{***} (0.017)	-0.238^{***} (0.017)	-0.253^{***} (0.017)	-0.262^{***} (0.017)	-0.250^{***} (0.017)	−0.004 (0.006)	0.022^{***} (0.003)	0.054^{***} (0.009)

续表

变量	模型 1	模型 2	模型 3	模型 4	模型 5	模型 6	模型 7	模型 8 东部	模型 9 中部	模型 10 西部
Edu	-0.026** (0.010)	-0.021** (0.009)	-0.024* (0.011)	-0.021** (0.008)	-0.025* (0.011)	-0.022* (0.010)	-0.025** (0.009)	-0.004 (0.006)	0.022*** (0.003)	0.054*** (0.009)
Health	-0.084** (0.023)	-0.085** (0.023)	-0.088** (0.023)	-0.086** (0.023)	-0.095** (0.023)	-0.086** (0.023)	-0.085** (0.021)	-0.015 (0.013)	-0.007 (0.008)	0.028 (0.019)
Politics	-0.003 (0.048)	-0.006 (0.048)	-0.007 (0.048)	-0.005 (0.048)	-0.018 (0.048)	-0.007 (0.048)	-0.024 (0.039)	-0.009 (0.038)	-0.011 (0.030)	-0.219** (0.082)
Class	-0.007 (0.008)	-0.008 (0.008)	-0.009 (0.008)	-0.008 (0.008)	-0.013 (0.008)	-0.010 (0.008)	-0.012* (0.007)	-0.001 (0.008)	-0.017** (0.007)	-0.015 (0.012)
Marr	-0.107** (0.046)	-0.118** (0.046)	-0.120** (0.046)	-0.119** (0.046)	-0.112** (0.046)	-0.128** (0.046)	-0.111** (0.042)	-0.024 (0.044)	-0.044* (0.032)	-0.106 (0.075)
Work	-0.039*** (0.010)	-0.041*** (0.010)	-0.040*** (0.010)	-0.040*** (0.010)	-0.040*** (0.010)	-0.048*** (0.010)	-0.039*** (0.010)	-0.040*** (0.009)	-0.028* (0.013)	-0.027 (0.056)
Const	2.640*** (0.100)	2.450*** (0.095)	2.372*** (0.097)	2.442*** (0.095)	2.215*** (0.096)	2.406*** (0.091)	2.253*** (0.105)	1.785*** (0.088)	1.933*** (0.057)	2.367*** (0.137)
Adj R^2	0.293	0.292	0.289	0.287	0.295	0.287	0.281	0.156	0.187	0.149
F-stat	53.48***	49.31***	47.70***	48.96***	50.67***	57.04***	53.48***	28.76***	31.42***	27.96***
样本量	9410	9418	9368	9274	9404	9338	8939	2870	3603	2466

其中，和远亲及朋友的聚会、投票选举得分每增加1%，城乡收入差距将扩大0.1%以上，边际效应较大。而互联网使用频率、陌生信任得分每增加1个百分点，城乡收入差距将扩大0.05%以下，边际效应较小。根据Lin（2001）关于社会资本对收入差距的影响机理，即资本欠缺与回报欠缺的角度对此进行解释。流动人口与市民相比，工作时间较长，用于社交串门活动的时间和精力有限。并且由于流动人口频繁地在不同职业、不同地区之间流动，使得他们的社会资本容易流失，因此除了农村留守人口在社交串门和投票方面（而社交串门是一种不太利于收入提高的社会资本），流动人口在互联网使用频率方面偏高以外，其他方面的社会资本结构存量均更少，存在资本欠缺现象。又根据边燕杰和张文宏（2001）提出的社会关系的网络规模、网络顶端、网络差异和网络构成来评判，农村居民缺乏高质量的社会资本，因此社会资本对农村居民的回报往往低于对城镇居民的回报，尤其是互联网的使用和政治参与方面，存在回报欠缺现象。通过前文对不同户籍身份群体社会资本结构存量的对比分析，农村留守人口减少空闲时间的熟人社交串门，而流动人口增加这种社交串门，将有利于降低城乡收入差距。通过扩展农村留守人口和流动人口的弱关系网络、扩大他们的社会交往范围和交往质量，提高他们的公共意识、发展农村社会团体、完善公信制度建设、加强农村的通信等基础设施建设、赋予流动人口相应的政治权利及唤醒他们的政治参与意识，通过公共服务均等化降低流动人口的职业与区域频繁流动等，也将有助于降低城乡收入差距。

在控制变量中，年龄、受教育程度、身体健康状况、是否党员、阶层自评、婚姻状况等是缓解农村内部收入差距的重要因素，这与现有研究的结论基本一致。但本章并未发现性别对缩小收入差距的证据。

然而，中国当前的户籍制度、城镇化进程和经济发展水平在各地区之间存在很大差异，相应人口结构和社会资本结构也存在较大差异。部分学者考察了地区经济发展与市场化程度不平衡对社会资本与收入差距关系的影响（武岩和胡必亮，2014；赵剑治和陆铭，2010；周晔馨，2012），但没有得到统一结论。为此，本章将样本分东、中、西三个地区来比较社会资本结构对收入差距的影响。表 11－5 后三列的结果显示，东部、中部与西部社会资本结构对收入差距的影响存在一定的异质性。在中东部地区，无论是强关系网络还是弱关系网络，对城乡收入差距产生的边际效应要远远小于西部地区，这可能是因为中东部地区的正式制度更为健全，减小了非正式制度的社会网络发挥作用的空间，这支持了武岩和胡必亮的结论；东部地区的信任水平缩小收入差距，而中西部地区则相反；东部地区的公共意识扩大收入差距，但在中西部地区这一作用不显著；中东部地区的投票参与显著扩大了收入差距，而西部地区则相反。总体来说，在不同地区，社会资本结构各变量对收入差距的影响存在很大的异质性。各地区的结构型社会资本结构各变量同时扩大或缩小收入差距，但中东部地区的效应小于西部地区；认知型社会资本各变量对收入差距的扩大或缩小效应因地区而异。由此可见，社会资本对收入差距的影响可能存在多种路径，有待进一步考证。

2. 稳健性检验与内生性检验

为了增强研究结论的可靠性，本章通过以下途径进行稳健性与内生性检验：

（1）限制样本。为减小因没到法定年龄或已经退休而无工作收入所带来的系统误差，选取年龄在 18～65 岁有劳动能力的样本，仅保留劳动年龄人口。回归结果如表 11－6 中模型（11）所示，与全样本估计结果相比，社会资本结构对收入差距的影响有不同程度的增加，但符号没有发生改变。

（2）改变测量方式。本章所使用的城乡收入差距（*URG*）是根据样本数据，计算城镇个体与农村个体的平均年收入之比所得，为控制样本个体所带来的误差，采用研究中常用的城镇居民与农村居民人均可支配收入之比（*Incratio*）作为因变量再次进行回归，回归结果如表 11－6 中模型（12）所示。与模型（11）估计结果相比，社会资本结构的影响符号依然没有发生改变，但系数和标准差有所减小。

表 11-6　稳健性与内生性检验结果

变量	模型 11 选择有劳动能力样本	模型 12 因变量：Incratio	模型 13 因变量：URG 加宏观控制	模型 14 因变量：Incratio 加宏观控制	模型 15 2SLS
Social	-0.038*** (0.012)	-0.005* (0.003)	-0.036*** (0.010)	-0.005* (0.003)	-0.011 (0.012)
Party	0.109*** (0.018)	0.011** (0.005)	0.112*** (0.014)	0.007* (0.004)	0.064* (0.038)
Inter	0.019* (0.011)	0.015*** (0.003)	0.030*** (0.009)	0.005** (0.002)	0.033*** (0.011)
Trust	0.067*** (0.012)	0.007** (0.003)	0.050*** (0.010)	0.012*** (0.003)	0.032*** (0.010)
PubI	0.015 (0.020)	0.025*** (0.005)	0.012 (0.016)	0.015*** (0.004)	0.008** (0.004)
Vote	0.095*** (0.025)	0.013* (0.007)	0.094*** (0.020)	0.009* (0.005)	0.023* (0.015)
Agdp			0.004*** (0.000)	0.001*** (0.000)	0.001*** (0.000)
Gsize			0.040*** (0.002)	0.033*** (0.005)	0.024*** (0.006)
Open			-0.024*** (0.001)	-0.016*** (0.003)	-0.017*** (0.003)
IS			-0.007*** (0.003)	-0.010*** (0.001)	-0.015*** (0.001)
个体特征	YES	YES	YES	YES	YES
Const	2.255*** (0.135)	2.836*** (0.037)	1.584*** (0.127)	1.681*** (0.035)	1.957*** (0.081)
Adj R^2	0.226	0.298	0.411	0.490	0.272
F-stat	42.19***	43.65***	47.29***	48.83***	39.76***
样本量	7157	8120	7157	8120	5019

（3）加入宏观控制变量。根据文献回顾，城乡收入差距受到很多宏观因素的影响。本章引入人均 GDP（*Agdp*）、政府财政支出规模（*Gsize*）、经济开放程度（*Open*）。

（4）对产业结构（*IS*）等宏观控制变量再次进行回归，回归结果如表 11－6 中模型（13）、模型（14）所示。模型（13）与模型（14）分别使用 *URG*、*Incratio* 作为被解释变量，所得结果仅存在影响程度上的差异，方向未发生改变。

（5）工具变量法。社会资本与收入差距之间的因果与反因果关系问题一直受到学界的关注（Inaba，2008）。在已有解决社会资本对收入或收入差距的内生性问题中，工具变量是一种很重要的方法。叶静怡和周晔馨（2010）用进城务工人员是否已婚作为社会资本的工具变量，但在本章中婚姻状态直接对城乡居民收入产生显著影响，因此不满足工具变量的条件。章元和陆铭（2009）选用户主配偶的母亲是否曾属于地主、富农或黑色阶级工具变量。但户主配偶母亲的成分只能在已婚样本中使用，因此也不适合作为全部样本的工具变量。为了检验和解决社会资本的内生性问题，本章借鉴 Wan 和 Zhou（2005）的方法，以父母的教育程度、父母是否是党员、父母担任行政职务级别作为工具变量备选对象。合法的工具变量需要满足相关性与外生性两个条件（Angrist Pischke，2009）。首先以上述的父母特征为自变量，个体的社会资本结构分别为因变量进行回归，发现父母的三个特征对个体社会资本结构都有显著影响，满足相关性条件。然后又以父母特征为自变量，收入差距为因变量进行回归，发现父母特征对收入差距影响均不显著，满足外生性条件。因此，父母的教育程度、父母是否是党员、父母担任行政职务级别可以作为社会资本结构的工具变量，进行 2SLS 回归，回归结果如表 11－6 中模型（15）所示。在模型（15）中，在控制其他变量的情况下，社会资本结构变量的系数与 OLS 估计结果相近，但是这一效应在统计上并不显著异于 0。在此基础上，本章还对弱工具变量问题进行了检验，第一阶段回归的 F 统计量为 51.6，均远大于 10，根据 Douglas 和 James（1997）建议的经验法则，说明不存在弱工具变量的风险。在工具变量有效的情况下，我们对工具变量回归和普通最小二乘回归进行了 Hausman 检验。从检验的结果来看，P 值为 0.742，接受原假设，即认为 OLS 回归与工具变量的估计系数之间不存在系统差异，也就是说，社会资本结构变量不存在显著的内生性问题。这可能是因为我们控制了个体的教育、阶层等特征，从而减小了社会资本的内生性。

通过以上各种稳健性与内生性检验，发现回归结果依然稳健，说明本章模型设定与变量的选取都是比较合理的。

（三）社会资本对城乡收入差距的影响会随着城镇化进程而改变吗

为了更好地比较在不同的地区常住人口与户籍人口城镇化水平下，户籍制度与城镇化进程对社会资本作用的发挥到底有着怎样的影响，本章引入常住人口城镇化率（*Purb*）与户籍人口城镇化率（*Rurb*），以及它们分别与结构型社会资本和认知型社会资本的交叉项（方程 11.3）。对城镇化率变量和社会资本结构变量分别中心化后再交叉相乘，回归结果如表 11－7 所示。结构型社会资本与认知型社会资本均显著刺激了收入差距的扩大。其中，结构型社会资本与认知型社会资本指标均扩大了城乡收入差距；常住人口城镇化率与户籍人口城镇化率对城乡收入差距均产生负效应；结构型社会资本与常住人口城镇化率交叉项为负，说明常住人口城镇化水平的提高，能缓解结构型社会资本对收入差距的扩大作用；认知型社会资本与户籍人口城镇化率交叉项对收入差距的影响也均为负，说明户籍人口城镇化水平的提高，能缓解认知型社会资本对收入差距的扩大作用；认知型社会资本与常住人口城镇化率交叉项对收入差距的影响为正，说明城镇化水平的提高会进一步加剧认知型社会资本对收入差距的扩大效应；结构型社会资本与户籍人口城镇化率交叉项符号不显著。就目前来说，城镇居民拥有的社会关系网络存量尽管更大，回报率也更高，但随着城镇化的不断推进，农村居民结构型社会资本增量显然更大，这无疑会缩小二者之间存量

表 11－7　城乡收入差距模型的调节效应分析结果（N＝8920）

变量	模型 24	模型 25	模型 26	模型 27	模型 28	模型 29	模型 30
Purb	−0.028***	−0.004*	−0.008***	−0.028***	−0.014***	−0.026***	−0.061***
	(0.002)	(0.002)	(0.002)	(0.002)	(0.002)	(0.002)	(0.002)
Rurb	−0.032***	−0.019***	−0.029***	−0.032***	−0.030***	−0.048***	−0.035***
	(0.002)	(0.002)	(0.001)	(0.001)	(0.001)	(0.001)	(0.001)
Social	−0.033***						−0.008
	(0.010)						(0.006)
Social × *Purb*	−0.093***						−0.501***
	(0.015)						(0.018)
Social × *Rurb*	0.053***						0.631***
	(0.010)						(0.014)
Party		0.108***					0.044***
		(0.014)					(0.008)
Party × *Purb*		−0.266***					−0.387***
		(0.015)					(0.022)
Party × *Rurb*		−0.078*					−0.081
		(0.049)					(0.057)
Inter			0.021**				0.012**
			(0.009)				(0.005)
Inter × *Purb*			−0.170***				−0.030***
			(0.005)				(0.008)
Inter × *Rurb*			0.006				0.015*
			(0.004)				(0.009)
Trust				0.034***			0.013**
				(0.011)			(0.006)
Trust × *Purb*				0.106***			0.357***
				(0.014)			(0.011)
Trust × *Rurb*				−0.059***			−0.035***
				(0.009)			(0.007)
PubI					0.050***		0.057***
					(0.017)		(0.010)

续表

变量	模型 24	模型 25	模型 26	模型 27	模型 28	模型 29	模型 30
PubI × *Purb*					0.087*** (0.016)		0.036*** (0.010)
PubI × *Rurb*					−0.069*** (0.011)		−0.017*** (0.006)
Vote						0.061*** (0.019)	0.018 (0.012)
Vote × *Purb*						0.712*** (0.026)	1.402*** (0.031)
Vote × *Rurb*						−1.034*** (0.024)	−0.969*** (0.023)
个体特征	YES	YES	YES	YES	YES	YES	YES
Const	2.222*** (0.118)	2.669*** (0.117)	3.634*** (0.105)	2.178*** (0.113)	2.648*** (0.127)	5.213*** (0.109)	6.205*** (0.109)
Adj R^2	0.312	0.346	0.402	0.368	0.372	0.327	0.487
F − stat	70.1***	91.8***	205.6***	62.3***	80.4***	305.3***	847.7***

的差距。随着“民工荒”取代“民工潮”现象，农村劳动力开始稀缺，农村居民社会资本回报率逐渐增加，两者之间的收入差距得到缓解；而且，在城镇化初期，户籍政策过滤了一批更富裕、更有能力的先进入到城市变为市民，但随着城镇化的深入，普通的农民也将得到更多进入城市的机会，这也将缩小城乡之间的差距。从表面上看，户籍城镇化率先把收入更高者或者有潜力获得更高收入者转变为市民，这样反而会扩大统计上的城乡收入差距。实际上，户籍的逐步放开意味着流动人口转变为新市民，从而享受与原市民相同的社会地位和公共服务，这无疑会进一步刺激农村人口的流动，从而大大提高农村人口的收入，缩小城乡收入差距。但如果一味地提高常住人口城镇化水平，而忽视户籍人口城镇化，城乡居民之间的认知型社会资本存量差距不断增大，社会资本的回报率差距也随之越来越大，从而扩大收入差距。

四、本章小结

户籍制度改革给中国社会结构带来了深刻的变革。户籍制度造成了城乡分割与城市内部二元结构共存的局面，形成了原市民、新市民、流动人口和农村留守人口的独特人口结构，以及不同户籍身份群体拥有的结构型社会资本与认知型社会资本的逐步变迁。本章发现了不同户籍身份群体所拥有的社会资本结构的差异和户籍改革过程中社会资本对城乡居民收入差距的影响，以及这一影响随着城镇化的进程将如何改变，具体结论如下：

第一，人口城镇化过程中各群体的社会资本结构产生了质的差异。总体来说，社会关系结构由强关系向弱关系转变，观念意识由特殊信任向陌生信任转变，行为规范由传统向现代转变，呈现出显著的动态过渡性特征。

第二，除社交外，社会资本其他结构变量都显著扩大了城乡收入差距。然而在不同地区，社会资本结构各变量对收入差距的影响存在很大的异质性。各地区的结构型社会资本结构变量同时扩大或缩小收入差距，但中东部地区的效应小于西部地区；认知型社会资本变量对收入差距的扩大或缩小效应因地区而异。

第三，随着常住人口城镇化水平的提高，结构型社会资本对收入差距的扩大作用将会明显缓解，而认知型社会资本则相反；户籍人口城镇化水平的提高将会缓解认知型社会资本对收入差距的扩大。

了解中国城镇化改革过程中社会资本结构对收入差距的影响以及该影响随着城镇化进程如何发生变化，将有助于我们更好地理解和把握缩小城乡收入差距以及中国城镇化改革的方向。根据本章的研究结论，我们从以下两个角度分别给出了相关政策建议。

从社会资本存量视角：为农村搭建信息社交平台，加快农村的基础通信设施建设，扩大弱关系网络；鼓励和引导流动人口在自愿基础上适当发展社会组织，提高他们的话语权，使他们的利益诉求得到充分表达；完善法制市场经济秩序的建构，并让更多非市民参与进来，提高陌生信任水平；加强非市民的公共意识宣传。

从城镇化进程视角：不能一味地提高常住人口城镇化水平而忽视户籍人口城镇化，打击人口流动的积极性，对农业转移人口的结构型认知型社会资本造成较大伤害，从而严重阻碍农村人口收入的提高。不仅给流动人口提供就业，还要让他们能享受和市民一样的教育、就业、医疗、养老等社会保障基本公共服务，让他们更好地融入城镇社会，进一步刺激农村留守人口流动。

第十二章

结论及展望

一、结论启示

本书基于国家治理理论，政府与市场、社会的关系理论，主要探讨在我国经济高质量发展阶段，政府财政支出规模与结构如何动态调整以提高经济高质量发展水平和缓解社会主要矛盾的现实问题，以及由此延伸出的科学问题：在当前的政治、经济、社会环境下，政府财政支出效率如何？财政支出与经济高质量发展水平的关系如何？市场化进程、政治合法性和社会资本在其中分别起怎样的调节效应？采用多学科理论及定量方法综合分析我国财政支出规模和结构优化的机理与模型问题。具体研究结论如下：

第一，从高质量发展背景出发，建立了由25个变量构成的经济高质量发展指标体系；结合2004～2016年我国30个省级地方政府的面板数据，运用全局主成分分析法分别得到了高质量发展5个维度得分和综合绩效得分。各省级政府在创新、绿色、开放与共享发展维度上绩效得分呈现改善或提高趋势，尤其是共享发展维度呈现出直线上升趋势，而协调发展维度绩效得分则呈下滑趋势，经济发展不平衡现象较为严重。

第二，运用 DEA 方法和 Malmquist 指数方法对省级地方政府支出结构相对效率进行了测算和时空特征分析。我国政府支出结构的相对效率时空差异均很明显。在时间趋势上呈现出波动变化特征，但整体呈下滑趋势；在空间分布上，发达地区的效率相对要更高，但也有个别例外。因此，我国目前的政府支出结构尚不满足高质量发展的需要，前期支出结构调整的成效并不显著。政府支出结构的不合理一方面反映出中国地方政府对经济干预过多，没有摆脱“建设型财政”的影子，另一方面也反映地方政府服务意识有待进一步加强。根据本书的实证结论，我们认为，随着我国面临发展环境的改变，政府应进一步优化支出结构和经济结构，缩小城乡差距，缓解地区发展不平衡，提高财政资金配置效率，对破解财政减税增支压力和提升高质量发展非常关键。

第三，基于政府与市场关系理论及政府职能理论，对政府财政支出规模及结构与高质量发展水平在市场化进程中的关系进行了理论和实证分析。

（1）政府财政支出规模与高质量发展水平呈倒 U 形关系，并且在研究样本范围内，我国目前的政府财政支出规模尚未达到最优，支出规模与发展水平正相关，即政府财政支出规模的扩大仍能提高高质量发展水平，但边际效益降低。这意味着随着我国市场体系的不断完善，要实现高质量发展，需要适当增加政府财政支出规模。当然，政府财政支出规模的扩大不应是盲目的，清晰界定政府与市场的边界尤为重要。政府与市场应各就各位，各发所长，实现它们之间的优势互补，避免竞争。

（2）通过将政府支出结构按职能划分为建设性支出、维持性支出与社会性支出，分别对高质量发展水平进行回归发现，建设性支出与发展水平关系不显著，维持性支出与发展水平显著负相关，而社会性支出与发展水平显著正相关。因此，要注意支出结构的调整，压缩维持性支出，减少竞争性领域投资，加大对民生领域的投入力度。

（3）通过引入市场化水平与政府财政支出规模的交叉项发现，市场化水平对政府财政支出规模与高质量发展关系存在显著的正向调节效应。市场化水平有利于扩大政府财政支出对经济高质量发展的正效应。

第四，基于政治合法性理论，对政府财政支出规模及结构与高质量发展水平在政治合法性水平下的关系进行了理论和实证分析。政治合法性对经济高质量发展存在显著负效应，对政府规模与经济高质量发展关系不存在显著调节效应，但对支出结构存在显著调节效应。合法性加剧了建设性支出对经济高质量发展的负影响，缓解了维持性支出对经济高质量发展的负影响，增强了社会性支出对经济高质量发展的正影响。随着“政绩合法性困境”逐渐显露，中国政府需要寻找新的合法性基础。一方面实施积极的财政政策，刺激经济增长，巩固政绩合法性基础；另一方面要加大反腐败和建立社会保障工作的力度，试图通过维护或提高社会公正、建立健全的法治社会来巩固合法性基础。

第五，基于政府与社会关系理论，对政府财政支出规模及结构与高质量发展水平在社会资本水平下的关系进行了理论和实证分析。以政府财政支出规模与结构表征政府力量，以社会资本表征社会力量，以经济高质量发展水平为治理目标，结合中国综合社会调查与省级年鉴数据，有力地证明政府财政支出规模、社会性支出与社会资本对经济高质量发展都有显著的正向促进作用，并且无论是个人社会资本，还是组织社会资本，均分别与政府财政支出规模和社会性支出存在正向交互效应。由于地方经济发展水平是政府与社会合作逻辑和机制形成的重要因素，不同的经济发展阶段，政府与社会的关系将呈现出差异性。通过进一步的按区域分组回归发现，东部地区的支出规模对经济高质量发展没有显著影响，而建设性支出与社会性支出对经济高质量发展分别存在显著负影响和正影响，政府财政支出规模、社会性支出与社会资本交叉项显著为正；对于中西部地区，政府财政支出规模、建设性支出比重与社会性支出对经济高质量发展均产生显著正影响，且它们的交叉项也显著为正。说明在中国现阶段，政府与社会是互补关系，而不是替代关系，要提高经济高质量发展，尤其是在公共服务领域，政府与社会应该合作共治，实现强强发展。

第六，基于社会信任来源理论，从公众感知满意度视角系统分析了地方政府财政支出行为对公众社会信任的影响及其机理。

（1）政府财政支出规模与经济建设性支出降低公众社会信任水平，而公共服务性与社会管理性支出的增加提高公共信任水平，后两者对社会信任的挤入效应要大于前两者的挤出效应；环境保护性支出对信任影响暂且不显著。

（2）根据公众感知的政府职能履行成效，把政府财政支出作用的结果分别用人均 GDP 增长率、公共服务满意度、社会管理满意度、公平感知和环境保护满意度进行测量。通过检验，前四者对政府财政支出与社会信任关系起到中介传导作用。其中人均 GDP 增长率的提高不能带来社会信任的提升，反而因为挤出其他方面的支出而导致社会信任的下降。这也再次验证了随着生活水平的提高，单纯的物质将难以满足人们的预期，通过稳定经济增长来提高信任的做法已越来越失去市场。而通过加强公共服务职能带来更多归属感，加强社会管理职能带来更多安全感，成为提升信任的主要来源。

第七，户籍制度等一系列城镇偏向制度造成了城乡分割与城市内部二元结构共存的局面，形成了原市民、新市民、流动人口和农村留守人口的独特人口结构，以及不同户籍身份群体拥有的结构型社会资本与认知型社会资本的逐步变迁。不同户籍身份群体所拥有的社会资本结构的差异和户籍改革过程中社会资本对城乡居民收入差距的影响，以及这一影响随着城镇化的进程将如何改变。

（1）除社交外，社会资本其他结构变量都显著扩大了城乡收入差距。然而在不同地区，社会资本结构各变量对收入差距的影响存在很大的异质性。各地区的结构型社会资本结构变量同时扩大或缩小收入差距，但中东部地区的效应小于西部地区；认知型社会资本变量对收入差距的扩大或缩小效应因地区而异。因此，为农村搭建信息社交平台，加快农村的基础通信设施建设，扩大弱关系网络；鼓励和引导流动人口在自愿基础上适当发展社会组织，提高他们的话语权，使他们的利益诉求得到充分表达；完善法制市场经济秩序的建构，并让更多非市民参与进来，提高陌生信任水平；加强非市民的公共意识宣传。

（2）随着常住人口城镇化水平的提高，结构型社会资本对收入差距的扩大作用将会明显缓解，而认知型社会资本则相反；户籍人口城镇化水平的提高，将会缓解认知型社会资本对收入差距的扩大。因此，不能一味地提高常住人口城镇化水平而忽视户籍人口城镇化，打击人口流动的积极性，对农业转移人口的结构型认知型社会资本造成较大伤害，从而严重阻碍农村人口收入的提高。这不仅给流动人口提供就业，还要让他们能享受和市民一样的教育、就业、医疗、养老等社会保障基本公共服务，让他们更好地融入城镇社会，进一步刺激农村留守人口流动。

二、研究展望

在对政府财政支出结构的讨论中，本书只考虑了每个地方政府内部各项支出的横向结构，没有考虑中央与地方间的垂直支出结构。事实上，1994 年分税制改革后，中国地方政府在财政预算收入中占比远小于其在财政预算支出中的占比，地方财政严重依赖中央政府的转移支付，财政体制呈现出垂直不平衡态势，资源配置受到严重扭曲。

高培勇等（2019）在《经济研究》撰文，通过演绎经济体系四个核心要素——社会主要矛盾、资源配置方式、产业体系和增长阶段的内在逻辑关系，阐释了经济体系的内在运行机制以及从传统经济体系到现代化经济体系的转型逻辑。本书研究框架深受该文启发，但因时间、精力、篇幅等限制，没有涉及产业体系的讨论。事实上，政府与市场共同主导的资源配置方式决定了产业体系由工业主导转向服务业主导，产业内部结构从低端转向高级化。那么，产业结构的变化在资源配置方式与高质量增长关系中起怎样的中介作用？对于由这四个核心要素构成的现代经济体系，我们可以把它当成一个闭合系统，应用系统动力学模型技术和定性定量综合集成思想，建立系统动力学仿真模型。应用系统动力学仿真模型平台，对政府财政支出规模与结构动态优化机制进行系统仿真。

该书的研究结论提出加快户籍城镇化进程，户籍城镇化建设主要任务是加强公共服务均等化，在这个过程中，政府而财政支出规模是否需要加大？支出结构要做出怎样的调整？市场与社会又应该如何分工，界定各自的职能？这些都是今后非常值得研究的问题。

本书基于政府市场社会的国家治理框架，但在具体讨论时以及是分政府与市场、虽是政府与社会分别讨论的。后续研究进行的研究将把三者置于同一理论下一同进行实证研究，以更好地确定政府、市场、社会在经济高质量发展过程中的各自职能边界问题。

参考文献

[1] Afonso A., Agnello L., Furceri D., 2010, Fiscal policy responsiveness, persistence, and discretion, Public Choice, 145 (3/4), pp. 503 -530.

[2] Afonso A., Furceri D., 2010, Government size, composition, volatility and economic growth, European Journal of Political Economy, 26 (4), pp. 517 -532.

[3] Aghion P., Algan Y., Cahuc P., Shleifer A., 2010, Regulation and distrust, The Quarterly Journal of Economics, 125 (3), pp. 1015 -1049.

[4] Alberto A., Spolaore E., 2003, The Size of Nations. MA: MIT Press, Cambridge.

[5] Alonso J. A., 2011, Colonisation, institutions and development: New evidence, Journal of Development Studies, 47 (7), pp. 937 -958.

[6] Amano R. A., Wirjanto T. S., 1998, Government expenditures and the permanent income model, The Review of Economic Dynamics (1), pp. 719 -730.

[7] Anderson E., Jalles D'Orey M. A., Duvendack M., Esposito L., 2016, Does government spending affect income inequality? A Meta - regression Analysis, Journal of Economic Surveys.

[8] Andrews R., Entwistle T., Guarneros - Meza V., 2019, Local government size and political efficacy: Do citizen panels make a difference?, International Journal of Public Administration, 42 (8), pp. 664 -676.

[9] Angrist J. D., Pischke J. S., 2009, Mostly harmless econometrics, Princeton University Press.

[10] Arellano M., Bond S., 1991, Some tests of specification for panel data: Monte carlo evidence and an application to employment equations, The Review of Economic Studies, 58 (2), pp. 277 - 297.

[11] Awaworyi Churchill S., Ugur M., Yew S. L., 2017, Does government size affect Per - Capita income growth? A hierarchical meta - regression analysis, Economic Record, 93 (300), pp. 142 - 171.

[12] Bailey, 1971, National Income and the Price Level. Mc Graw - Hill, New York.

[13] Baker A., 2008, State government performance and citizen Trust. 2008 Annual Meeting of the American Political Science Association.

[14] Banerjee A. V., 1997, A theory of misgovernance, Quarterly Journal of Economics (11), pp. 1289 - 1332.

[15] Barro R. J., 1990, Government spending in a simple model of endogeneous growth, Journal of Political Economy, 98 (5), pp. 103.

[16] Barro R. J., 1991, Economic growth in a cross section of countries, The Quarterly Journal of Economics, 106 (2), pp. 407 - 443.

[17] Beck N., Katz J. N., 1995, What to do (and not to do) with time - series cross - section data, The American Political Science Review, 89 (3), pp. 634 - 647.

[18] Berggren N., Bjørnskov C., Lipka D., 2015, Legitimacy and the cost of government, Public Choice, 162, pp. 307 - 328.

[19] Berggren N., Jordahl H., 2006, Free to Trust: Economic freedom and social capital, 59, pp. 141 - 169.

[20] Bergh A., Bjørnskov C., 2014, Trust, welfare states and income equality: Sorting out the causality, European Journal of Political Economy, 35, pp. 183 - 199.

[21] Bergh A., Christian B., 2011, Historical trust levels predict the current size of the welfare state, Kyklos, 64 (1), pp. 1 – 19.

[22] Bergh A., Henrekson M., 2011, Government size and growth: A survey and interpretation of the evidence, Journal of Economic Surveys, 25 (5), pp. 872 – 897.

[23] Bernauer T., Koubi V., 2013, Are bigger governments better providers of public goods Evidence from air pollution, Public Choice, 156 (3/4), pp. 593 – 609.

[24] Bjørnskov C., 2003, The happy few: Cross – country evidence on social capital and life satisfaction, Kyklos, 56 (1), pp. 3 – 16.

[25] Bjørnskov C., Dreher A., Fischer J. A. V., 2007, The bigger the better evidence of the effect of government size on life satisfaction around the world, Public Choice, 130 (3/4), pp. 267 – 292.

[26] Bjørnskov C., Potrafke N., 2013, The size and scope of government in the US states: Does party ideology matter?, International Tax and Public Finance, 20 (4), pp. 687 – 714.

[27] Bjørnskov C., Svendsen G. T., 2013, Does social trust determine the size of the welfare state? Evidence using historical identification, Public Choice, 157 (1 – 2), pp. 269 – 286.

[28] Blundell R., Bond S., 1998, Initial conditions and moment restrictions in dynamic panel data models, Journal of Econometrics, 87, pp. 115 – 143.

[29] Brewer K. B., Oh H., Sharma S., 2014, Crowding in or crowding out? An examination of the impact of the welfare state on generalized social trust, International Journal of Social Welfare, 23 (1), pp. 61 – 68.

[30] Brueckner J. K., 1979, Property values, local public expenditure and economic efficiency, Journal of Public Economics, 11, pp. 223 – 245.

[31] Buchanan J. M., 1967, The fiscal illusion. Public finance in demo-

cratic process. University of North Carolina Press, Chapel Hill.

[32] Camussi S., Mancini A. L., Tommasino P., 2018, Does Trust Influence social expenditures? evidence from local governments, Kyklos, 71 (1), pp. 59 -85.

[33] Carmignani F., 2010, Cyclical fiscal policy in Africa, Journal of Policy Modeling, 32 (2), pp. 254 -267.

[34] Casey T., Christ K., 2005, Social capital and economic performance in the american states, 86 (4), pp. 826 -845.

[35] Chen C., 2006, CiteSpace Ⅱ: Detecting and visualizing emerging trends and transient patterns in scientific literature, Journal of the American Society for Information Science and Technology, 57 (3), pp. 359 -377.

[36] Christian G., 2004, Measuring social capital: An integrated questionnaire, Word Bank Working Paper. Word Bank, Washington, DC, 18 (18).

[37] Collard F., Dellas H., Tavlas G., 2017, Government size and macroeconomic volatility, Economica, 84 (336), pp. 797 -819.

[38] Daniele G., Geys B., 2015, Interpersonal trust and welfare state support, European Journal of Political Economy, 39, pp. 1 -12.

[39] Davoodi H., Tiongson E., Asawanuchit S., 2003, How useful are benefit Incidence analyses of public expenditure and health spending? IMF Working Paper, Washington DC: International Monetary Fund, Washington DC: International Monetary Fund.

[40] Di Liddo G., Magazzino C., Porcelli F., 2018, Government size, decentralization and growth: Empirical evidence from italian regions, Applied Economics, 50 (25), pp. 2777 -2791.

[41] Dong B., Torgler B., 2013, Causes of corruption: Evidence from China, China Economic Review, 26, pp. 152 -169.

[42] E L. R., 2011, On the mechanizes of economy development, Journal of Monetary Economics (5), pp. 3 -42.

[43] Etro F. , 2015, Research in economics and political economy, Research in Economics, 69 (3), pp. 261 - 264.

[44] Evans P. , 1997, State - society synergy: Government and social capital in development. International and Area Studies, University of California at Berkeley, Berkeley.

[45] Ferragina E. , 2017, The welfare state and social capital in Europe: Reassessing a complex relationship, International Journal of Comparative Sociology, 58 (1), pp. 55 - 90.

[46] Flavin P. , Pacek A. C. , Radcliff B. , 2014, Assessing the impact of the size and scope of government on human well - being, Social Forces, 92 (4), pp. 1241 - 1258.

[47] Franco Chuaire M. , Scartascini C. , Tommasi M. , 2017, State capacity and the quality of policies. revisiting the Relationship between openness and government size, Economics & Politics, 29 (2), pp. 133 - 156.

[48] Fujii E. , 2017, Government size, trade openness, and output volatility: A case of fully integrated economies, Open Economies Review, 28 (4), pp. 661 - 684.

[49] Fukuyama F. , 1995, Trust: The Social Vi rtues and the Creation of Prosperity. Free Press, New York.

[50] Gilley B. , 2006, The determinants of state legitimacy: Results for 72 countries, International Political Science Review, 27 (1), pp. 47 - 71.

[51] Glaeser E. L. , Saks R. E. , 2006, Corruption in America, Journal of Public Economics, 90 (6 - 7), pp. 1053 - 1072.

[52] Goel R. K. , Nelson M. A. , 2010, Causes of corruption: History, geography and government, Journal of Policy Modeling, 32 (4), pp. 433 - 447.

[53] Goel R. K. , Nelson M. A. , 2011a, Government fragmentation versus fiscal decentralization and corruption, Public Choice, 148 (3/4), pp. 471 -

490.

[54] Goel R. K., Nelson M. A., 2011b, Measures of corruption and determinants of US corruption, Economics of Governance, 12 (2), pp. 155 - 176.

[55] Grootaert C., 1999, Social capital, household welfare and poverty in indonesia Local Level Institutions Working Paper. World Bank, Washington, DC, 6.

[56] Hajamini M., Falahi M. A., 2018, Economic Growth and Government Size in Developed European Countries: A Panel Threshold Approach, Economic Analysis and Policy, 58, pp. 1 - 13.

[57] Hearn R. G., 2014, Commentary: Does corruption drive government spending?, Public Administration Review, 74 (3), pp. 359 - 360.

[58] Hettich W. & Winer S. L., 1999, Democratic choice and taxation: A Theoretical and Empirical Analysis, Cambridge University Press, Cambridge.

[59] Hodge A., Shankar S., Rao D. S. P., Duhs A., 2011, Exploring the links between corruption and growth, Review of Development Economics, 15 (3), pp. 474 - 490.

[60] Hohbergera S., Krausa L., 2016, Is Fiscal devaluation welfare enhancing? A model - based analysis, Economic Modelling, 58, pp. 512 - 522.

[61] Holcombe R. G., Boudreaux C. J., 2015, Regulation and corruption, Public Choice, 164 (1 - 2), pp. 75 - 85.

[62] Inaba Y., 2008, Social capital and income - wealth gap: An empirical analysis on japan, The Nonprofit Review, 8 (1), pp. 1 - 12.

[63] Inglehart R., 1990, Culture shift in advanced industrial society. Princeton University Press, Princeton.

[64] Iseringhausen M., Vierke H., 2019, What drives output volatility? The role of demographics and government size revisited, Oxford Bulletin of Economics and Statistics, 81 (4), pp. 849 - 867.

[65] Jensen J. L., Yntiso S., 2019, Democratic reversals and the size of government, European Journal of Political Economy, 58, pp. 21 - 49.

[66] Johnson N. D., Ruger W., Sorens J., Yamarik S., 2014, Corruption, regulation, and growth: An empirical study of the United States, Economics of Governance, 15 (1), pp. 51 - 69.

[67] J. O. F., 2007, From new public management to public value: Paradigmatic change and managerial implications, The Australian Journal of Public Administration, 66 (3), pp. 353 - 366.

[68] Kampen J. K., 2010, On the (In) consistency of citizen and municipal level indicators of social capital and local government performance, Social Indicators Research, 97 (2), pp. 213 - 228.

[69] Kappeler A., Timo V., 2008, Fiscal federalism and the composition of public investment in europe, European Journal of Political Economy, 24 (3), pp. 562 - 570.

[70] Key V. O., 1940, The lack of a budgetary theory, American Political Science Review, 34 (6), pp. 1137 - 1144.

[71] Kim D., Suen Y., Lin S., Hsieh J., 2018, Government size, government debt and globalization, Applied Economics, 50 (25), pp. 2792 - 2803.

[72] Kim D., Wu Y., Lin S., 2018, Heterogeneity in the effects of government size and governance on economic growth, Economic Modelling, 68, pp. 205 - 216.

[73] Knack S., 2002, Social capital and the quality of government: Evidence from the U. S. States, American Journal of Political Science, 46 (Oct.), pp. 772 - 785.

[74] Kneller R., Bleaney M. F., Gemmell N., Gemmellb N., 1999, Fiscal policy and growth: Evidence from OECD countries, Journal of Public Economics, 74, pp. 171 - 190.

[75] Kotera G. , Okada K. , Samreth S. , 2012, Government size, democracy, and corruption: An empirical investigation, Economic Modelling, 29 (6), pp. 2340 – 2348.

[76] Krishna A. , Shrader E. , 2000, Cross – cultural measures of social capital : A tool and result from India and Panama, Social Capital Initiative Working Paper. World Bank, Washington DC, 21.

[77] K. N. , 2001, Trust, Social Capital, Civil Society, and Democracy, International Political Science Knack S. & Keefer P. , 1997, Does social capital have an economic payoff? A cross – country investigation, The Quarterly Journal of Economics, 112 (4), pp. 1251 – 1288.

[78] La Porta R. , de Silanes F. L. , Shleifer A. , Vishny R. W. , 1999, The quality of government, Journal of Law, Economics, and Organization, 15 (1), pp. 222 – 280.

[79] Lane P. R. , 2003, The cyclical behaviour of fiscal policy: Evidence from the OECD, Journal of Public Economics, 87 (12), pp. 2661 – 2675.

[80] Lazarus W. Z. , Khobai H. , Roux P. L. , 2017, Government size and economic growth in africa and the organization for economic cooperation and development countries, International Journal of Economics and Financial Issues, 7 (4), pp. 628 – 637.

[81] Lee S. C. , Wu S. F. , Lee C. T. , 2017, Government size and stochastic growth, Australian Economic Papers, 56 (3), pp. 219 – 227.

[82] Lei P. , Tian X. , Huang Q. , He D. , 2017, Firm size, government capacity, and regional environmental regulation: Theoretical analysis and empirical evidence from China, Journal of Cleaner Production, 164, pp. 524 – 533.

[83] Levi M. , Sacks A. , Tyler T. R. , 2009, Conceptualizing legitimacy, measuring legitimating beliefs, American Behavioral Scientist, 53 (3), pp. 354 – 375.

[84] Lew D. , McElwee S. , 2014, Forget the GDP. Some states have

found a better way to measure our progress, New Republic (2).

[85] Li H., Zhou L., 2005, Political turnover and economic performance: The incentive role of public economics journal of public economics, 89, (9-10), pp. 1743-1762.

[86] Lichtenberg F., 2008, The effect of government funding on private industrial research and development: A Reassessment, Journal of Industrial Economics, 36 (1), pp. 97-104.

[87] Lin N., 2001, Social Capital: A Theory of social structure and action. Cambridge University Press, Cambridge.

[88] Liu C., Mikesell J. L., 2014, The impact of public officials' corruption on the size and allocation of U. S. State spending, Public Administration Review, 74 (3), pp. 346-359.

[89] Liu G., 2016, Government decentralization and the size of the non-profit Sector: Revisiting the government failure theory, The American Review of Public Administration, 47 (6), pp. 619-633.

[90] Liu Y., 2018, Government extraction and firm size: Local officials' responses to fiscal distress in China, Journal of Comparative Economics, 46 (4), pp. 1310-1331.

[91] Lizzeri A., Persico N., 2001, The provision of public goods under alternative electoral incentives, The American Economic Review, 91 (1), pp. 225-239.

[92] Loakimidis M., Heijke H., 2016, Income inequality and social capital, are they negatively related? European cross-country analyses 2006-2012, 50 (1), pp. 215-235.

[93] Lu C., Schneider M. T., Gubbins P., Leach-Kemon, Katherine, Jamison D., Murray C. J. L., 2010, Public financing of health in developing countries: A cross-national systematic analysis, The Lancet, 375, pp. 1375-1387.

[94] Lu J., Xu C., 2018, Complementary or supplementary? The relationship between government size and nonprofit sector Size, VOLUNTAS: International Journal of Voluntary and Nonprofit Organizations, 29 (3), pp. 454 – 469.

[95] Lu M, Chen Z, 2006, Urbanization, Urban – biased Policies, and Urban – rural inequality in China, 1987 – 2001, Chinese Economy, Vol. 39, No. 3, pp. 42 – 63.

[96] Lustig N., 2015, Inequality and fiscal redistribution in middle income countries: Brazil, Chile, Colombia, Indonesia, Mexico, Peru and South Africa, Washington, DC: Center for Global Development.

[97] Magtulis P. P., Poquiz J. L., 2017, Big government, big corruption? Examining the relationship between government size and public corruption in the philippines, International Journal of Public Administration, 40 (11), pp. 1 – 14.

[98] Makin A. J., Pearce J., Ratnasiri S., 2019, The optimal size of government in australia, Economic Analysis and Policy, 62, pp. 27 – 36.

[99] McCloud N., Delgado M. S., Holmes C., 2018, Does a stronger system of law and order constrain the effects of foreign direct investment on government size?, European Journal of Political Economy, 55, pp. 258 – 283.

[100] Meltzer A. H., Richard S. F., 1981, A rational theory of the size of government, Journal of Political Economy, 89 (5), pp. 914 – 927.

[101] Montinola G. R., Jackman R. W., 2002, Sources of corruption: A cross – country study, British Journal of Political Science, 32 (1), pp. 147 – 170.

[102] Moor M. H., 1995, Creating public value: Strategic management in government. Harvard University Press, Cambridge M A.

[103] Mueller D. C., 2003, Public choice Ⅲ. Cambridge university Press, Cambridge.

[104] Musau A., 2018, A Replication study of openness, country size,

and government size, Public Finance Review, 47 (4), pp. 775 – 792.

[105] Nepram D., 2018, Does VAT necessarily lead to bigger government size? The experience of states in india, South Asian Journal of Macroeconomics and Public Finance, 7 (2), pp. 240 – 259.

[106] Nguyen T. T., van Dijk M. A., 2012, Corruption, growth, and governance: Private vs. state – owned firms in Vietnam, Journal of Banking & Finance, 36 (11), pp. 2935 – 2948.

[107] Nirola N., Sahu S., 2019, The interactive impact of government size and quality of institutions on economic growth – evidence from the states of india, Heliyon, 5 (3), pp. e1352.

[108] Norris P., 1999, Critical citizens: Global support for democratic government, Oxford University Press, USA.

[109] Oates W., 1972, Fiscal federalism. Edward Elgar Publishing Ltd, London.

[110] Obydenkova A. V., Salahodjaev R., 2017, Government size, intelligence and life satisfaction, Intelligence, 61, pp. 85 – 91.

[111] Oto – Peralías D., Romero – ávila D., 2013, Tracing the link between government size and growth: The role of public sector quality, Kyklos, 66 (2), pp. 229 – 255.

[112] Paglayan A. S., 2018, Public – Sector Unions and the size of Government, American Journal of Political Science, 63 (1), pp. 21 – 36.

[113] Paul E., 1997, Government consumption and growth, Economic Inquiry, 35, pp. 209 – 217.

[114] Persson T., Tabellini G., 2000, Political economics: Explaining economic policy. MIT Press, Cambridge.

[115] Pham H. T., Carmignani F., Kler P., 2018, Thrift culture and the size of government, Economic Modelling, 70, pp. 571 – 578.

[116] Phan T. B. N., Phung D. N., 2018, Government size and eco-

nomic growth in Asia – evidence from china and Japan, Asian Economic and Financial Review, 8 (1), pp. 71 –89.

[117] Pitlik H., Kouba L., 2014, Does social distrust always lead to a stronger support for government intervention?, Policy Paper No. 8, WWW for Europe, European Commission, Brussels.

[118] Polplavska Z., Humenyuk V., Seniv L., 2018, Wpływ państwowych regulacji biznesu na wielkość szarej strefy, Roczniki Ekonomii I Zarządzania, 10 (46), pp. 83 –93.

[119] Putnam R., 2000, Bowling Alone. Simon and Schuster, New York.

[120] Putnam R. D., Leonardi D. R., 1993, Making democracy work : Civic traditions in modern italy. Princeton University Press, Princeton.

[121] Qiao M., Ding S., Liu Y., 2019, Fiscal decentralization and government size: The role of democracy, European Journal of Political Economy, 59, pp. 316 –330.

[122] Raiser M., 1998, Subsiding inequality: Economic reforms, fiscal transfers and Convergence across Chinese Provinces, Journal of Development Studies, 34 (3), pp. 1 –26.

[123] Ram R., 2013, Social capital and income inequality in the united states, Atlantic Economic Journal, 41 (1), pp. 89 –91.

[124] Ram R., 2018, Reply to a replication study of "Openness, Country Size, and Government Size", Public Finance Review, 47 (4), pp. 793 –801.

[125] Rati R., 1986, Government size and economic growth: A new framework and some evidence from cross – section and time – series data, American Economic Review, (76), pp. 191 –203.

[126] Rhee C., Zhuang J., Kanbur R., Felipe J., 2014, Confronting Asia's rising inequality: Policy options, Kanbur R., Rhee C., Zhuang J., Inequality in asia and the pacific: Trends, drivers and policy implications, Rout-

ledge, London, pp. 79 – 100.

[127] Rodrik D. , 1998, Why do more open economies have bigger governments?, Journal of Political Economy, 106 (5), pp. 997 – 1033.

[128] Roodman D. , 2009, How to do xtabond 2: An introduction to difference and system GMM in Stata, The Stata Journal, 9 (1), pp. 86 – 136.

[129] Sicular, Terry, Yue X. , Gustafsson B. , Li S. , 2007, The urban – rural income gap and inequality in China, Review of Income and Wealth, 53 (1), pp. 93 – 126.

[130] Staiger D. , Stock J. H. , 1997, Instrumental varaibles regression with weak instrument, Econometrica, 65 (3), pp. 557 – 586.

[131] Stigler G. , Tenable range of functions of local government, Federal expenditure policy for economic growth and stability, Washington, DC: Government Printing Office, 1957.

[132] Su T. D. , Bui T. M. H. , 2017, Government size, public governance and private investment: The case of Vietnamese provinces, Economic Systems, 41 (4), pp. 651 – 666.

[133] Tiebout C. , 1956, A Pure theory of local expenditure journal of political economics, (64): 416 – 424.

[134] Treisman D. , 2000, The causes of corruption: A cross – national study, Journal of Public Economics, 76, pp. 399 – 457.

[135] Uslaner E. M. , 2000, Producing and consuming trust, Political Science Quarterly, 115 (4), pp. 569 – 590.

[136] Van de Walle S. , Bouckaert G. , 2003, Public service performance and trust in government: The problem of causality, International Journal of Public Administration, 26 (8 – 9), pp. 891 – 913.

[137] Varella M A. , Cabral R. , 2011, Government size and output growth: The effects of averaging out, Kyklos, 64 (1), pp. 122 – 137.

[138] Varol Iyidogan P. , Turan T. , 2017, Government Size and economic

growth in turkey: A threshold regression analysis, Prague Economic Papers, 26 (2), pp. 142 - 154.

[139] Vianna A. C., Mollick A. V., 2018, Government size and openness: Evidence from the Commodity Boom in Latin America, Resources Policy, 59, pp. 318 - 328.

[140] Wadho W., Ayaz U., 2018, Government size and economic growth in an endogenous growth model with rent - seeking, Economics & Politics, 30 (1), pp. 151 - 179.

[141] Wagner R., 1991, Charging for government: User charges and earmarked taxes in principle and practice, London: Routledge.

[142] Wan G., Zhou Z., 2005, Income inequality in rural China: Regression - based Decomposition using household data, Review of Development Economics (1).

[143] Wassmer R., Lascher E., Kroll S., 2009, Sub - national fiscal activity as a determinant of individual happiness: Ideology matters, 10, pp. 563 - 582.

[144] Weede E., 1996, Legitimacy, democracy and comparative economic growth reconsidered, European Sociological Review, 12 (3), pp. 217 - 225.

[145] Whajah J., Bokpin G. A., Kuttu S., 2019, Government size, public debt and inclusive growth in Africa, Research in International Business and Finance, 49, pp. 225 - 240.

[146] Whiteley P., Clarke H. D., Sanders D., Stewart M. C., 2010, Government performance and life satisfaction in contemporary britain, The Journal of Politics, 72 (3), pp. 733 - 746.

[147] Williams K., 2018, Workers' Remittances and government Size, Review of Development Economics, 22 (3), pp. e115 - e134.

[148] Wooldridge J. M., 2010, Econometric analysis of Cross section and panel data. Mit Press, Cambridge, MA.

[149] Xu C. , 2011, The fundamental institutions of China's reforms and development, Journal of Economic Literature, 49 (3), pp. 1076 -1151.

[150] Yamamura E. , 2011, Decomposition of the effect of government size on growth, Economics Letters, 112 (3), pp. 230 -232.

[151] Yamamura E. , 2012, Government size and trust, Review of Social Economy, 70 (1), pp. 31 -56.

[152] Yamamura E. , 2014, Trust in government and its effect on preferences for income redistribution and perceived tax burden, Economics of Governance, 15 (1), pp. 71 -100.

[153] Yang Q. , Tang W. , 2010, Exploring the sources of institutional trust in China: Culture, mobilization, or performance?, Asian Politics & Policy, 2 (3), pp. 415 -436.

[154] Yang, Dennis T, Zhou H, 1999, Rural - urban Disparity and Sectoral Labor Allocation in China, Journal of Development Studies, 35 (3), pp. 105 -133.

[155] Yao Y. Zhang M. , 2012, Subnational leaders and economic growth, Peking university China center, for economic research, Working Paper.

[156] Young A. , 2013, The razor's edge: Distortion and integrated under reform? China Economic Review, (2), pp. 116 -133.

[157] Zak P. , Knack S. , 2001, Trust and Growth, Economic Journal, 111, pp. 295 -321.

[158] Zeedan R. , 2017, Bigger but not always better: Size and democracy in israeli amalgamated local governments, Journal of Urban Affairs, 39 (5), pp. 711 -728.

[159] Zhang J. , Fu X. , Yan S. , 2017, Symposium: Structural Change, Industrial upgrading and China's economic transformation, Economic Systems, 41 (2), pp. 163 -164.

[160] 安钢:《我国公共卫生支出效率评估及收敛性研究》,《统计与

决策》，2017 年第 3 期。

［161］安淑新：《“十三五”规划指标体系设置研究》，《宏观经济管理》，2014 年第 11 期。

［162］包国宪、王学军：《以公共价值为基础的政府绩效治理——源起、架构与研究问题》，《公共管理学报》，2012 年第 2 期。

［163］包国宪、文宏、王学军：《基于公共价值的政府绩效管理学科体系构建》，《中国行政管理》，2012 年第 1 期。

［164］包国宪、周云飞：《政府绩效评价的价值载体模型构建研究》，《公共管理学报》，2013 年第 1 期。

［165］包国宪、周云飞：《中国政府绩效评价：回顾与展望》，《科学学与科学技术管理》，2010 年第 7 期。

［166］边燕杰、李路路、李煜、郝大海：《结构壁垒、体制转型与地位资源含量》，《中国社会科学》，2006 年第 5 期。

［167］边燕杰、王文彬、张磊、程诚：《跨体制社会资本及其收入回报》，《中国社会科学》，2012 年第 2 期。

［168］边燕杰、张文宏：《经济体制、社会网络与职业流动》，《中国社会科学》，2001 年第 2 期。

［169］蔡昉：《城乡收入差距与制度变革的临界点》，《中国社会科学》，2003 年第 5 期。

［170］钞小静、薛志欣：《新时代中国经济高质量发展的理论逻辑与实践机制》，《西北大学学报》（哲学社会科学版），2018 年第 6 期。

［171］陈斌开、林毅夫：《发展战略、城市化与中国城乡收入差距》，《中国社会科学》，2013 年第 4 期。

［172］陈工、何鹏飞、梁若冰：《政府规模、政府质量与居民幸福感》，《山西财经大学学报》，2016 年第 5 期。

［173］陈抗、Hillman A. L.、顾清扬：《财政集权与地方政府行为变化——从援助之手到攫取之手》，《经济学》（季刊），2002 年第 4 期。

［174］陈诗一、张军：《中国地方政府财政支出效率研究：1978 ~

2005》(英文), Social Sciences in China, 2009 年第 2 期。

[175] 陈硕:《分税制改革、地方财政自主权与公共品供给》,《经济学》(季刊), 2010 年第 4 期。

[176] 陈悦、陈超美、刘则渊、胡志刚、王贤文:《CiteSpace 知识图谱的方法论功能》,《科学学研究》, 2015 年第 1 期。

[177] 陈悦、刘则渊:《悄然兴起的科学知识图谱》,《科学学研究》, 2005 年第 1 期。

[178] 陈云贤:《中国特色社会主义市场经济:有为政府 + 有效市场》,《经济研究》, 2019 年第 1 期。

[179] 陈钊、陆铭、徐轶青:《移民的呼声 户籍如何影响了公共意识与公共参与》,《社会》, 2014 年第 5 期。

[180] 程诚、边燕杰:《社会资本与不平等的再生产以农民工与城市职工的收入差距为例》,《社会》, 2014 年第 4 期。

[181] 程承坪、陈志:《省级政府环境保护财政支出效率及其影响因素分析》,《统计与决策》, 2017 年第 13 期。

[182] 崔维军、郑伟:《中国与主要创新经济体创新能力的国际比较:基于欧盟创新指数的分析》,《中国软科学》, 2012 年第 2 期。

[183] 道格拉斯·摩根、李一男、魏宁宁:《衡量政府绩效的信任范式和效率范式——对地方政府领导和决策的启示》,《公共管理学报》, 2013 年第 2 期。

[184] 邓金钱、何爱平:《政府主导、地方政府竞争与城乡收入差距——基于面板分位数模型的经验证据》,《中国人口科学》, 2017 年第 6 期。

[185] 邓群钊、孙杰、林永钦、肖丽群:《五大发展理念绩效下政府规模效率评价》,《南昌大学学报》(理科版), 2017 年第 4 期。

[186] 邓翔、祝梓翔:《政府规模与宏观经济稳定性——来自新兴市场经济的证据和 RBC 模型的分析》,《经济理论与经济管理》, 2014 年第 4 期。

[187] 董利红、严太华、邹庆：《制度质量、技术创新的挤出效应与资源诅咒——基于我国省际面板数据的实证分析》，《科研管理》，2015 年第 2 期。

[188] 樊纲、王小鲁、马光荣：《中国市场化进程对经济增长的贡献》，《经济研究》，2011 年第 9 期。

[189] 樊纲、王小鲁、朱恒鹏：《中国市场化指数——各地区市场化相对进程 2011 年报告》，北京：经济科学出版社 2011 年版。

[190] 樊胜岳：《基于公共价值的生态建设政策绩效评价研究》，《行政论坛》，2013 年第 1 期。

[191] 范柏乃、张维维、朱华：《我国经济社会协调发展评价体系的构建与实际测度研究》，《中共浙江省委党校学报》，2014 年第 2 期。

[192] 范柏乃、朱华：《我国地方政府绩效评价体系的构建和实际测度》，《政治学研究》，2005 年第 1 期。

[193] 方盛举：《国家治理现代化进程中的政府与社会》，《哈尔滨工业大学学报》（社会科学版），2017 年第 1 期。

[194] 费孝通：《乡土中国》，上海：上海人民出版社 2006 年版。

[195] 付文林、沈坤荣：《均等化转移支付与地方财政支出结构》，《经济研究》，2012 年第 5 期。

[196] 傅勇：《财政分权、政府治理与非经济性公共物品供给》，《经济研究》，2010 年第 8 期。

[197] 傅勇、张晏：《中国式分权与财政支出结构偏向：为增长而竞争的代价》，《管理世界》，2007 年第 3 期。

[198] 高培勇：《论中国财政基础理论的创新——由“基础和支柱说”说起》，《管理世界》，2015 年第 12 期。

[199] 高培勇：《由适应市场经济体制到匹配国家治理体系——关于新一轮财税体制改革基本取向的讨论》，《财贸经济》，2014 年第 3 期。

[200] 龚锋、雷欣：《中国式财政分权的数量测度》，《统计研究》，2010 年第 10 期。

［201］龚锋、卢洪友：《公共支出结构、偏好匹配与财政分权》，《管理世界》，2009 年第 1 期。

［202］顾昕、王旭：《从零和博弈到相互增权：中国社团发展政策的新思维》，《中国公共政策评论》，2007 年第 1 期。

［203］郭庆旺、贾俊雪：《财政分权、政府组织结构与地方政府支出规模》，《经济研究》，2010 年第 11 期。

［204］郭庆旺、贾俊雪：《地方政府间策略互动行为、财政支出竞争与地区经济增长》，《管理世界》，2009 年第 10 期。

［205］郭新强、胡永刚：《中国财政支出与财政支出结构偏向的就业效应》，《经济研究》，2012 年第 S2 期。

［206］郭月梅：《地方政府规模与产出波动的关系：中国的经验分析》，《财政研究》，2008 年第 7 期。

［207］韩华为、苗艳青：《地方政府卫生支出效率核算及影响因素实证研究——以中国 31 个省份面板数据为依据的 DEA - Tobit 分析》，《财经研究》，2010 年第 5 期。

［208］何立峰：《深入贯彻新发展理念推动中国经济迈向高质量发展》，《宏观经济管理》，2018 年第 4 期。

［209］贺光烨、吴晓刚：《市场化、经济发展与中国城市中的性别收入不平等》，《社会学研究》，2015 年第 1 期。

［210］贺俊、刘亮亮、张玉娟：《财政分权、政府公共支出结构与居民消费》，《大连理工大学学报》（社会科学版），2016 年第 1 期。

［211］亨廷顿：《第三波：20 世纪末的民主化浪潮》，刘军宁译，上海：上海三联书店 1998 年版。

［212］洪源、王群群、秦玉奇：《城乡二元经济结构下民生财政对城乡居民收入差距的影响》，《经济与管理研究》，2016 年第 1 期。

［213］胡鞍钢：《如何理解“两只手”优于“一只手”——中国政治经济语境中的政府与市场关系》，《人民论坛·学术前沿》，2014 年第 20 期。

［214］胡洪曙、鲁元平：《公共支出与农民主观幸福感——基于 CGSS 数据的实证分析》，《财贸经济》，2012 年第 10 期。

［215］胡永刚、郭新强：《内生增长、政府生产性支出与中国居民消费》，《经济研究》，2012 年第 9 期。

［216］胡玉杰、彭徽：《财政分权、晋升激励与农村医疗卫生公共服务供给——基于我国省际面板数据的实证研究》，《当代财经》，2019 年第 4 期。

［217］黄曦、傅红春：《财政支出政策、收入水平与居民幸福感——来自中国综合社会调查的分析》，《经济与管理》，2019 年第 2 期。

［218］黄羿、杨蕾、王小兴、夏斌：《城市绿色发展评价指标体系研究——以广州市为例》，《科技管理研究》，2012 年第 17 期。

［219］贾俊雪：《中国地方政府规模和结构优化研究》，北京：中国人民大学出版社 2012 年版。

［220］贾俊雪、宁静：《地方政府支出规模与结构的居民收入分配效应及制度根源》，《经济理论与经济管理》，2011 年第 8 期。

［221］贾俊雪、余芽芳、刘静：《地方政府支出规模、支出结构与区域经济收敛》，《中国人民大学学报》，2011 年第 3 期。

［222］杰克普拉诺：《政治学分析词典》，北京：中国社会科学出版社 1986 年版。

［223］金碚：《关于“高质量发展”的经济学研究》，《中国工业经济》，2018 年第 4 期。

［224］靳涛、陶新宇：《政府支出和对外开放如何影响中国居民消费？——基于中国转型式增长模式对消费影响的探究》，《经济学》（季刊），2017 年第 1 期。

［225］景守武、陈红蕾：《FDI、产业结构升级对我国城乡居民收入差距的影响：基于省际面板数据分析》，《世界经济研究》，2017 年第 10 期。

［226］孔刘柳、谢乔昕：《财政分权对地方政府规模影响的区域差异实证》，《上海经济研究》，2010 年第 2 期。

[227] 孔卫拿：《财政分权、政治集权与地方政府的财政支出结构——基于1997~2009年省际面板数据的分析》，《行政科学论坛》，2015年第1期。

[228] 雷根强、蔡翔：《初次分配扭曲、财政支出城市偏向与城乡收入差距——来自中国省级面板数据的经验证据》，《数量经济技术经济研究》，2012年第3期。

[229] 李昌麒、王怀勇：《政府干预市场的边界——以和谐产业发展的法治要求为例》，《政治与法律》，2006年第4期。

[230] 李黎明、许珂：《中国城市居民的社会资本与收入差距——社会资本正、负效应再探讨》，《西安交通大学学报》（社会科学版），2017年第2期。

[231] 李涛、黄纯纯、何兴强、周开国：《什么影响了居民的社会信任水平？——来自广东省的经验证据》，《经济研究》，2008年第1期。

[232] 李涛、周业安：《财政分权视角下的支出竞争和中国经济增长：基于中国省级面板数据的经验研究》，《世界经济》，2008年第11期。

[233] 李永友：《公共服务型政府建设与财政支出结构效率》，《经济社会体制比较》，2011年第1期。

[234] 李永友：《我国财政支出结构演进及其效率》，《经济学》（季刊），2009年第1期。

[235] 李永友：《中国地方财政资金配置效率核算与分析》，《经济学家》，2010年第6期。

[236] 李永友：《转移支付与地方政府间财政竞争》，《中国社会科学》，2015年第10期。

[237] 李永友、沈坤荣：《财政支出结构、相对贫困与经济增长》，《管理世界》，2007年第11期。

[238] 李永友、张子楠：《转移支付提高了政府社会性公共品供给激励吗?》，《经济研究》，2017年第1期。

[239] 厉以宁：《市场调节经济政府管理市场》，《经济研究》，1992

年第1期。

［240］林毅夫：《经济发展与转型——思潮、战略与有生能力》，北京：北京大学出版社2008年版。

［241］林毅夫、蔡昉、李周：《中国的奇迹：发展战略与经济改革》（增订版），上海：上海人民出版社1994年版。

［242］刘长生、郭小东、简玉峰：《社会福利指数、政府支出规模及其结构优化》，《公共管理学报》，2008年第3期。

［243］刘尔思、张菁菁、周伟：《我国城镇化群体性冲突事件的动力学仿真及其化解机制研究》，《管理评论》，2017年第6期。

［244］刘健：《可持续发展指标系统的构建》，《财经科学》，2004年第5期。

［245］刘叔申、吕凯波：《财政支出结构、产业结构和城乡居民收入差距——基于1978～2006年省级面板数据的研究》，《经济问题》，2011年第11期。

［246］刘西明：《绿色经济测度指标及发展对策》，《宏观经济管理》，2013年第2期。

［247］刘晓玲：《开放型经济发展质量与效益评价指标体系的构建》，《对外经贸》，2013年第9期。

［248］龙太江、王邦佐：《经济增长与合法性的“政绩困局”——兼论中国政治的合法性基础》，《复旦大学学报》（社会科学版），2005年第3期。

［249］卢克·基尔、蒋林、章莉：《社会资本及政府信任动态研究》，《国外理论动态》，2012年第12期。

［250］陆铭、陈钊：《城市化、城市倾向的经济政策与城乡收入差距》，《经济研究》，2004年第6期。

［251］陆铭、陈钊、严冀：《收益递增，发展战略与区域经济的分割》，《经济研究》，2004年第3期。

［252］陆铭、向宽虎、陈钊：《中国的城市化和城市体系调整：基于

文献的评论》，《世界经济》，2011 年第 6 期。

［253］吕承超：《中国社会保障支出缩小了城乡收入差距吗——基于规模与结构的动态面板模型分析》，《农业技术经济》，2017 年第 5 期。

［254］罗忠恒：《构建基于科学发展观的政府绩效评估指标体系研究》，《湖南社会科学》，2008 年第 1 期。

［255］马宝成：《有效性：现代政治合法性的政绩基础》，《天津社会科学》，2002 年第 5 期。

［256］马栓友、于红霞：《地方税与区域经济增长的实证分析：论西部大开发的税收政策取向》，《管理世界》，2003 年第 5 期。

［257］孟天广、杨明：《转型期中国县级政府的客观治理绩效与政治信任——从“经济增长合法性”到“公共产品合法性”》，《经济社会体制比较》，2012 年第 4 期。

［258］孟祥兰、邢茂源：《供给侧改革背景下湖北高质量发展综合评价研究——基于加权因子分析法的实证研究》，《数理统计与管理》，2019 年第 1 期。

［259］倪星、陈珊珊：《经济结构、制度安排与地区腐败——基于副省级城市 2000 ~ 2010 年的数据分析》，《中山大学学报》（社会科学版），2013 年第 6 期。

［260］倪星、李晓庆：《试论政府绩效评估的价值标准与指标体系》，《科技进步与对策》，2004 年第 9 期。

［261］彭向刚、程波辉：《服务型政府绩效评估问题研究述论》，《行政论坛》，2012 年第 1 期。

［262］彭小辉、史清华、朱喜：《城乡二元户籍制度的认知、现实影响与改革取向——基于上海的实证调查》，《中国软科学》，2013 年第 5 期。

［263］乔宝云、范剑勇、冯兴元：《中国的财政分权与小学义务教育》，《中国社会科学》，2005 年第 6 期。

［264］乔宝云、范剑勇、彭骥鸣：《政府间转移支付与地方财政努

力》,《管理世界》,2006 年第 3 期。

［265］邱均平:《文献计量学的定义及其研究对象》,《图书馆学通讯》,1986 年第 1 期。

［266］邱兆林、马磊:《经济新常态下政府财政支出的就业效应——基于中国省级面板数据的系统 GMM 分析》,《中央财经大学学报》,2015 年第 12 期。

［267］任保平、李禹墨:《新时代我国高质量发展评判体系的构建及其转型路径》,《陕西师范大学学报》(哲学社会科学版),2018 年第 3 期。

［268］盛明科:《服务型政府绩效评估体系的基本框架与构建方法》,《中国行政管理》,2009 年第 4 期。

［269］石奇、孔群喜:《动态效率、生产性公共支出与结构效应》,《经济研究》,2012 年第 1 期。

［270］史传林:《社会治理中的政府与社会组织合作绩效研究》,《广东社会科学》,2014 年第 5 期。

［271］史宇鹏、李涛、丁彦超:《政府行为与社会信任:来自中国省级层面的经验证据》,2011 年第九届中国法经济学论坛,2011 年。

［272］宋凌云、王贤彬、徐现祥:《地方官员引领产业结构变动》,《经济学》(季刊),2013 年第 1 期。

［273］孙琳:《中国转型进程中的财政支出结构与地方政府绩效评价》,《复旦大学学报》(社会科学版),2013 年第 5 期。

［274］孙永强、巫和懋:《出口结构、城市化与城乡居民收入差距》,《世界经济》,2012 年第 9 期。

［275］孙正:《地方政府财政支出结构与规模对收入分配及经济增长的影响》,《财经科学》,2014 年第 7 期。

［276］涂开均、袁阳:《强政府强社会及其运行关系解构》,《重庆社会科学》,2014 年第 3 期。

［277］万海远、李实:《户籍歧视对城乡收入差距的影响》,《经济研究》,2013 年第 9 期。

［278］万建香、梅国平：《社会资本可否激励经济增长与环境保护的双赢?》，《数量经济技术经济研究》，2012 年第 7 期。

［279］汪德华、张再金、白重恩：《政府规模、法治水平与服务业发展》，《经济研究》，2007 年第 6 期。

［280］王冰、樊梅：《基于公共价值的政府绩效实证研究》，《中国特色社会主义研究》，2014 年第 1 期。

［281］王春超、周先波：《社会资本能影响农民工收入吗？——基于有序响应收入模型的估计和检验》，《管理世界》，2013 年第 9 期。

［282］王绍光：《民主四讲》，北京：三联书店 2008 年版。

［283］王晓亮、王英：《区域开放型经济发展水平评价指标体系构建》，《地域研究与开发》，2013 年第 3 期。

［284］王雄飞、李香菊、杨欢：《中国经济高质量发展下财政模式创新与政策选择》，《当代财经》，2018 年第 11 期。

［285］王永钦、张晏、章元、陈钊、陆铭：《中国的大国发展道路——论分权式改革的得失》，《经济研究》，2007 年第 1 期。

［286］王玉凤、刘树林：《财政支出结构对居民消费的动态影响——基于 DSGE 的实证分析》，《系统工程理论与实践》，2015 年第 2 期。

［287］魏政：《我国财政支出的规模效率与结构效率分析》，《东疆学刊》，2009 年第 4 期。

［288］文雁兵：《政府规模的扩张偏向与福利效应——理论新假说与实证再检验》，《中国工业经济》，2014 年第 5 期。

［289］吴建南、章磊、李贵宁：《地方政府绩效指标设计框架及其核心指标体系构建》，《管理评论》，2009 年第 11 期。

［290］吴万宗、刘玉博、徐琳：《产业结构变迁与收入不平等——来自中国的微观证据》，《管理世界》，2018 年第 2 期。

［291］吴晓刚、张卓妮：《户口、职业隔离与中国城镇的收入不平等》，《中国社会科学》，2014 年第 6 期。

［292］吴一平：《政府规模、政府质量与经济绩效：中国经验》，《社

会科学战线》，2010 年第 3 期。

［293］武晓利、晁江锋：《财政支出结构对居民消费率影响及传导机制研究——基于三部门动态随机一般均衡模型的模拟分析》，《财经研究》，2014 年第 6 期。

［294］武岩、胡必亮：《社会资本与中国农民工收入差距》，《中国人口科学》，2014 年第 6 期。

［295］谢家智、王文涛：《社会结构变迁、社会资本转换与农户收入差距》，《中国软科学》，2016 年第 10 期。

［296］谢舜、魏万青、周少君：《宏观税负、公共支出结构与个人主观幸福感兼论“政府转型”》，《社会》，2012 年第 6 期。

［297］邢娇阳、杨建利：《我国农业支持保护支出效率评价——以四川省为例》，《农村经济》，2017 年第 5 期。

［298］徐爱燕、沈坤荣：《财政支出减贫的收入效应——基于中国农村地区的分析》，《财经科学》，2017 年第 1 期。

［299］徐静：《政府公共支出结构对腐败的影响效应分析》，《中南财经政法大学学报》，2012 年第 2 期。

［300］徐君：《中原经济区新型工业化、新型城镇化、农业现代化协调发展评价》，《技术经济》，2012 年第 3 期。

［301］宣烨、余泳泽：《公共支出结构、公共服务与居民幸福感》，《劳动经济研究》，2016 年第 5 期。

［302］严成樑、龚六堂：《财政支出、税收与长期经济增长》，《经济研究》，2009 年第 6 期。

［303］严成樑、吴应军、杨龙见：《财政支出与产业结构变迁》，《经济科学》，2016 年第 1 期。

［304］严洁、顾昕、王旭：《公民社会与国家的协同发展——民间组织的自主性、民主性和代表性对其公共服务效能的影响》，《开放时代》，2006 年第 5 期。

［305］燕继荣：《协同治理：社会管理创新之道——基于国家与社会

关系的理论思考》，《中国行政管理》，2013 年第 2 期。

［306］杨灿明、詹新宇：《中国宏观税负政策偏向的经济波动效应》，《中国社会科学》，2016 年第 4 期。

［307］杨明、孟天广、方然：《变迁社会中的社会信任：存量与变化——1990～2010 年》，《北京大学学报》（哲学社会科学版），2011 年第 6 期。

［308］杨森平、唐芬芬、吴栩：《我国城乡收入差距与城镇化率的倒 U 关系研究》，《管理评论》，2015 年第 11 期。

［309］杨涛、蔡昉：《城乡收入差距的政治经济学》，《中国社会科学》，2000 年第 4 期。

［310］杨晓锋：《地方财政支出与产业结构优化的动态关联研究——基于 1999～2013 年中国省际面板数据模型的分析》，《财贸研究》，2016 年第 2 期。

［311］姚洋、杨雷：《制度供给失衡和中国财政分权的后果》，《战略与管理》，2003 年第 3 期。

［312］姚洋、张牧扬：《官员绩效与晋升锦标赛——来自城市数据的证据》，《经济研究》，2013 年第 1 期。

［313］叶静怡、周晔馨：《社会资本转换与农民工收入——来自北京农民工调查的证据》，《管理世界》，2010 年第 10 期。

［314］尹恒、朱虹：《县级财政生产性支出偏向研究》，《中国社会科学》，2011 年第 1 期。

［315］尹帅军：《“小政府、大社会”、“公民社会”辨析》，《马克思主义研究》，2013 年第 9 期。

［316］游宇、张光：《事与愿违：财政支出导向与政治信任》，《开放时代》，2015 年第 1 期。

［317］张国庆：《行政管理学概论》，北京：北京大学出版社 2000 年版。

［318］张豪、张向前：《日本政府购买服务、社会资本合作与社会组

织发展》，《现代日本经济》，2017 年第 1 期。

［319］张婧、李强、周渊：《陕西省城市可持续发展评价》，《中国人口·资源与环境》，2013 年第 S2 期。

［320］张军、高远：《官员任期、异地交流与经济增长——来自省级经验的证据》，《经济研究》，2007 年第 11 期。

［321］张军、高远、傅勇、张弘：《中国为什么拥有了良好的基础设施?》，《经济研究》，2007 年第 3 期。

［322］张克中、王娟、崔小勇：《财政分权与环境污染：碳排放的视角》，《中国工业经济》，2011 年第 10 期。

［323］张牧扬：《晋升锦标赛下的地方官员与财政支出结构》，《世界经济文汇》，2013 年第 1 期。

［324］张强、陆奇斌、张秀兰：《汶川地震应对经验与应急管理中国模式的建构路径——基于强政府与强社会的互动视角》，《中国行政管理》，2011 年第 5 期。

［325］张曙霄、戴永安：《异质性、财政分权与城市经济增长——基于面板分位数回归模型的研究》，《金融研究》，2012 年第 1 期。

［326］张维迎：《中国改革 30 年——10 位经济学家的思考》，上海：上海人民出版社 2008 年版。

［327］张文礼：《合作共强：公共服务领域政府与社会组织关系的中国经验》，《中国行政管理》，2013 年第 6 期。

［328］张五常：《中国的经济制度》，北京：中信出版社 2009 年版。

［329］张心洁、周绿林、曾益：《农业转移人口市民化水平的测量与评价》，《中国软科学》，2016 年第 10 期。

［330］张亚斌、赵景峰：《中国经济社会发展质量及对全面建成小康社会的影响——基于五大发展新理念的理论与实证》，《财贸研究》，2017 年第 3 期。

［331］张晏，龚六堂：《分税制改革，财政分权与中国经济增长》，《经济学》（季刊），2005 年第 1 期。

[332] 张义博、刘文忻：《人口流动、财政支出结构与城乡收入差距》，《中国农村经济》，2012 年第 1 期。

[333] 章元、陆铭：《社会网络是否有助于提高农民工的工资水平?》，《管理世界》，2009 年第 3 期。

[334] 赵剑治、陆铭：《关系对农村收入差距的贡献及其地区差异——一项基于回归的分解分析》，《经济学》（季刊），2010 年第 1 期。

[335] 赵莎莎、张东辉、张伟：《新型城镇化、民生财政支出与城乡收入差距——基于经济增长门槛模型的实证分析》，《华东经济管理》，2018 年第 12 期。

[336] 赵中建、王志强：《国际视野下的创新评价指数研究》，《科学管理研究》，2010 年第 6 期。

[337] 郑方辉、李燕：《经济发展、社会公正与环境保护：基于政府整体绩效的视野——以 2008～2010 年广东省为例》，《公共管理学报》，2013 年第 1 期。

[338] 周黎安：《晋升博弈中政府官员的激励与合作》，《经济研究》，2004 年第 6 期。

[339] 周黎安：《中国地方官员的晋升锦标赛模式研究》，《经济研究》，2007 年第 7 期。

[340] 周黎安、陶婧：《官员晋升竞争与边界效应：以省区交界地带的经济发展为例》，《金融研究》，2011 年第 3 期。

[341] 周黎安、陶婧：《政府规模、市场化与地区腐败问题研究》，《经济研究》，2009 年第 1 期。

[342] 周小亮、刘万里：《包容性发展水平测量评价的理论探讨》，《社会科学研究》，2012 年第 2 期。

[343] 周业安：《地方政府竞争与经济增长》，《中国人民大学学报》，2003 年第 1 期。

[344] 周晔馨：《社会资本是穷人的资本吗？——基于中国农户收入的经验证据》，《管理世界》，2012 年第 7 期。

［345］朱德云、董迎迎：《财政支出结构对城乡居民收入差距影响的效应分析——基于包含虚拟变量的省级面板数据的实证分析》，《经济与管理评论》，2015 年第 3 期。

［346］诸大建、徐萍：《中国政府规模、经济增长与福利》，《同济大学学报》（社会科学版），2010 年第 2 期。

［347］诸大建、徐萍：《中国政府规模如何影响福利提高的研究——基于中国 1980 ~ 2006 年数据的检验》，《上海市经济管理干部学院学报》，2011 年第 3 期。

后　记

本书是我在博士论文基础上整理而来的，主要增加了第四章从政府行为视角解释中国经济增长和第五章政府财政与中国经济发展中的难题破解，从一个更宏观的视角分析政府财政与经济发展之间的关系。博士论文着手于2016年7月，前后经历了大约三年时间，期间遇到不少困难，幸得各位老师和同学帮助。

首先要感谢我的恩师邓群钊教授和师母梁英培老师。邓老师十年如一日，每周开设学术讨论班，要求每个学生分享自己的一周所学。六年寒暑往来，昌大的烂漫樱花、芬芳秋桂都见证了我们共同学习与分享的美好时光，这将是我一生珍藏的宝贵图景。我的每篇论文，从选题背景到问题提出，从理论框架、文献综述到命题假设，从数据来源、变量测量到模型建立，直至论文的初稿、中间各修改稿到最后定稿，邓老师都给予了我大量指导，反复修改，直到他感觉提不出新的意见，还要拜托其他导师为我提供建议。传闻邓老师带出来的没有差生，我努力不让自己将这个传统打破。除了给我学术上的指导，邓老师更是一位睿智的长者，教我如何处理家庭、工作和学习的关系。我多次跑马拉松，邓老师又像亲人一样亲临现场为我加油打气。师母梁老师说话温柔亲切，气质优雅端庄，每次碰到，总是关心我的学习进展，叮嘱我多注意身体，情如亲人，让我时常深感温暖。

感谢博士点的郑克强老师、黄新建老师、胡振鹏老师、周绍森老师、甘筱青老师、陈东友老师、涂国平老师、彭迪云老师、尹继东老师、何宜庆老师、徐兵老师、马卫老师、胡志勇老师、傅春老师、喻登科老师等诸位老师，将他们研究领域的知识和进展无私传授。尤其是喻老师，虽不是我的导师，但总无私地一次次帮我修改和完善我的论文。感谢蒋满英老师、季春涛老师等对我在读博期间各种学习和生活上的帮助和指点！感谢上海交大安泰经管学院史清华教授，为了指导我的论文《户籍制度下社会资本对城乡收入差距的影响》，安排他的17名博士生，专门为我组织了一场学术讨论，提出了大量有价值的修改意见。他们对我论文的无私帮助让我一辈子铭记于心！

感谢我的师姐付莲莲、翁异静在我论文发表不顺利时给予我的一次次鼓励和帮助；感谢师妹吴昊、王巧玲、周淑贞、吴嫣然、徐易华、黄丽平、孙杰、郭佳和师弟潘明、詹翔、张志强的帮助和陪伴；感谢我的博士同学金恩焘、段祥宇、艾育红、熊欢欢、严红、龚敏、陈璐和万科，和他们一起上课、讨论、调研、聚会，让我的博士生涯变得丰富多彩。

我要特别感谢我的三人跑团“SAY”的另外两名成员严红和艾育红。严红一直是“SAY”团队的正能量小姐姐，很多言行深深影响着我，任何不开心的事情，经她开解，顿时拨云见日。她宁静而果敢，少受他人影响，不被世俗同化。相处久了，我对很多事情也越来越淡然处之。艾育红是个典型的才女，对全球政治与经济形势有自己敏锐的洞察和独到的见解，每次听她侃侃而谈，我都胜读十年书。我们三人每天在微信群里各种打卡：跑步、游泳、背单词、背诗，积极向上、怡然自得！我们到全国各地参加学术会议，同时也用双脚丈量那些城市，多年下来，祖国各地都留下了我们求知和跑步的足迹。我们一起在学校学习，食堂吃饭，桌上午休。这常常让我想起孔子在《论语》述而篇中所说：“饭疏食饮水，曲肱而枕之，乐亦在其中矣。”竟就是我们读博生活的真实写照！尤记得我考Pets5前，我们将日常改为英语交流，为留学生讲授经济学的艾育红更是常常指正我英文语法错误，让我的口语在一个多月内突飞猛进，5分的满分最终拿下了4分！然而，每次聚会买单时，她们二位总是把我排除在外，理由是：你现在是个纯消费者，等你重新工作后再说吧！这种志同道合、惺惺相惜的友情是我整个读博期间的幸福源泉。

最后要把我的谢意留给我的家人，他们是我求学之路的坚强后盾。没有他们的支持和关爱，我无法顺利完成学业。感谢我的妈妈，虽然她因为癌症已经离开我多年，但是妈妈培养了我勤奋刻苦、坚韧自律的学习和生活态度，我经常在遇到挫折时会在心里与她对话，如果她健在的话，会教我如何面对当下的困境。她爱的余温依然能够给予我力量，慰藉我的心灵，照亮我前进的方向。感谢我的爸爸，他对我学习一直都是如此关心，几乎每天都要打电话询问我的论文进展，即便我已经成为了一个妻子、一个母亲，但在他眼里，我永远只是他视作明珠的女儿。感谢我的公公婆婆，每天把家里安排得安妥当当，打理得井井有条，让我们的学习与工作没有后顾之忧。尤其要感谢我的老公，他一个人默默地将一大家子的经济重担挑起，用心用情用爱创造美好生活，让我临近不惑之年，却依然能以纯粹的学生身份心无旁骛地投入学业，读圣贤书，乐享生活。他任劳任怨，并且始终以我为傲。他为我做的事情，说起来简单几句话，却包含了太多的内容，那是每天实实在在的付出。情长纸短，最后一句留给我亲爱的孩子，感谢你小当，让我和你一同学习与成长！

石　俊

2019 年 12 月